普通高等教育机电类规划教材

汽 车 概 论

第 2 版

金国栋　编著

机 械 工 业 出 版 社

本书是一本融知识性与趣味性为一体的有关汽车基础知识的教材。内容从汽车的产生、演化到未来的汽车和汽车工业；从汽车的分类、性能、基本结构到现代设计方法、试验、制造、贸易和服务；从我国汽车工业的发展历程到前景展望，进行了简洁、系统、准确和全方位的论述。全书内容丰富，知识面广，语言流畅，通俗易懂。本书主要作为高等学校各专业学生了解汽车和汽车产业的全校选修课教材，以及汽车专业本科、专科、高职高专学生的新生教材。对于汽车行业各类人员及具备一定文化知识的汽车爱好者，本书也是一本很好的参考读物。

图书在版编目（CIP）数据

汽车概论/金国栋编著. -2版. -北京：机械工业出版社，2009.12
(2018.7重印)
普通高等教育机电类规划教材
ISBN 978-7-111-28622-6

Ⅰ.汽… Ⅱ.金… Ⅲ.汽车-高等学校-教材 Ⅳ.U46

中国版本图书馆 CIP 数据核字（2009）第 189944 号

机械工业出版社（北京市百万庄大街 22 号　邮政编码 100037）
策划编辑：赵爱宁　责任编辑：尹法欣　版式设计：霍永明
封面设计：王伟光　责任校对：张玉琴　责任印制：常天培
涿州市京南印刷厂印刷
2018 年 7 月第 2 版第 4 次印刷
184mm×260mm · 11印张 · 247千字
标准书号：ISBN 978-7-111-28622-6
定价：20.00 元

凡购本书，如有缺页、倒页、脱页，由本社发行部调换

电话服务	网络服务
社服务中心：(010) 88361066	教材网：http://www.cmpedu.com
销售一部：(010) 68326294	机工官网：http://www.cmpbook.com
销售二部：(010) 88379649	机工官博：http://weibo.com/cmp1952
读者购书热线：(010) 88379203	**封面无防伪标均为盗版**

第 2 版前言

本书自 1997 年出版以来，迄今已超过十个年头，期间经过十余次重印，以满足高等学校和高等职业技术学院作为全校选修课或相关专业的汽车知识课程之用。在这过去的十年中，汽车新技术发展迅速，我国的汽车产业经历了跨越式的发展，其产能和规模日新月异，所执行的标准和设计、制造、营销手段也向国际先进水平逐渐靠拢，这使得《汽车概论》第 1 版的不少内容需要补充和更新，以保持本书所提供知识和信息的及时性、新颖性和前瞻性。

本书第 2 版除基本遵循前版的构架和内容外，主要在以下方面作了修改。

1）在第一章中增强了对未来汽车和汽车工业的论述，更全面地预测未来汽车的技术进步和发展特点，使读者的思绪在创新和畅想中徜徉。

2）在第二章“现代汽车”中补充了有关排放、噪声、安全等方面新法规标准的具体内容，增强从社会可持续发展角度审视现代汽车；汽车的分类按新的标准进行，汽车基本构造中加强了对各种新技术、新结构的介绍。

3）将“汽车的设计与试验”提前到第三章讲述，增加了并行设计、绿色设计、虚拟样机技术等新的内容，加强了汽车试验中有关碰撞测试的内容。

4）原“现代汽车工业”这一章更名为第四章“汽车制造、贸易与服务”，在这一章中更新了汽车材料发展的内容，增加了新型复合材料、轻量化材料的介绍；加设了第四节“汽车的贸易和服务”，从汽车市场特点、营销模式和汽车服务等方面分别加以论述。

5）在第五章“我国的汽车工业”中着重补充了近十年来我国汽车工业的快速发展和自主创新道路的确立，并展望了 2009 到 2020 年我国汽车工业的发展前景。

6）鉴于我国和世界汽车工业重组速度的加快，汽车制造企业的变化有很多不可预见性，因此取消了介绍我国和世界汽车制造企业简况的两个附录；按照现行标准和政策，附录 A 更改为“车辆识别代号编码和机动车编号规则”，附录 B 引用了 2004 年新颁布的《汽车产业发展政策》。

本书这次的修订量约为原书的 30% 左右，字数比原书略有增加。修订过程中听取了一些使用单位所提出的意见和建议，在此，对他们表示衷心的感谢。

恳切希望使用本修订版的高校师生、广大读者提出批评指正。

编　者
2009 年 9 月

第1版前言

汽车产业作为我国的重要支柱产业，其发展将带动一大批相关产业，也使越来越多的人接触到汽车及其相关技术。随着轿车逐步进入中国家庭，广大百姓对汽车的兴趣与日俱增。在这种形势下，作为高等学校的学生有必要对汽车和汽车工业有一个概貌性的了解，而对于汽车专业的学生来说，在低年级通过《汽车概论》的学习，可以提高专业兴趣，预先了解专业所涉及的知识结构，从而增强学习的自觉意识和动力。正是考虑到非汽车专业学生扩大知识面和汽车专业学生提前接触专业知识的需要，才编写了这本《汽车概论》教材。概论共分五章，尽可能做到图文并茂、简单明了、涉及面广，以便使学生用20学时左右的时间就可接触到与汽车和汽车工业有关的各方面内容。第一章汽车发展史从汽车和汽车工业的演化指明汽车技术的发展动力以及未来汽车所面临的问题。第二章现代汽车重点论证了现代人与汽车密不可分的关系，并对现代汽车的性能要求和基本结构作出一般性的描述。第三章现代汽车工业主要说明现代汽车生产的组织、实施以及汽车工业的规模、特点，使学生对汽车生产、销售、使用中涉及的一些问题有所了解。第四章汽车设计和试验主要针对汽车专业的学生，使他们对汽车设计原则、现代设计方法和各种试验设施建立起一个基本的印象。在我国的汽车工业一章中专门就我国汽车工业的历史、现状和发展作一概述，激励学生为中国汽车工业的腾飞作出贡献。

编者感谢周良弼教授对本书所作的仔细审阅，感谢雷国璞教授对编写工作所提出的有益建议，感谢凌求志、钟学敏等同志所参与的部分工作。

本书篇幅不大但涉及面宽，在内容上难免以偏概全，加之编者水平所限，其疏漏谬误之处敬请读者不吝指正。

编 者

1996年10月

目　录

第一章

汽车发展史

第一节 汽车的产生和演化

随着国民经济的蓬勃发展，汽车已成为当前极为重要的交通运输工具。从全世界范围来看，目前还找不出一个无汽车的现代社会的特例。汽车工业在带动其他各行各业的发展中，已日益显示出其作为重要支柱产业的作用。

说到汽车，人们自然不会陌生，立即会想到道路上随处可见的各种汽车。然而，要讲出汽车的确切定义却不那么容易，事实上各国对汽车的定义也不尽相同。

在我国，按2001年发布的国家标准的定义，汽车是指由自身装备的动力驱动，具有四个或四个以上车轮的非轨道承载的车辆。通常它被用作载运客、货和牵引客、货挂车，也有为完成特定运输任务或作业任务而将一般汽车经改装或装配了专用设备的专用车辆，但不包括专供农业使用的机械。全挂车和半挂车并无自带的动力装置，它们与牵引汽车组成汽车列车时才属于汽车范畴。有些进行特种作业的轮式机械，如轮式推土机、铲运机、叉式起重机（叉车）以及农田作业用的轮式拖拉机等，在少数国家被列入专用汽车，而在中国则分别被列入工程机械和农业机械之中。我国现在的汽车术语中把与电力线相连的车辆，如无轨电车，以及整车整备质量超过400kg的三轮车辆也包括在汽车中。

在美国，汽车（Motor Vehicle）是指由本身的动力驱动（不包括人力、畜力），装有驾驶操纵装置的在固定轨道以外的道路或自然地域上运输客、货或牵引其他车辆的车辆。

在日本，汽车是指自身装有发动机和操纵装置的不依靠轨道或架线能在陆上行驶的车辆。摩托车、带发动机的助力自行车、三轮摩托在日本均属汽车范畴。

汽车从被发明到今天已经历了一百余年，它对人类社会所起的作用是任何其他东西都不能替代的。2005年全世界的汽车保有量达到8亿辆。我国的汽车保有量近年来也高速增长，1993年达800万辆，2005年迅速升至3300万辆。当我们享受着汽车给我们带来的便利时，或当汽车开过留下的一股尘烟使您抱怨其造成的污染时，您也许会问，汽车是如何产生的？它又将怎样发展？下面就概要介绍汽车产生和演化的历史。

一、愿望与设想时期

蒸汽汽车是在18世纪后半期开始进入实用阶段的。到了19世纪末期已有了制作得非常精巧的汽车问世。可以说这些技术是产生今天以内燃机为动力的现代汽车的母体。从这个意义上讲，不断发展并一直延续至今的汽车的历史是与蒸汽汽车的历史密切相连的。沿

着这条线索向前探寻，汽车的历史也可以说是人类探求动力的历史。

汽车作为交通运输工具的最大特征就是使用车轮在道路上自在地行走。使车轮旋转而产生移动的方式与拉雪橇那样的移动方式相比，可以用很小的力移动很重的东西，并能较容易地进行加速、制动、转向等控制，还能减少轮胎接地部分与路面间的摩擦。汽车行走的力学原理主要取决于车轮，因此车轮也可以作为探讨汽车起源的一条重要线索。

人类自从用两条腿在地球上直立行走以来，步行速度约 4~6km/h，且一般只能搬动 20~30kg 质量的重物。充满智慧的人类很快就知道如何饲养和驯化狗、牛、马等牲畜，并骑上或由它们拖动着以代步。这样使行走速度提高到 30km/h 左右，还可以搬动 100~200kg 质量的重物。以后人类又知道如何利用雪橇和滚轮，继而发明了车轮。在人类历史中，最初制造出车轮与车轴的组合并依靠畜力驱动的车辆，约在 3000~3500 年以前的美索不达米亚（西南亚一个古代文化发祥地）文明时期。但是，若以前面对汽车所作出的定义，不使用人力或畜力，在车辆上装备人工制作的动力装置驱动车轮回转的车辆，那是在很久以后的 15 世纪文艺复兴时期才开始萌芽。例如，约在 1480 年，维西（Leonardo da Vinci）根据时钟原理制作了弹簧车，荷兰人史蒂文构思了风力车。到了 17 世纪，在 1670 年左右牛顿（Isaqe Newton）提出了利用蒸汽喷射的反冲力推动的喷气式汽车的设想。而比利时耶稣会传教士费尔顿（Pater Vewton）则制作了一个将蒸汽吹在风叶上而产生驱动力的冲击式蒸汽轮车模型。然而，由于当时技术水平的限制，在那个时代汽车只停留在构想与模型的阶段。

到了 17 世纪后期，利用火药爆发力、蒸汽压力、活塞运动机构等技术和发明被纷纷提出，终于促成了 1705 年纽可门（Thomas Newcomen）的活塞往复运动压板式蒸汽机作为扬水泵而付诸实用。接着，在 1759~1769 年间，瓦特（James Watt）进一步改良了蒸汽机，将利用蒸汽冷凝产生真空从而产生动力的方式改为直接利用蒸汽压力的方式，制成了以曲轴变往复运动为回转运动的人类最初的通用动力机械，使蒸汽机进入了实用时期，同时也加速了依靠自身的动力驱动车轮回转的车辆诞生前的胎动。

二、汽车早期探索时期

（一）蒸汽汽车

毫无疑问，世界上最初可载人的自备动力的车辆就是蒸汽汽车了。最早的一辆是法国人居纽（Nicolas Joseph Cugnot）在 1769 年制造的。这是一辆用来拉炮的蒸汽三轮车，一个硕大的铜制锅炉被放置在前轮的前方，蒸汽用燃烧柴禾来产生，它进入两个汽缸，使两个活塞交替运动，由于没有曲轴，故活塞的作用力通过车爪传给前轮。由于锅炉、汽缸等机件的重量都加在前轮上，使得方向操纵十分困难。这辆车试车时时速仅 3.6km/h，只行驶了 1km 左右就发生锅炉爆炸，汽车失去了控制，结果车仰人翻，还撞坏了路边房屋的墙壁，车子本身亦受到严重损坏。尽管如此，这毕竟使汽车朝实用化方向迈出了第一步，开创了轮式车辆用自备动力装置进行驱动的新纪元。第二年，亦即 1770 年，这辆车经过修整作为世界上第一辆汽车，至今珍藏在巴黎的国家技术及机械品博物馆内（图1-1）。

在成功的刺激下，英国人也开始跃跃欲试。蒸汽汽车发展的舞台由法国转到了英国。英国人提出了各种各样的新设想。从 1787 年开始，美国人也对蒸汽汽车感兴趣了。但是

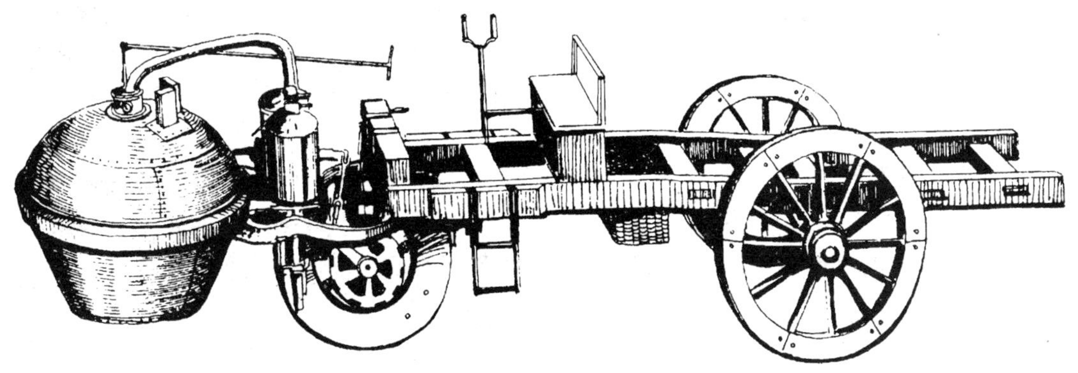

图 1-1 1770 年居纽的蒸汽汽车

直到 1800 年为止，仍没有真正实用的蒸汽汽车问世，究其主要原因恐怕是蒸汽机所发动力与机构的重量之比实在太小。进入 19 世纪，在实验的基础上，设计与制作都有了进步，逐渐地开始有实用的蒸汽汽车问世。1803 年以制作蒸汽机车而著名的英国人脱威迪克（Richard Trevithick）制造了一辆能载数名乘客的蒸汽汽车，这辆车的试制成功无疑对汽车的实用化起了推进作用。1825 年美国人古涅（Goldsworthy Gurney）制造了一辆被认为是最早投入运行的车辆，这辆蒸汽汽车在相距 15km 的格斯特夏与切罗腾哈姆间作有规律的运输服务，跑完单程的时间约 45min。1827 年，汉考克（Walter Hancock）在其公共汽车的侧面写上了行车路线以及所经过的地名，使城市间定时往返的公共汽车的使命更加明确。以后的几年内，伦敦街头出现了图 1-2 所示的公共汽车，这一时期可算是蒸汽汽车的黄金年代，标志着蒸汽汽车已进入实用化时期。

图 1-2 1835 年伦敦街头的蒸汽公共汽车

蒸汽汽车在当时被称为无马马车，显然对马车运输业产生了威胁，因而引起了马车业主们的反对。另一方面，蒸汽汽车笨重，操作不便，在车辆数增加的同时，交通事故和锅炉爆炸的事故也时有发生；加之锅炉燃烧所排出的煤灰、黑烟对沿街住户和行人造成危害，也引起了市民们的不满。因此，在 1865 年英国制定了著名的“红旗法规”。该法规规定蒸汽汽车必须有两人以上参加驾驶，车前方约 55m 处必须有人高举红旗或红灯开路，示意车马、行人避让，车速限制为郊外 6.4km/h，市区 3.2km/h。1895 年，在人们对汽车交通的呼声不断高涨的情况下，“红旗法规”被废止。但在“红旗法规”生效期间，在英国发展起来的蒸汽公共汽车便停滞不前，甚至出现了衰退，汽车发展的舞台移向了法国、德国和美国，蒸汽汽车也随时代而进步。19 世纪末、20 世纪初，燃料也由煤转为使用石油，行驶时速不断增加，至 50km/h 左右，操作简便性和乘坐舒适性也大为改善。当然这些与 1839 年固特异（Charles Goodyear）提出的加硫橡胶的利用和 1845 年英国工程师汤姆逊（Robert William Thompson）发明的充气轮胎所作出的贡献是分不开的。

（二）电动汽车

就在蒸汽汽车产生的初期，已有许多人投入对电动汽车的研制中。尽管早期研制电动汽车的历史记载极少，也不详细，但一般认为 1873 年英国戴维森制造的四轮卡车是最早的电动汽车。19 世纪 80 年代，在法国已制造了多辆名符其实的电动汽车。在美国，爱迪生和福特都对电动汽车的开发作出了很大贡献。19 世纪 90 年代，电动汽车有了较快的发展，于 1898 年创立的哥伦比亚电气公司当时曾生产了 500 辆电动汽车。1899 年，法国的杰那茨（Camille Jenatzy）驾驶着电动汽车创造了时速 105km/h 的最高车速记录（见图 1-3）。同年，美国生产了 1575 辆电动轿车。在以后的 20 年间，电动汽车与蒸汽汽车展开了竞争。但无论是电动汽车还是蒸汽汽车，最后都在竞争中让位于后起之秀——内燃机汽车。其主要原因是电动汽车一次充电的续驶里程太短，而且蓄电池的质量和体积都很大，在车上为安放电池使室内空间过于狭小。对蒸汽汽车来说，则存在给水繁琐、起动时为达到必要的蒸汽压力所需时间太长以及存在安全性和公害方面的缺陷等。

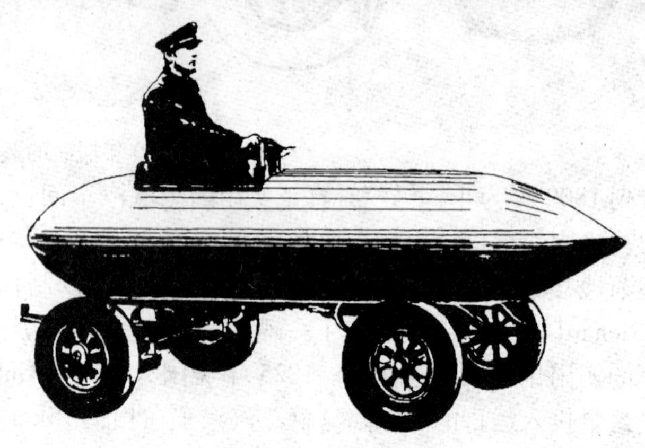
图 1-3　1899 年杰那茨驾驶的电动汽车

三、近代汽车的诞生与技术发展期

（一）近代汽车的诞生（1886）

蒸汽汽车的缺陷促使人们寻求一种质量轻、功率大、可直接使燃料在气缸中燃烧作功的内燃机来作为汽车动力。1838 年，英国人巴尼特（Barnett）研制了原始的两冲程煤气机，后来英国人克拉克（Clerk）试图进一步完善它，但都未能投入实际应用。1860 年，法国人雷诺尔（Etienne Lenoir）终于制成了第一辆可供实用的常压煤气发动机，并申请了专利。当时的煤气机无压缩行程，煤气用电火花点火燃烧而产生动力。由于无压缩行程，这种发动机的热效率很低。1862 年，法国人罗彻斯（Beau de Rochas）发表了四冲程发动机循环理论（该理论今天仍为内燃机所采用），并取得四冲程的专利。1876 年，一直从事煤气机试验的德国人奥托（Nieolaus August Otto）运用循环理论，试制成功了第一台活塞与曲柄相组合，将煤气与空气的混合气经压缩冲程后再点火燃烧的往复式四冲程煤气机，为提高内燃机热效率开辟了新途径。这种内燃机利用活塞往复运动形成的四冲程，将进气、压缩、燃烧膨胀、排气四个过程融为一体，使内燃机结构简化、整体紧凑。为了纪念奥托对内燃机发展所作的贡献，人们称这种循环为奥托循环。奥托本人的那个试制车间后来发展为道依茨发动机公司。

随着石油开始取代煤气，以及汽油气化性能好这一特点被研究者所注意，在奥托四冲程煤气机和梅巴克关于汽化器设想的基础上，1883 年德国人戴姆勒（Daimler）研制出一台比以往大型低速煤气机的转速（通常为 200r/min 以下）高得多的小型高速汽油机（当时达 800r/min 以上）。它是一台空气冷却的单缸机，其热效率有了大幅度的提高。1885 年，戴姆勒将其制作的汽油机装在一辆自行车上进行了试验。这台汽油机是水冷四冲程单缸机，排量为 0.27L 左右，输出功率约 0.37kW，最高转速约 600r/min。它被垂直固定在车架上，据说车速约 12km/h，行驶了 6km 左右。这辆车至今保存在斯图加特的戴姆勒—本茨博物馆内（见图 1-4）。就在那一年，另一位德国人本茨（Carl Benz）研制成功一台单缸两冲程汽油机，并将其装在一辆三轮车上于 1886 年进行了公开试车。这辆车可以说是近代汽车的原型。该车的单缸机排量为 0.576L，输出功率约 0.52kW，转速为 300r/min，车速约 15km/h，并具备了近代汽车的一些基本特点，如：火花点火、水冷循环、钢管车架、后轮驱动、前轮转向、带制动手把等。这辆车现保存在慕尼黑科学博物馆内（见图 1-5）。

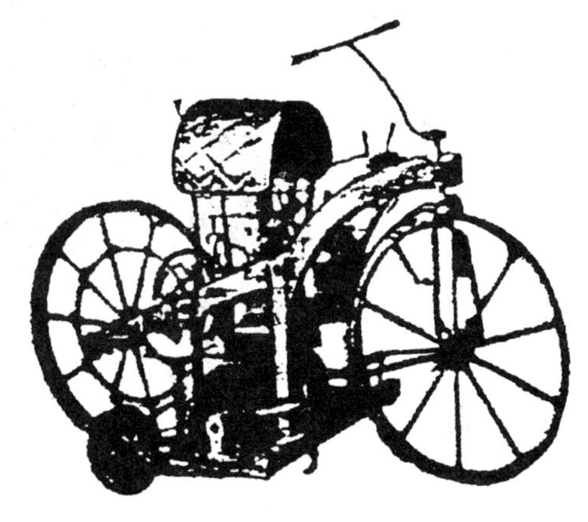

图 1-4 1885 年戴姆勒的装有汽油机的自行车

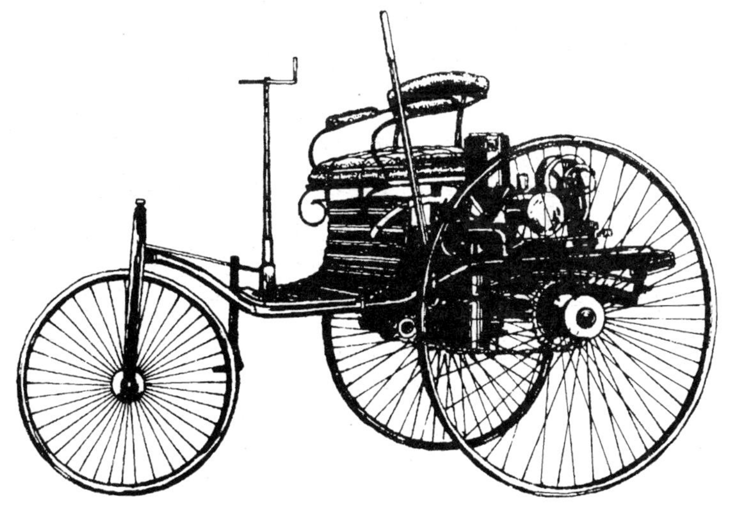

图 1-5 1885 年本茨制造的装有汽油机的三轮汽车

人们一般把 1886 年作为汽车诞生年，也有些学者把本茨制成第一辆三轮汽车的 1885 年作为汽车诞生年。1886 年，戴姆勒将他制造的排量为 0.46L、功率 0.82kW、转速 650r/

min 的发动机装在一辆据说由美国制造的马车上，最高车速达到 18km/h。这辆车被公认为是世界上第一辆汽油发动机驱动的四轮汽车（见图 1-6）。

图 1-6　1886 年戴姆勒的装有汽油机的四轮汽车

（二）汽车结构基本完善（1886～1935）

汽车刚发明时，并没有马上在各式路面车辆中显示很强的竞争力。蒸汽机因为有较长的发展历史，比起发展初期的汽车还要完善得多。20 世纪初，美国销量最大的还是蒸汽车。当时的蒸汽机已经可以造得很小，蒸汽车车架用管型钢，整车总质量只有 350kg，行驶车速可达 40km/h。运转比当时的汽车平稳得多，而且不需要变速器。在当时的多次汽车大赛中，都是蒸汽车夺得第一，以致很多人认为蒸汽车会和汽车有一样的发展前途。蒸汽车的最大缺点是起动困难，起动一次有 21 个步骤，需要 45min。

20 世纪初，电车也比汽车发展得充分。电车有两种，一种是电池驱动的，一种是有线电车。1900 年，在美国各大城市总共有 300 多辆电池车在行驶，其中有双座的小轿车，也有 5t 的卡车。但是电池车也有缺点，一是电池成本太高，二是电池充电一次只能行驶 80km，故而只适于在距离短、更换电池方便的市区行驶。英国的一些城市长期靠电池车递送邮件、报纸、牛奶、面包。有轨电车 1882 年首先出现在德国，1901 年第一条公共有轨电车线路在德国的萨克森建立。以后欧洲各国相继建立公共电车线路。1923 年，在英国的沃尔弗汉普顿造出了第一辆无轨电车。不管有轨无轨，这种电车都要通过车顶上面的辫子与电线相接，只能走固定线路并且不能超车，所以最适于城市公共交通。

汽车经过几十年的发展完善，才在路面车辆中占居了主导地位。本茨的汽车从发动机到驱动车轮用传动带传动，后来又出现了链条。在挠性连接部件出现以后，即传动力的两部件之间允许有位置和距离的变动，才普遍采用了传动轴接锥齿轮的传动方式（见图 1-7）。

车用汽油机的逐渐完善得益于汽油气化与点火问题的解决。内燃机的冷却最初是用一根长而弯的管子让水循环流动来实现的。1901 年，迈巴赫发明了蜂窝状的冷却水箱，为内燃机的高效率冷却打下了基础。

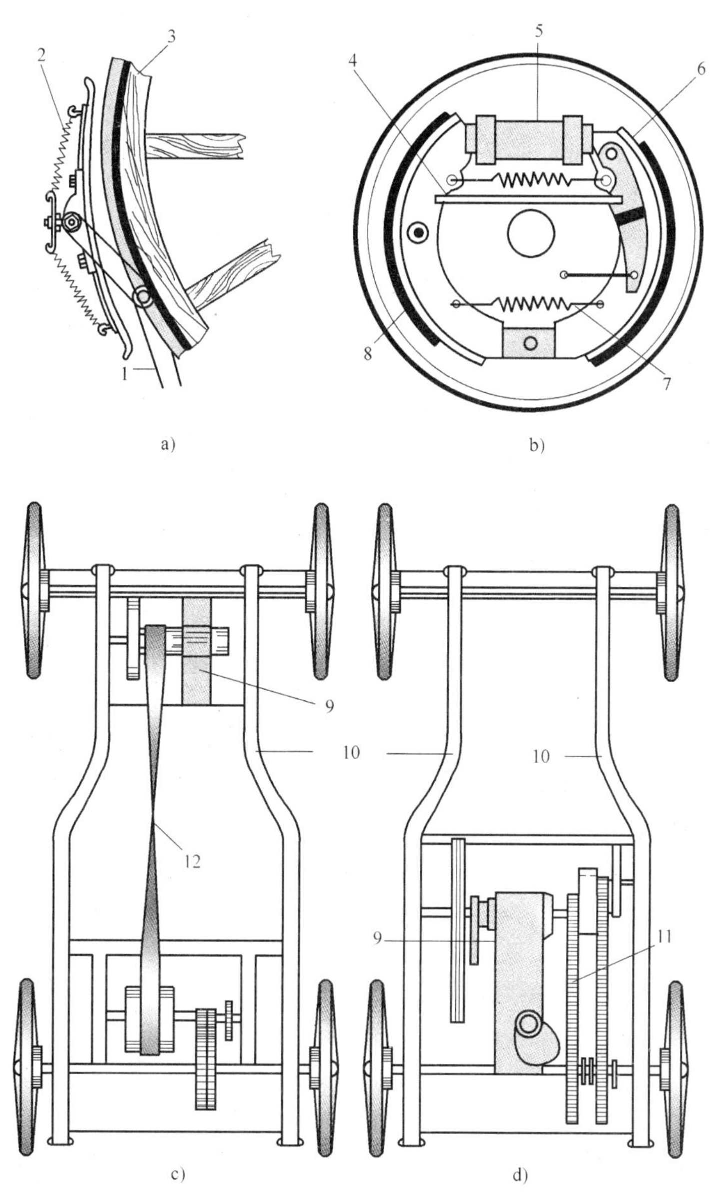

图 1-7 早期的汽车制动与传动装置

a）匙型刹车 b）鼓动制动器 c）皮带驱动 d）链条驱动

1—操作杆 2—弹簧 3—车轮 4—平衡棒 5—车轮分泵 6—制动蹄片

7—回位弹簧 8—制动鼓 9—发动机 10—底盘 11—链条 12—皮带

早期的汽车是靠手摇转动曲轴来起动发动机的。这种方式既费力又不方便，需要有两个人配合。最初消除手摇起动的设想是将压缩空气按点火顺序依次送进各缸以使曲轴转动。压缩空气是靠发动机工作时带动一个气泵而储存的，它除了用于起动发动机外，还可给轮胎充气及带动千斤顶工作。但是这种起动方法并不成功。1917 年，美国凯迪莱克公司研制了第一个电起动器，它是用一个小电动机转动与曲轴相联的飞轮来起动发动机的。这项发明的关键在于认识到电动机能在瞬时超负荷运转，所以一个小电动机就可以带动曲轴转动至发动机点火起动所需的转速。这是由凯特林（C. F. Kettering）研究发现的，开始用的电动机是为点钞机设计的。到了 1930 年，虽然摇动手柄仍然是汽车的一个附件，但是摇动曲轴起动发动机的事，除极偶然的情况外，已经不大出现了。

汽车靠传动轴传递功率后，在传动轴与发动机之间安置了变速箱，使发动机在一定的转速范围内工作，而汽车可以有不同的行驶速度。变速箱靠齿轮传动，主动齿轮与发动机连接，从动齿轮与驱动轴连接，行驶中的换挡会由于两个齿轮的转速不同而啮合困难，强行啮合就有打齿的危险。为解决这一问题，人们在变速箱的前后各装一个离合器。换挡时，用这两个离合器将变速箱中的齿轮轴与发动机和驱动轴都脱开。但是由于惯性，两齿轮转速达到同步还得有一段时间，再加上两个离合器配合操纵很复杂，使行驶换挡仍非常困难。1929 年，也是凯迪莱克公司首先研制出同步器，它是通过同步器中锥面相互摩擦使两个齿轮转速相同时才允许啮合。这样只要有一个离合器就行，换挡时既轻便又不打齿，换挡时间也大大缩短了。

汽车制动器起初是照搬马车上的结构，即用手刹带动一个单支点的摩擦片来抱住后轮。但是汽车所需的制动力要比马车大得多，而且汽车倒退时这种制动器常常失灵。当时一些汽车在底部安装一根拖针，当汽车在坡路上下滑时，拖针会扎入地下使车停住。后来在车上又增加了脚刹，控制传动轴的转动。1914 年开始出现轮内鼓式制动器（见图1-7）。1919 年，法国海斯柏诺－索扎公司制成用脚踏板统一控制的四轮鼓式制动器，并由变速箱驱动一个机械伺服机构来增加制动力，使制动效果大为改善。1921 年，美国的杜森伯格公司又推出了液压助力器，由一个主液压缸来放大制动力；以后又出现了气动助力的制动器。制动装置逐渐形成了普遍的用脚刹控制轮边制动，手刹控制传动轴制动的结构形式。

影响汽车舒适性的主要是车轮和道路。初期的汽车还有使用实心木轮的，但很快大部分汽车都采用了自行车所用的辐条式的铁制车轮，外套实心橡胶轮。这种实心轮当车速超过 16km/h 时，车就会跳起来，使司机和乘客颠簸得无法忍受。在苏格兰兽医邓洛普于 1888 年发明了用于自行车的充气轮胎后不久，1895 年，法国的米其林兄弟（Andre and Edouard Michelin）就制造出了用于汽车的充气轮胎。当时这种轮胎虽然改善了汽车的舒适性，但漏气问题却成了司机最头痛的事。当时汽车轮子还是不可拆卸的，所以补胎和换胎都要费很多时间。为了解决这个问题，先是出现了辅助轮缘（Stepney）。当轮胎漏气后，靠这个轮缘行驶到最近的修车场去更换轮胎；后来出现了可拆卸的车轮，轮胎分为内胎外胎两层，外胎中用金属丝予以加强，从而使轮胎寿命大大增长，更换轮子也成了一件比较容易的事了。到了 20 世纪 20 年代后期，一般妇女都能完成换车轮的工作。

当汽车已经发展起来后，公路却还是由碎石和土填成的，汽车行驶时不仅颠簸，而且扬起大量尘土，后来发现沥青既可以消除尘土又可使路面平坦。1910 年，英国成立了“公路署”专门负责修筑沥青公路。1914 年又开始出现水泥公路。1924 年，意大利首先建造了高速公路，当然它还达不到现代高速公路的标准。1942 年，为了战时的需要，德国修筑了符合现代标准的高速公路。以后，尤其是第二次世界大战之后，欧美各国都相继修筑大量的高速公路，其中美国的高速公路修得最长，共达 7 万多公里。高速公路的特点是每个行驶方向都有两条以上的行车道，相反方向的行车道之间有草地或灌木的隔离带，行车道之间没有平面交叉，也没有陡坡、急弯和其他不利于汽车行驶的障碍。在高速公路上行驶的汽车车速一般都在 80km/h 以上，欧洲一些国家车速可超过 120km/h，这就使得汽车的运行效率大为提高。

（三）汽车的大量生产和销售（1913～ ）

汽车技术的日益成熟使生产销售成为可能。1901 年，美国人奥得尔生产和销售了 425 辆奥斯莫比尔牌（Oldsmobile）轿车，1905 年达 6500 辆。1913 年，福特首先发明了科学设计的汽车流水生产线并且很快被其他汽车厂商所仿效而风行一时，从此开始了汽车大量生产的新纪元。福特汽车公司的 T 型轿车（见图 1-8），从 1908 年到 1927 年间共生产了 1500 万辆，这一大量生产的世界纪录，到 60 年代才为德国大众公司的伏克斯瓦根牌（Volkswagen）甲壳虫式轿车所打破（见图 1-9）。据记载，到 1923 年美国已有 2/3 的家庭拥有一辆轿车。

图 1-8 1908 年开始生产的美国福特 T 型轿车

为了汽车能大量销售，在 1927 年以前，汽车技术集中解决经济性（包括购置、使用和维修费用在内）、可靠性和耐久性这类基本要求。例如 1915 年以前，前轮因转向而没有装设制动装置，而在这以后，出现了机械式四轮制动方式，大大提高了汽车的安全可靠性。1926 年，汽车上开始有了液压制动器。为了提高燃油经济性，这一时期汽油机的压缩比有了提高，一些载货车上采用了更省油的柴油发动机。1905 年，在美国的圣·路易斯发生了最初的汽车被盗事件，于是发明了带钥匙的点火开关。1911 年发明了自动起动机，这大大方便了驾驶员，否则司机每次要下车起动汽车。雨刷、制动灯、反光镜等也逐一在这一时期被开发和使用。1922 年，在仪表板上出现了燃油表。1929 年出现了车用收音机。渐渐地，现代汽车的基本要素均已具备。

（四）注重美观和舒适的时期（1935～ ）

在解决汽车的有无以后，人们开始追求外形、色彩的多样化以及乘坐的舒适性、操纵

图 1-9　德国大众公司的甲壳虫式轿车

的便利性。车身变得越来越长和低，车体的整体性和刚度增强，其振动和噪声水平不断下降。车型变化越来越快，各种变型车和可选用款式出现。在这里，回顾一下车身的发展是很有意思的。最初的汽车是“无马马车”，汽车车身亦即马车车身，没有考虑对乘员的过多保护。随着车速的提高，首先是迎面风使乘员难以忍受，为此考虑到改变汽车的外形。1903 年，美国福特公司制造的 A 型车是在座席前设一块挡风板，使迎面风经过挡板导流，吹向上方（见图 1-10）。但若汽车行驶速度到 50 ~ 60km/h，则乘员经受着相当于七级风的风力，根本无法睁开眼驾驶，这就开始设计出带篷的汽车。这种马车造型的汽车，从整体上看是四方形的，形似箱子，故称为箱型汽车（见图 1-11）。带窗带门的箱型汽车造型延续至今，就是吉普车。箱型汽车在造型中没有引进空气动力学原

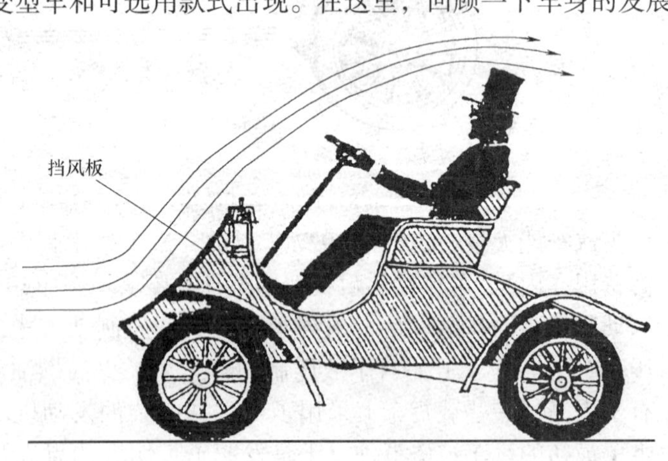

图 1-10　无篷的早期福特汽车

理，可以说是技术尚未成熟时代的产物。

图 1-11　1930 年的美国卡迪莱克 V16 型轿车

随着对空气动力学原理研究的不断深入，以及人们对车型美观多样化追求的增长，从 20 世纪 30 年代起，汽车向流线型发展。如德国大众汽车公司自 1937 年诞生以来，就以生产流线型汽车而著名，前面提到的甲壳虫车型就是其典型。但一开始的流线型车过分强调了车身外型的“高速感”，而忽视了降低空气阻力的真正目的，存在着乘员空间过分狭小、车身过长过矮、对横向风的稳定性差等问题。当然这些问题从现在的眼光看，都能得到相应的解决。甲壳虫车的全盛时期从 1934 年起，大约延续了 15 年时间。1949 年起，无论是美国还是欧亚大陆均风靡船型车身，这种车身是福特汽车公司首先推出的既考虑了机械工程学、流体力学诸因素，又强调了以人为主体，注重乘员舒适性和驾驶员操纵性的新车型。图 1-12 所示的 1959 年通用汽车的旁蒂克 · 博纳维尔 · 维斯达轿车便是这种车型。

图 1-12　1959 年通用的旁蒂克 · 博纳维尔 · 维斯达轿车

为了操纵方便，1937 年的福特车上提供了转向柱换挡机构，1946 年动力操纵的车窗升降机问世，1951 年别克（Buick）等车上提供了动力转向，1955 年在克莱斯勒公司（Chrysler）的汽车上，按键式自动变速选择器代替了原有的选挡杆。在这一时期，为了提高行车安全性，制定了以 48km/h 速度在不平度为 130mm 的卵石路上行驶 8000km 的试验规范，并要求以 80km/h 的车速进行翻车试验，要确保车身的完整性。

（五）注重节能、环保和安全的时期（1960 ~　）

汽车保有量的不断增加使汽车排放物对人类健康的危害越来越明显。据报导，在美国，车辆排放出的污染物占大气污染物总量的 55%。这些污染物包括 CO、NO_x、未燃烃、碳烟微粒等。上述情况促使公众越来越注意到环境保护问题，各国竞相制定了环境保护法规，限制汽车排放物。最早立法的是美国加利福尼亚州，规定 1961 年新车应装有防止曲轴箱窜气的装置。1966 年以后，又规定新车需符合 CO、HC 的排放浓度限值（七工况法）。

1968 年，美国联邦政府采纳了加州法规，1971 年又增加了对 NO_x 的限制。环保要求对汽车技术，特别是车用发动机的技术发展起了很大的推动作用。曲轴箱强制通风系统（PCV）、废气再循环系统（EGR）、排气三元催化系统、分层燃烧系统、稀混合气燃烧系统等新措施和新技术不断推出，缓解了汽车排放对人类健康和环境的威胁。

节能是汽车技术发展的永恒课题，为了降低高速行驶时的风阻，以通用汽车公司 1952 年制造的别克牌汽车为开端，出现了基于流体力学的真正的高速车型——鱼形车身（见图 1-13a）。但随着车速的不断提高，升力问题出现了，高速时产生的气动升力不仅影响汽车的稳定性，而且影响汽车的可操纵性与安全性。1963 年司蒂倍克（Studebaker）设计了称之为阿凡提（Avanti）的双座轿车，开始了兼顾低风阻和高速安全性的楔形车时代，这种楔形车以后为赛车所广泛采用。图 1-13b 是丰田 FX—1 型高级跑车。楔形车身开始时存在车后方视野不好的缺陷，因此如何解决这一问题成为楔形车能否实用化的关键之一。1990 年，美国通用公司设计的雪佛兰 AERO2002 动感型轿车可以说既发挥了楔形车的长处，又保持了轿车应有的舒适性和良好的视野（见图 1-13c）。近年来，在动感型车身后部采用“截断”的办法，或装上“脱离装置”，使气流脱离，以减少空气阻力。这种车型有时称为“截取型”。

1973 ~ 1974 年以及 1979 ~ 1980 年两次大的能源危机，使得汽车节能受到了进一步的重视。美国生产的大排量轿车逐步为日本和欧洲生产的小排量到中等排量的汽车所取代，继而美国各大汽车制造厂家也开始减小所生产的轿车的排量和车型尺寸。1980 年，美国公布实行的综合平均燃油经济性法规（CAFE）促进了汽车节能技术的快速发展。与此同时，寻求其他能源（代用燃料）在汽车上应用的研究也受到广泛注意，特别是乙醇燃料、液化石油气和压缩天然气燃料已有一定的商业应用。

汽车增多、车速提高以及人类对生存环境的进一步关心，促使公众越来越重视汽车的安全性。美国 1945 年因车祸死亡人数为 2. 8 万人，而到 60 年代时增加到每年车祸死亡 5 万人左右。为解决安全性问题，汽车碰撞试验和设计中的人体工程学成为热门课题。美国联邦安全委员会制定了一系列的安全法规，包括汽车碰撞时对乘员的保护、撞击时转向柱向后的位移量限制、车顶抗撞强度和侧门强度要求以及燃油系安全性要求等。为了满足安全法规要求，汽车设计中发展了可吸收能量的转向柱和前、后保险杠；安全挡风玻璃；软化的仪表板、遮阳板、头枕；强化的前门柱和中立柱；抗撞击的车门等，从而显著提高了汽车的安全性。1956 年，美国福特公司率先在轿车上普遍采用安全带，随后其他厂商纷纷效仿，以后则成为法定的必装器具。近年来，安全性又得到新的强调，在车身结构中，提高最接近乘客处的车身骨架结构强度；制动系统中普遍采用防抱死系统（ABS），以提高制动效能和制动时的操纵稳定性；撞车时自动吹涨的安全气囊逐步成为轿车的必备装置；各种安全报警装置不断为用户所接受。

a)

b)

c)

图 1-13　汽车外形的发展

a）1952 年生产的别克牌轿车　b）丰田 FX—1 型高级跑车

c）1990 年美国通用公司设计的雪佛兰 AERO2002 动感型轿车

（六）电子技术与计算机技术的应用（1980 ~　）

20 世纪 60 年代开始人们对汽车节能、环保和安全的重视，引发了汽车技术的进一步革新。节能与环保的潜力主要靠在内燃机上挖掘：化油器被汽油喷射系统取代，传统的分电盘式火花点火被自动调整点火提前角的电控点火装置取代，废气再循环系统和排气三元催化转化系统在工作中需要有相应的传感与控制执行机构。因此，从 60 年代中期到 70 年代末期，一些高性能的汽车产品开始采用电子技术来实现上述功能。例如，1961 年通用汽车公司研制了无触点点火装置，并从 1964 年起推向市场；1971 年日产公司、丰田公司开始在一些轿车车型上装备了电子汽油喷射系统，1975 年美国也开始应用这一技术；防抱死控制装置作为安全技术上的重大进展也分别在 1968 年和 1978 年由福特公司和日产公司开发出来并装在车上。但当时由于电子技术的发展尚未达到微机化和大规模产业化阶段，因此汽车产品的电子化进程仅停留在相对独立的单一应用阶段，且未被广泛推广。

20世纪80年代开始，微处理机技术得到了飞速的发展，其计算能力、可靠性等不断提高，成本也越来越低，为电子技术和计算机技术在汽车上的广泛应用提供了条件，过去单一的电控装置发展为综合的、整体的电控系统。20世纪90年代起世界各国“可持续发展战略”的实施，人们对汽车在节能、环保、安全等方面提出了更为严格的要求，使发动机、底盘、车身的电子控制成为汽车产品技术的主要发展方向。此外，汽车作为人类活动的移动工具，已不仅是一种代步工具，更兼有办公、娱乐、通信等多种功能，这就使汽车已由单纯的机械产品转变为搭载着各种高新技术的高档机电一体化产品。

电子技术在汽车上应用的快速增长使电子装置在整车（特别是轿车）价值量的比例逐年提高。美国1980年每辆车采用电子产品的平均费用不到300美元，到了1990年这一值增加到672美元，而到2002年已升至2025美元，占汽车整车制造成本的26%。据估计，目前汽车电子产品占中档汽车整车成本的比例已达35%左右，占高档汽车的整车成本的比例高达50%~60%。由此可知，电子技术和计算机技术的应用已成为当今衡量汽车技术水平高低的重要标志。

第二节　汽车工业的发展

几乎与汽车的发明同步，出现了用于商品销售的汽车产品，但是以大规模生产为标志的汽车工业的形成是20世纪初的事，其后整个20世纪是汽车工业蓬勃发展的时期，美国、西欧、日本相继建成了规模宏大的汽车产业。随着汽车产业的国际化，汽车工业已成为全球性的支柱产业，在人类的工业发展史上占有十分重要的位置。

一、汽车工业的形成

如前所述，最原始的汽车发动机功率才0.74~1.49kW，乘坐2~3人，时速很低。当时的汽车与其说是一种实用交通工具，不如说是绅士贵族们的娱乐工具。从19世纪末到20世纪初，欧洲和美国相继出现了一批汽车制造公司，如德国的戴姆勒—奔驰公司（Daimler Benz AG，1890年戴姆勒发动机公司建立，1883年奔驰公司和莱茵煤气发动机厂成立，1926年两公司合并为戴姆勒—奔驰公司），美国的福特公司（Ford，1903年创建），英国的劳斯莱斯公司（Rolls Royce），法国的雪铁龙公司（Citeroen，1919年在一个齿轮公司的基础上创立），意大利的菲亚特公司（Fiat，1899年创建）等，但在当时由于技术发展还不具备生产汽车这种大型复杂机械产品的水平，加之汽车成为贵族们的奢侈品，一味追求豪华，售价昂贵，限制了销售市场，无论是欧洲还是美国，都未形成汽车工业。1906年，当德国和法国的汽车制造厂家宣称他们的汽车产量占世界产量的58%时，他们的年产量也仅有5万辆。

汽车诞生于欧洲，但最早形成的汽车工业却在美洲。说到汽车工业的形成，不能不首先提到美国人亨利·福特（Henry Ford）。福特是一位钟表匠，他于1893年在自己简陋的汽车制造厂（实际上只是一个小作坊，见图1-14）试制成一辆汽油机汽车。这辆车结构非常简单，四个车轮都是自行车轮子，车上装有两个前进挡，最高车速约32km/h。这种车作少量销售后，很受人们欢迎；其后在底特律市市长的支持下，福特于1899年集资成

图 1-14　最早的福特汽车制造厂

立了底特律汽车公司，开始小批量生产轿车。在汽车作为奢侈品的当时，汽车设计追求豪华、舒适，欧洲输入的汽车售价高达 10000 美元，美国本土生产的汽车售价也达 2700 ~ 5000 美元。于是在 1902 年，这种车很快滞销。福特根据这种情况首先提出了将汽车由奢侈品变为人们必需品的主张，要求汽车可靠、耐用（当时一般在无路的乡村道路上行驶）、操作简便、售价低廉、使用和维护费用低，即生产普及型汽车。福特的主张受到公司合作者的反对。于是，他于 1903 年脱离底特律公司，成立了福特汽车公司，当年福特生产和销售了他的 A 型车并首先外销英国。此后，福特在相继推出 B、C、N 型车后致力于普及型轿车 T 型车的开发，1907 年 T 型车正式投产，开始时售价在 1000 美元以上，但已比一般轿车的价格便宜很多；到 1909 年，该车年产量超过 1 万辆，每辆车成本 604 美元，售价降到 905 美元。以后，福特吸收了李兰德（Leland）设计制造卡迪莱克（Cadillac）轿车采用标准互换件的经验以及钟表制造业采用的总成装配法等经验，于 1913 年建立了世界上第一条汽车总装生产流水线。这种各地分散生产汽车零部件，而在一个地方集中装配成整车的批量生产方式使生产效率大大提高，成本大降。汽车不再是贵族和有钱人的豪华奢侈品，而成为大众化的代步工具。到 1914 年，T 型车产量达 30 万辆，1916 年，该车售价降至 360 美元。到 1927 年，最后一辆 T 型车在美国本土驶出流水线时，已累计生产了 1500 万辆，售价仅 290 美元。可以说福特生产 T 型车的经验不仅为美国，甚至为世界的汽车工业发展奠定了基础。美国汽车工业的形成和发展与当时美国在资本、国民收入、石油资源、市场等各方面都存在优于欧洲的具体条件有关，加之美国政府十分重视国

民交通工具的现代化，有意识地引导人们购买汽车。1923 年，美国总统在竞选演说中就许诺要使美国人家家有轿车。巨大的国内市场造就了美国汽车工业的大发展，通用汽车公司（General Motors）、克莱斯勒公司（Chrysler）等汽车公司纷纷建立，最多时全美国曾有 181 家汽车厂，到 1927 年通过竞争存留了 44 家，其中汽车三巨头的销售量占全国汽车总销售量的 90% 以上。那时，欧洲由于第一次世界大战的影响，刚刚形成的汽车工业几乎停产了 5 年，这使得美国成为第一个以汽车工业为支柱产业的国家。

这一时期在汽车大规模生产的组织模式上出现了以福特公司为代表的全能厂管理模式和以通用汽车公司为代表的通过专业化协作，由一些汽车制造企业联合起来，建立集中管理和销售体系的模式。以后的事实表明，后者优于前者，并为世界上许多企业所效仿。

二、汽车工业的发展

汽车工业是关联产业最广、工业技术涉及面最大的综合性工业，因此，汽车工业的发展不仅依赖于汽车行业本身的技术进步，而且取决于相关产业的技术进步、汽车工业应用这些技术的投资能力、世界汽车市场的容量、能源和原材料的供应、人们对环境的要求、国家政策和意外变化等。例如，第一次世界大战中显示了汽车运输的机动性，而且还训练出了不少军用汽车的驾驶员，他们中很多人还学到了一些汽车技术，于是，在战后出现了汽车需求的迅速增长，汽车市场买卖兴隆。但时隔不久，资本主义世界的经济萧条使汽车的需求量一落千丈。

由于欧洲汽车工业发展缓慢，美国汽车大量销往欧洲，美国汽车厂家为了降低运输成本并避免整车运输造成的车身外壳损伤，就采用所谓 CKD（Completely Knocked Down）方式，将美国生产的零部件运到欧洲就地装配成整车出售。最早是福特公司 1911 年在英国建立了一个装配厂。到了 1929 年，福特和通用已分别在 21 个国家和 16 个国家建立了总装厂。大约到 1930 年，欧洲各国为了保护本国的汽车工业，开始对美国汽车增加进口关税，尤其对汽车零部件进口课以重税，致使美国在欧洲各国的 CKD 总装厂改为全部零部件就地生产的汽车制造厂。当时，欧洲各国的汽车制造厂虽不能在售价上与美国竞争，但它们凭借技术优势，在品种上、车型风格上、道路适应性上以及某些性能上具有特色，因此也占据了一定的市场份额。有许多新技术，例如发动机前置前驱动、后置后驱动、承载式车身、节能型微型轿车等，都首先出现在欧洲，从而为欧洲汽车工业的大发展奠定了基础。

第二次世界大战期间，各国汽车工业均为军事目的服务，生产坦克、装甲车等军用装备和物资。这也起到了缓和美国与欧洲汽车工业竞争的作用。战后，随着经济复苏与政府支持的加强，欧洲汽车工业开始大发展。特别是原联邦德国在战后仅用了 5 年时间，就使汽车产量达到 30 万辆，超过了其战前的最高水平。1960 年，年产达 205.5 万辆，超过了英国，成为当时仅次于美国的世界第二汽车制造国。原联邦德国汽车高速发展的主要动力是将轿车迅速普及到国内劳动阶层。以国内市场为基础，同时扩大国际市场，如大众汽车公司（Volkswagen）的“甲壳虫”（Beetle）普及型车对德国轿车的普及起了关键作用。到 1973 年，这种车成了全世界的畅销车。欧洲汽车工业的大发展使世界汽车工业的重心逐步由美国移向欧洲。例如，二次大战以前，西欧各国的汽车产量仅为北美（美国和加拿大）的 11.5%；到战后 1950 年，这一数字提高到 16%；而到 1970 年，北美仅生产 749.1 万辆，而西欧各国却超过北美产量的 38.5%，达到 1037.8 万辆。许多欧洲汽车厂家，如德国大众、奔驰、宝马（BMW）、法国雷诺（Renault）、标致（Peugeot）、雪铁龙、意大利菲亚特（Fiat）、瑞典沃尔沃（Volvo）等，均已闻名遐迩。1973 年，欧洲汽车产量进一步提高到 1500 万辆。以后，由于受两次世界石油危机的影响，同时，西欧各国也已基本普及汽车，汽车需求的增长势头锐减，使其后的 20 余年来，欧洲汽车产量徘徊在 1500～1800 万辆之间。

汽车大量使用所造成的安全问题、环境保护问题都在这一时期受到严重关注。就安全问题来说，这一阶段随着中东廉价石油的大量供应，世界汽车保有量不断增加，公路条件的改善又使汽车行驶速度越来越高。根据统计资料，一个国家交通事故的死亡人数与该国汽车的保有量直接相关。美国从 1899 年第一次记载交通事故起，到 1979 年的 80 年间，由于汽车肇事造成的人员死亡达 200 万人。日本则从 1925 年起到 1979 年的 45 年中，汽车肇事死亡人数达 40 万人。为了加强汽车的行驶安全性，各国政府采取了积极措施，制定了较为完善的交通安全法规。例如，1965 年美国颁布的联邦机动车辆安全标准中，对汽车的有关性能和装置提出了严格的安全要求，其中防止汽车事故发生的安全标准 24 项，汽车事故发生后用以保护乘员二次冲击的安全标准 17 项。这些安全法规迫使汽车不断改善其装备的安全性能。此外，各国政府还积极改善道路交通环境，增设安全措施，加强驾驶人员的安全培训和群众的安全教育，收到了很好的效果，使得随着汽车保有量的增加，交通事故死亡人数反而呈下降趋势。这一成就消除了人们对发展汽车会增加交通事故的忧虑，客观上促进了汽车工业的持续发展。

总而言之，在这一时期汽车工业保持了大规模生产的特点，世界汽车保有量激增，汽车工业发展的重心由美国转移到西欧。汽车技术的高科技含量增加，汽车品种进一步增多。汽车工业界对于汽车造成的安全问题、污染问题在政府的督促和支持下制定了许多对策，并使汽车在结构、性能等方面都得到了大幅度提高。

三、日本汽车工业的腾飞

日本的汽车工业，最初是从国外进口整车，然后引进技术开始萌发的。1899 年，从美国进口的三辆电动车是日本土地上第一次出现的汽车，1904 年，日本制造出第一辆以蒸汽机为动力的汽车，1907 年制造出第一辆汽油机为动力的汽车。但直到 1923 年关东大地震前，日本无论从技术上还是经济上都不具备形成一定规模的汽车制造业的条件。1923 年，关东大地震改变了当时日本汽车工业的状况。由于当时东京路面的破坏，使电车几乎全部毁坏且无法修复，作为应急措施从美国进口了大量的 T 型福特车。福特车充斥了东京的街头，也使日本国民对汽车的认识发生了惊人变化。借此契机，美国通用、福特两公司向日本进军，首先是福特在 1924 年于横滨建立了流水作业式的组装工厂；第二年，通用公司在大阪建立了雪佛兰汽车的组装厂。到 1929 年，这两个公司在日本生产的汽车达 29338 辆，而与此相对照，由政府补贴生产的国产车仅有 437 辆。为了振兴日本的民族汽车工业，政府曾提出一系列措施，并加以实施。东京汽车公司（现五十铃汽车公司）、日产汽车公司和丰田汽车公司，都是在那个时候诞生或计划建立的。针对这三家公司，日本

政府于1936年5月颁布了汽车制造企业法，对本国汽车制造业予以扶植，并实行特别折旧法对重要机械三年内折旧一半，以加速固定资产更新，加速资金的筹措，推动企业的技术进步，同时给汽车业以低息贷款、减免税收、财政补贴等激励政策。但当时日本政府的政策部分是出于军国主义的军事目的。由于限制外资企业，福特和通用的两个组装厂在1939年不得不停产，而日产、丰田和五十铃则在1939~1941年期间不断发展壮大，1941年仅普通车辆的年产量就达4万辆，创造了战时的最高纪录。以后因战事这三家公司相继趋于停产状态。

战后，一方面由于经济复兴对汽车产生了大量需求，另一方面由于朝鲜战争对汽车有特殊需求，日本的汽车工业迅速恢复和发展，成了日本经济复苏的先驱。1955年，日本政府发表了“国民车发展纲要”，1961年制定了购买汽车的分期付款法。到1965年左右，在高度增长的经济促动下，日本人均国民生产总值开始超过1000美元，于是出现了对轿车的爆炸性需求，日本的汽车产量在这一年名列世界第四位。到1966年，跃升为第三位；1967年产量达300万辆，跃居第二位，而且其生产的车型也由货车为主转为轿车为主。1968年日本轿车年产量超过了货车年产量，各种车型的构成逐渐与欧美靠近。最后，终于在1980年以年产汽车1104.2万辆超过了美国，夺得了世界第一汽车生产大国的桂冠。世界汽车工业发展的重心又从欧洲转移到了日本。

日本汽车工业之所以能在较短时间内赶上并超过西欧、美国，主要是他们在生产组织管理方面，在先进工艺的广泛应用方面取得了突破。美国著名的“汽车工业”杂志在1968年赞叹日本汽车工业的高速增长时说：员工的献身精神加自动化是日本汽车工业取得重大成就的重要法则。在日本汽车业中，劳动者与经营管理者之间建立一种相互信任的终身雇佣制度。如丰田汽车公司在1962年制定了劳动者—管理者宣言，使企业员工的生活和工作条件走向稳定，给企业带来了繁荣。他们用“生产实践经验对生产的价值超过理论知识”的观点，鼓励企业员工在生产与管理工作方面提出合理化建议，并按建议产生的效果进行奖励。他们还组织工人成立质量管理小组，相互督促，使产品质量、生产成本、安全生产等方面得以改进。为了提高工作质量和合理化建议的水平，公司对员工的文化教育、职业技术培训尤为重视，一般企业都设有脱产和不脱产的教育体系。总之，企业设法使员工感到自己是所从事工作的主人，由此调动了员工的工作潜力，激发了员工的献身精神。

提倡精神是一个方面，严格纪律则是另一方面，日本汽车业的车间中不允许在操作时抽烟、闲谈、游荡，车间里没有茶杯和挂在墙上的女人照片。为了降低成本，他们提出“为富裕而节约”的口号，职员们即便在自己的桌子旁吃饭，也要把工作灯关掉，工作灯只允许工作时打开。日本汽车工业迅速增长的另一因素是工厂的高度利用，也就是时下流行的说法——内部挖潜。不少企业实行一星期六天两班倒的工作制，而两班倒之外的时间是加班时间，生产资源得以充分利用。

20世纪70年代世界性的石油危机，使各国对轿车的需求转向小型、省油轿车，而当时美国的汽车厂以生产大型、豪华、大排量汽车为主，销售大受影响。日本从一开始就根据本国都市密集、道路狭窄等实际情况，以开发制造小型和微型的省油汽车为宗旨，其时正迎合了石油危机冲击下汽车市场的潮流。日本车开始大量向国外销售，并很快畅销全世界，以致使英、法等国从1975年起限制日本轿车的进口，美国从1980年起也对日本轿车限量进口。日本的对策则是输出资本，在美国等地投资建厂生产小型省油轿车原地销售。

日本汽车产量在1990年达到创记录的1350万辆，此后，由于国内市场饱和以及出口量下降，汽车产量逐渐下降，并稳定在1000万辆水平上。

四、发展中国家汽车工业的崛起

从20世纪70年代开始，发展中国家的经济开始逐步增长，对汽车的需求上升。韩国、巴西等几个国家经济起飞较早，其轿车的普及推动了本国汽车工业的发展。到1980年，世界发展中国家汽车产量达到300万辆。进入20世纪90年代，中国、印度等国家的汽车工业开始在经济改革开放的政策下提速，使发展中国家汽车工业的崛起呈现出不可逆转的势头。1996年发展中国家的汽车产量超过1000万辆，占世界汽车产量的20%。进入21世纪后，发展中国家汽车工业的发展进一步加速，2005年发展中国家的汽车产量已超过2000万辆，占世界汽车产量的30%。表1-1给出了2008年世界汽车产量前20位的国家。

表1-1　2008年世界汽车产量前20位国家

序号	国　名	产量/辆	序号	国　名	产量/辆
1	日本	11563629	11	加拿大	2077589
2	中国	9345101	12	俄罗斯	1790301
3	美国	8705239	13	英国	1649515
4	德国	6040582	14	泰国	1393742
5	韩国	3806682	15	土耳其	1147110
6	巴西	3220475	16	伊朗	1051430
7	法国	2568978	17	意大利	1023774
8	西班牙	2541644	18	波兰	950908
9	印度	2314662	19	捷克	945822
10	墨西哥	2191230	20	比利时	724498

发展中国家汽车工业的发展模式主要有三种：自主开发型、外资主导型和共同经营型。巴西、墨西哥等国属于外资主导型，韩国属于自主开发型，中国主要为共同经营型和自主开发型。20世纪90年代以后发展中国家汽车工业的加速崛起除本国经济发展需要这一内因外，国际资本向发展中国家加速转移是一种外部助力。汽车工业的全球化已使各国的汽车工业“你中有我，我中有你”。产业基地随着市场转，发达国家市场已饱和，发展中国家市场大、劳动力成本低，自然成为汽车产业投资的热土。

为了进一步提高竞争优势、降低经营成本，这一时期的世界汽车工业发生了深刻的变化，重组兼并愈演愈烈。1980年全球具有开发、生产、销售的独立汽车公司有30家，到1998年就剩下18家，而在1998年后的3年多时间里，这18家就成为10家左右。现在年产400~800万辆的跨国大公司为6家，有通用（包括大宇）、丰田、福特（包括马自达）、雷诺－日产、大众和戴姆勒－克莱斯勒。这6家公司生产的汽车占世界汽车产量的75%。表1-2示为2005年前9位跨国汽车巨头的年产量。

表 1-2 2005 年世界汽车产量前 9 位跨国公司 （单位：万辆）

序号	公司名	产量	序号	公司名	产量	序号	公司名	产量
1	通用	910	4	雷诺—日产	610	7	本田	340
2	丰田	840	5	大众	520	8	PSA	340
3	福特	780	6	戴姆勒-克莱斯勒	480	9	现代	310

第三节 未来汽车与汽车工业

一、未来汽车

与物种进化一样，任何工业产品、工程系统都要经历孕育期、发展期、成熟期、衰退期的演化过程，交通工具也不例外。19 世纪中叶十分盛行的乘用马车绝迹了；19 世纪末光彩一时的铁路马车也绝迹了；而最近，各国的城市有轨电车、无轨电车也进入了消亡阶段，在不少国家和城市也将它们送入了历史博物馆；汽车的命运将如何呢?

旧产品的淘汰，新产品的诞生，其动力无疑是技术革新与社会需求。尽管从汽油机汽车诞生起有 100 多年的历史，但由于世界经济发展的不平衡，时至今日，像中国这样的发展中国家对汽车的需求还正处于急剧上升的阶段。即使是日本，也只是 20 世纪 70 年代才进入汽车发展的成熟时期。从这一意义上看，汽车还正值壮年。从先进国家看，技术还没有突破性的进展以致尚未出现一种能与汽车竞争的、快速、机动、灵活、舒适而适合个体和小群体活动的陆上交通工具。因此，在可以预见的将来，汽车将仍是人类活动必不可少的重要工具。

然而，未来汽车终究会不同于今天的汽车，这也是历史发展的必然。要预见未来汽车的变化趋势，同样要从技术革新和社会需求两方面入手分析。从社会需求来看，人们希望未来汽车在保持高性能的同时，更安全、节能、环保、舒适，并更趋智能化和个性化；从技术发展来看，信息、电子、计算机、控制、材料等高新技术的飞速发展为未来汽车的变革铺平了道路。以下就从驱动技术、电子信息技术、材料技术和个性化四个方面来预测未来汽车的走向。

（一）未来汽车的驱动技术

2005 年世界汽车保有量为 8 亿辆，它们的消耗占了世界石油消费量的 50% 以上。随着发展中国家汽车的快速普及，预计到 2025 年，世界汽车保有量将达到 15 亿辆，此时人类社会将无法容忍由于汽车对石油的大量消耗而造成这一宝贵的不可再生资源的枯竭。因此，大大降低汽车对石油燃料的依赖，开辟车用新能源成了汽车驱动技术变革的最大推动力。

能源有所谓一次能源和二次能源。一次能源是以自然形式存在，未经加工和转换的能源，二次能源则是再加工的能源。汽车不能直接使用一次能源，我们长期使用的汽油、柴油是经原油加工而成的二次能源。能源使用中最重要的是高效低污染。我们在考虑汽车新能源时就必须兼顾这些要求。在化石燃料范围内，LPG、CNG 其燃烧有害排放物浓度低、相对而言被称为“洁净能源”，但若与属于可再生能源的乙醇相比，后者不仅更洁净，而且所排放的温室气体 CO_2 也少，因此，更有吸引力。若要完全消除 CO_2 排放，且又有利于提高燃料的能量转换效率，则应选氢为燃料。氢也是二次能源，因此在分析其可行性时，氢的获取是关键。如果氢是由石油或天燃气产品通过重整获得，那么仍未摆脱使用不可再生能源的老路，是不可取的。氢能社会必须走太阳能制氢、生物制氢、分解水制氢的道路，如果上述制氢技术尚未能经济地产业化，则全面进入氢能社会的日子就不可能来到。因此，在上述提到的各种新能源中，未来汽车会大量应用的新能源按其先后次序可能是天然气→醇类燃料→氢气。

汽车若直接使用这些新能源，车内就必须安装能量控制装置——发动机。就未来汽车而言，这种能量转换装置或者是新一代的内燃机，或者是新一代的燃料电池系统。前者可以实现高效率、超低排放、低成本、高可靠性；后者可有更高的效率、零排放，但其成本、环境适应性和耐久性要能满足大规模产业化的要求尚有待相应技术取得革命性的突破。

汽车要间接使用新能源，那就要走电动汽车的道路。电作为二次能源，来源更广泛，它可由水能、风能、太阳能、核能等非化石燃料中获得，不仅清洁，而且资源十分丰富。此外，电动车属于零污染汽车，不排放废气，噪声也极低，加之操作方便，使用维护容易，极具吸引力。电动汽车通过采用电动轮这样的新结构，使汽车的驱动系统大为简化，车内布置设计也有了更大的发挥空间。无论是采用储能电池的纯电动汽车，还是将燃料电池作为车载发电装置的燃料电池汽车都可以采用这种新的驱动技术。图 1-15 所示是通用公司为美国 Freedom Car 计划所提出的概念车模型。今后随着纳米技术等材料学的进一步发展和双极结构的采用，电池的比能量、循环寿命会进一步提高。在现在油价不断上涨的

图 1-15 通用公司“自主魔力”燃料电池概念车

情况下，相信到2010年后，包括电池更换成本在内的电动汽车行驶成本将低于汽油车的行驶成本，这将使纯电动汽车的市场有大的发展。

未来汽车驱动技术发展的另一条路就是实现混合驱动。混合驱动汽车充分发挥内燃动力和电动动力两种动力之所长，使未来车用动力更节能、更环保。日本丰田于1998年正式销售Prius混合驱动轿车开启了这一先进驱动系统的商业化发展道路。根据不同的目标市场，实现混合动力的结构方式和内燃/电动功率配置的比例可以不同，然而发挥其优势的主要运行策略大体相同，即：①尽量减少或取消内燃机怠速运转；②汽车起步和低车速时用电动动力；③通过再生制动时给电池充电回收能量；④降低内燃机额定功率以提高其运行时的负荷率，使其尽可能多地运转在高效区，当车辆驱动功率需求较低时可通过驱动电机发电而提高负荷率，当车辆驱动功率需求超过一定值后内燃机和电动机共同驱动汽车。由于混合驱动是改造传统的单一内燃机驱动的现实道路，其发展势头很猛。预计，今后十年中，大部分传统车辆都会或多或少地实现混合驱动，使混合驱动成为汽车驱动系统的主流结构，混合驱动结构中有一种形式有利于其逐步过渡到纯电动汽车，那就是插电式混合动力电动汽车（Plug - in HEV）。它是具有一定的纯电动续驶里程的混合动力汽车。这种汽车每天晚上可在家里将电源插头插上，为车内电池充电，白天如果只是短距离行驶，就用纯电动模式，不消耗燃油。只有在长距离行驶时，它才消耗燃油，用混合驱动的方式行驶车辆。图1-16是Plug - in混合动力的一种结构形式。

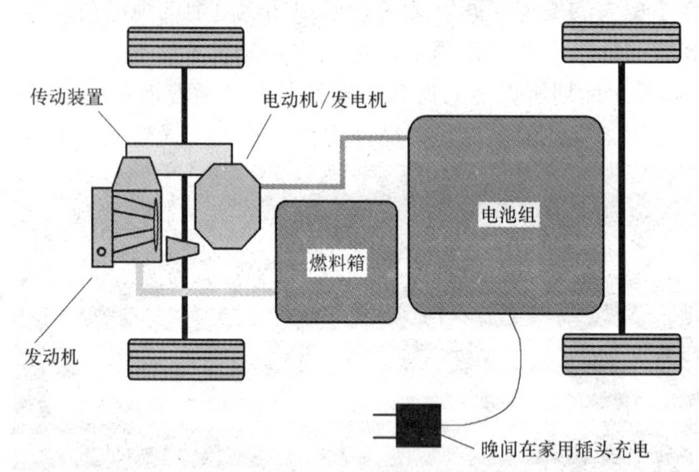

图1-16　Plug - in混合动力的一种结构形式

（二）未来汽车的电子信息技术

20世纪80年代以来，汽车技术的发展已离不开汽车电子。进入21世纪后，汽车产业中90%的创新与电子技术有关。因此，未来汽车的发展在很大程度上取决于汽车电子技术的走向。据观察，汽车电子技术正朝着综合集成化、微型化、智能化、网络化的方向发展。

综合集成化是将过去单独控制但性能需协调的部套集成起来，进行综合控制。例如，将动力装置与传动系统的电子控制融合为一个整体系统，形成动力传动系统综合控制；将牵引控制、制动力控制、转向控制和主动悬架控制融合为一个整体系统，形成底盘综合控制。

微型化是应用微电子机械系统（MEMS）技术，将微电子、传感器、精密机械等技术相互融合，形成各类高性能、高可靠性、低成本的电子器件，如各种微型压力传感器、加速度传感器、陀螺仪以及将作为新一代汽车照明的半导体 LED 器件等。

智能化有若干层次，从器件到系统到整车。例如，汽车中广泛应用的传感器正发展为智能传感器，具有自学习、自标定、自适应、自诊断等功能；汽车仪表系统集感知、识别、数据分析、信息库、适应和控制于一体，不仅显示所需的参数和运行状态，而且给出故障显示提醒驾驶员或者指导维修人员排除故障；未来的汽车电子控制从被动安全系统发展到主动安全系统，由被动悬架发展到主动悬架等，关键是融入了智能控制的环节。各种智能化电子器件和电子控制系统的进一步集成，就使汽车的智能化程度越来越高，最终形成了具有自动驾驶功能的智能汽车。未来智能汽车与智能交通系统相配合，使交通效能最大化，交通事故最小化，并大大减缓了人的驾车压力。

网络化是信息交换、共享，实现车辆内部以及人、道路与车辆之间的双向传输的必由途径。根据不同需要，汽车会同时应用几种不同速率和特征的网络以及相应的网络协议标准。目前，车内各控制系统采用 LIN 总线和 CAN 总线技术，但随着汽车技术的发展，需要更高的通信带宽，包括有事件触发和时间触发的通信方式，支持容错系统，具有高度差错发现和诊断能力的新的网络协议。已推出的 Flex Ray 协议满足了这一要求，有可能成为新的应用热点。实现与车外信息连接和传输的是多媒体无线信息网络，它可通过 MOST 以及与计算机网络兼容的蓝牙、无线局域网等无线网络技术来实现。多媒体无线信息网络为汽车用户提供远程信息服务，通过 GPS 定位器和无线传输系统，可实现免提电话、上网、实时交通预报、安全报警、导航、娱乐等功能。

汽车电子信息技术的发展使未来汽车发生革命性的变化。一是线控技术（X－By－Wire）的应用。传统汽车中的转向盘、换挡手柄等通过机械连接操纵汽车的部件消失了，代之以类似于电脑游戏手柄或鼠标形式的线控操作，这些操作通过高速容错通信总线与高性能 CPU 来控制与其相连的电气伺服系统。采用线控技术，可以降低部件的复杂性，减少液压与机械的连接装置、控制装置，减轻汽车重量，降低能耗和制造成本。线控操纵使汽车的内部布置更加灵活，设计的自由空间更大。图 1-17 所示是 SKF 公司与意大利著名汽车设计公司 Bertone 联合开发制造的 Novanta 概念车，它彻底摒弃了转向盘、加速和制动踏板等机械操控结构，使人耳目一新。

图 1-17 面向线控技术的 Novanta 概念车

第二个革命性变化是汽车将变成信息社会中互联网上的机动节点，接受诸如 GPS 之类的导航信息，进行移动电话通信和收、发电子邮件，甚至可以从交通信息中了解前方道路的实时状况，使变速器可提前换挡，悬架系统可提前调整减震器阻尼。上述提前操作都是在毋需司机干预的情况下发生的，因而大大减轻了驾驶负担，提高了行车的安全性和舒适性。

汽车电子信息技术的发展也促使汽车的进一步个性化。举例说，只要你把车钥匙插入，个人密码被读出，那么一切被预置在存储器中的个人信息就可调用，从而进行相关于个人特征和偏好的一系列调整：座椅的位置和姿态、安全气囊的爆破力设定、收音机电台的预选、电话和电子信箱通讯录的启用、与驾驶习惯相关的行车参数的预置等。对于同一辆车的多个主人，同一个人开不同车辆，统统可以“对号入座”。

（三）未来汽车的材料技术

未来汽车利用材料科学的成果可有很大的获益。其中最重要的莫过于轻量化材料的应用。未来汽车所使用的轻量化材料不只局限于高强度钢，铝、镁合金和陶瓷纤维复合材料，而是将大幅度应用碳纤维复合材料。碳纤维复合材料（CFRP）是目前已知的最轻的结构材料，它可以使汽车车身和底盘零件减重 67% 之多。但最大障碍是材料价格过高，因此要研究降低碳纤维的生产成本和转化为碳纤维所用的材料成本，发展新的碳纤维大规模生产工艺。现在已开发了一种生产过程能把商品级的聚丙烯腈纺织品转化为碳纤维，还开发了一种基于造纸副产品木质素生产碳纤维的方法，上述方法的进一步完善将可使碳纤维的价格达到每公斤 6 美元的目标。由于碳纤维复合材料制作汽车零件的成型工艺成本较金属件低，因而今后有可能生产碳纤维汽车的成本比现在的金属外壳汽车还低，而其通过轻量化所节约的燃料可使未来汽车实现 2L 油走百公里的目标。

未来汽车材料技术的另一个要点是大力发展材料的可回收性。通常，当一辆汽车不再具有使用价值时，它就会作为报废车辆送去拆解并粉碎。有用的材料通过分类回收，并再生利用，其余的就要粉碎成粉末，而当作垃圾处理。由于大量废物中还含有许多其他有用物质未被利用，有必要进一步扩大回收材料的比例。此外，在拆解报废车辆中还应防止如铅等有害重金属和不可降解塑料对自然生态造成的危害。目前，在发达国家，报废车中 75% 的材料被回收利用，另外 25% 则被填埋掉。在日本制定的未来汽车发展计划中，要求到 2015 年，汽车的再生利用率要达到 95%，到 2025 年，这一指标要接近 100%。美国三大汽车公司专门设立了“汽车再生利用合作组织”，研究汽车拆卸、分类、破碎和回收利用的各种技术问题，研究新型材料的相应办法，设立共同的材料分类编号或标记号。为确保再生利用目标的实现，当然最重要的就是在汽车设计中严格限定使用对环境友好的、易回收、无毒性、可降解的材料，并为了有利于分类回收，要制定优先使用的材料目录，尽可能减少汽车上使用材料的品种，例如现在要求车用塑料尽可能统一到聚烯烃材料上来的呼声已越来越高，其目的就是要解决因车用工程塑料种类过多而不利再生利用的问题。

材料的多层镀膜技术在汽车中将会获进一步的应用。例如通过在风挡玻璃表面镀膜来硬化外表面，以便进一步减薄玻璃厚度，有利于轻量化；同时通过夹层玻璃的中间层多层镀膜来提高其隔热性能，特别是对外来阳光的反射，从而减少夏天的空调耗能。将来有一天，也许多层镀膜技术能使汽车车身的油漆层成为光电池的光电转换层，这样，汽车又多了一个可以不花钱的动力源作为辅助能源。

人们对纳米材料在汽车上的应用也有很大的期待。纳米材料具有量子尺寸效应、小尺寸效应、表面界面效应、宏观量子效应等特性，大大提升了材料的功能和价值。例如，纳米技术可强化钢板的力学性能，使车体更耐撞而提高安全性；纳米技术也可提高塑料强度，提高其阻燃性能、抗老化性能和抗菌性能，使汽车内饰件更有利于人体的健康；利用纳米涂料，可使车身外观色泽更为光亮，并耐磨、耐蚀；将橡胶生产中的助剂纳米化，制作出来的纳米轮胎无论在强度、耐磨性和抗老化性能上均比传统轮胎优异。过去用稀土材料代替贵金属作三元催化转化器的催化剂达不到高的转换效率，近来的试验表明，采用纳米级的稀土材料，不仅转换效率大幅提高，转换温度也能有效降低。最值得一提的是纳米储氢材料今后在燃料电池汽车上的应用前景。现在的研究表明，纳米碳管储氢可存储自重10%～13%的氢，且安全性好，储氢过程耗能少，大大优于现有的高压罐储氢和低温液氢储存方式。今后这一技术的突破与产业化将会促进燃料电池汽车时代的早日到来。

（四）未来汽车的个性化

汽车不只是一种交通工具，它的诞生开启了人类的一种新的生活方式。汽车的大规模普及和应用使它成为人们除家和办公室外的第三个充满个性化的私人空间，因此汽车的个性化实际上是它的应有之义。但是过去的技术发展无法解决大规模生产与个性化产品之间的矛盾，同一车型不同车主的汽车个性化差异只能通过售后改装来解决，这不仅限制了其差异的范围，而且有时会产生与标准和法规产生冲突的问题。

随着柔性生产技术的应用，同一生产线上生产不同车型或者同一车型装不同选装件成为可能。网络技术的发展和电子商务的开拓使厂家可以让客户在网上对所定制的汽车进行功能定义以及部件模块和内外饰件的配置，从而购得一辆真正属于你的个性化的汽车。

个性化汽车的另一个含义是车内的设备能对用户进行个性化的服务，而这一功能的实现靠的是上面叙述过的未来汽车的电子信息技术。汽车上的个人身份识别系统与智能化材料、智能化传感器、智能化电控系统等相配合，就可以针对个人的特性和偏好进行最佳的个性化服务。

汽车个性化的进程正在起步，汽车市场已越来越细分，造型和功能也越来越多样，一些大的汽车公司已逐渐改变销售模式，扩大客户定制的内容。“全球化平台技术、本地化生产制造、个性化产品服务”，将使未来汽车的个性化可以走得更远。

二、未来的汽车工业

100多年前诞生的汽车被称为改变世界的机器，而为世界提供这一机器的汽车工业也一直随着世界的改变而前进，它以其与时俱进的设计创新，先进可靠的制造技术，科学现代的管理理念长期矗立于制造业的顶峰。20世纪80年代以后，计算机和微电子技术的飞速发展使世界进入了一个信息时代，有的传统产业衰落了、消亡了，但汽车工业和汽车产品由于全面应用计算机和微电子技术，已成为信息社会的重要支柱。汽车工业已不是传统机械工业的概念，而是一个将汽车业与电子信息产业融为一体的高新技术产业，汽车工业的持续发展是可以期待的。

未来世界汽车工业的总体规模将更大、分布将更合理，中国将由汽车制造大国转变为汽车制造强国。进入21世纪后，全球汽车产量以每年200万辆左右的速度递增，2005年全球汽车总产量达6650万辆，由于中国、印度等发展中国家的汽车工业正步入高增长阶段，估计上述增长率会有较长的稳定期，预计到2025年，全球汽车工业的年产规模将超过1亿辆。未来的新增生产能力主要集中在发展中国家，其中以中国发展速度最快，预计2010年左右，中国的汽车年产量会超过1200万辆，而成为世界第一大汽车生产国。中国要从汽车制造大国上升为汽车制造强国恐怕要到2020年左右。

未来世界汽车工业面临着一系列的挑战：竞争白热化、价格负增长、产品更新快、成本压力大；面对环境、能源、交通安全等问题，汽车工业必须承担起自己的社会责任。这些挑战也是汽车工业发展的动力和机遇，使世界汽车工业在创新和拼搏中前进。

为了优化资源配置，提高产业集中度，降低开发成本，加强竞争优势，汽车工业的产业组织结构会进一步调整，其趋势是：跨国重组越来越快，集团规模越来越大，大集团对市场的应变力和竞争力越来越强。由于整车与零部件生产的分工和剥离成为趋势，除整车经兼并重组形式几家超级跨国大集团外，零部件也将经历兼并重组而形成不依附于个别整车集团的国际化的零部件集团巨头。由于电子信息产品在汽车中的比重越来越大，未来汽车零部件业的巨头也可能就是IT业的巨头。

为了进一步缩短产品开发周期、节省开发成本、提高产品的质量、解决大批量生产和个性化汽车需求的矛盾，汽车工业将更全面和有效地应用计算机技术和网络工具。开发是基于网络的并行开发，从虚拟样车到实车测试都离不开计算机；生产是计算机控制的柔性加工和柔性装配，从高节拍的生产线上驶出个性化的汽车产品；销售是基于网络的电子商务，从售前的用户定制到售后的维修、保养、回收，全都用计算机进行跟踪式服务。

为了适应经济全球化，进一步推动全球开发、采购和销售，将美国、欧洲、日本几大汽车标准统一为世界标准将是汽车工业界未来要面对的问题，世界标准的制定和实施将进一步推进汽车的技术进步和企业效益的提高。

汽车生产所消耗的资源和材料十分巨大，汽车消费所带来的能源、环境和交通安全问题依然严重，汽车工业唯有承担起社会责任，确保社会的可持续发展，才能有自身的可持续发展。尽管通过不断的技术创新，低能耗、零排放、主动安全的智能汽车已经展现在人们眼前，但是要使这样的概念汽车真正成为市场欢迎的、能产业化的商品，还有相当长的路要走。展望未来，汽车工业任重而道远。

第二章 现代汽车

第一节　现代汽车与人类社会

一个现代化的社会如果没有汽车是不可思议的，汽车已渗透到现代社会活动的各个方面，从生产活动到日常生活，从体育竞技到军事活动，哪里都离不开汽车。现代人对汽车的追求可以说是如痴似醉，就像歌迷追求歌星、球迷追求球星、科学家追求新发现一样。各汽车厂为此不断推出新的车型，从性能到外观、从艺术造型到内部装饰都精益求精，款式纷呈，就像时装那样吸引着现代人的购买欲。然而，现代汽车又给现代人带来不少困扰，市区的堵车和停车难、频繁的交通事故、汽车废气和噪声造成的环境污染乃至与汽车有关的犯罪案例等等，都是现代汽车进一步发展所要解决的问题。这样看来，现代人从职业上与汽车打交道的就非常之多：作为世界性支柱产业之一汽车产业的直接从业人员，与汽车生产有关的相关产业的从业人员，汽车运输业的从业人员，各种职业驾驶人员，汽车销售和维修人员，加油站、洗车站、停车场等汽车服务人员，公共车辆的司售人员，公路和市内交通的管理人员，负责事故处理和赔偿的公检法和保险公司人员，从事汽车科研和教学工作的科研工作者和教育工作者，机械化部队等部队的有关人员，职业赛车运动员和教练员等等。现代人非职业性地与汽车打交道的人就更多了，任何拥有汽车的和使用汽车的人都与汽车有关，就是穿行道路的行人也要了解汽车的各种信号指示，注意自己的安全。下面我们从生产、生活、国防、环境四个方面，简单介绍现代汽车在现代社会中的地位和作用。

在各生产企业和运输企业中，汽车作为生产资料在生产活动中起着重要作用。工厂的生产原料、配套件、设备等，都需用汽车运进车间和仓库，而工厂产品亦需源源不断地从工厂运到用户。就连专门生产汽车的工厂，有的也用专用汽车来运输自己的产品——汽车。为了适合各行各业的运输需要，现代汽车品种越来越多，就货车而言，特别是中、重型货车，其专用汽车的比例在先进国家高达80%以上。图2-1所示是自卸车。近年来，厢式货车、集装箱货车受到越来越大的欢迎，图2-2所示是这两种货车。人员运输也是运输企业的重要任务之一，为了适应不同的需要，短途、长途、公共交通和旅游车辆品种繁多。图2-3所示是双层客车，图2-4所示是中型客车。

汽车在现代人生活中的作用是任何其他东西所不能替代的。现代人快节奏的生活只有拥有汽车才能实现，上班、购物、游玩都离不开汽车，大停车场成了工厂、机关、校园、商场、旅游景点的必备设施。考虑到广场停放车辆占地太多，目前更多地采用地下停车或多层式停车设施。现代人谋求更大的活动空间和更高的生活质量，郊区宽敞的住房和优雅清新的环境吸引着现代人在郊区居住，这就使住宅区与工业区和商业中心相分离，汽车在连接不同活动空间方面所起的作用就更加突出。现代人的交流频繁而广泛，国与国间通过高速公路连接成网。在欧洲，出国旅游像国内旅游一样方便，假日一到，各国间的高速公路上车水马龙，好不繁忙。许多家庭不只拥有一辆车，通常，一辆较大的中、高级轿车用于旅游或长途，而一辆经济型轿车用于日常购物和上下班。图 2-5 所示是美国福特公司推出的 1995

图 2-1 自卸汽车

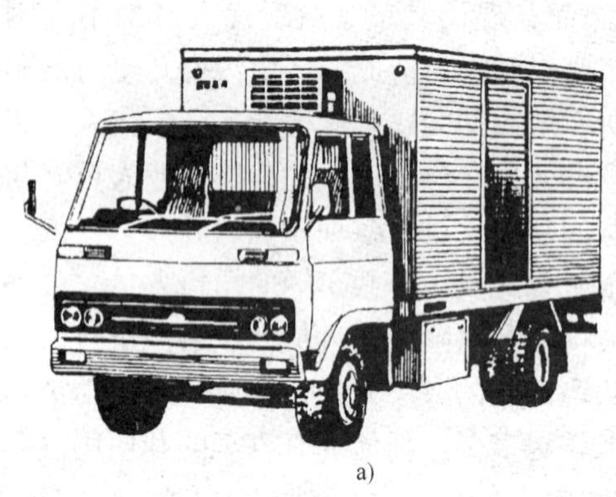

a)

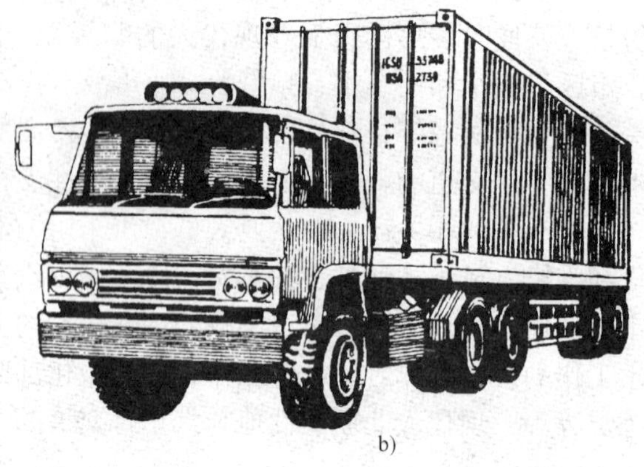

b)

图 2-2 厢式货车和集装箱货车

a）厢式货车 b）集装箱货车

图 2-3 双层客车

图 2-4 中型客车（德国的戴姆勒—奔驰牌）

年型 Windstar 家庭用多用途面包车。这种车除了具有各种先进装备和技术，因而满足了动力性、经济性、安全性、舒适性等各方面要求外，其内部空间具有很大的变通性，可变化出 18 种座位布置以适应家庭人员和行李物品的放置。图 2-5 中绘出了 8 种布置方式。

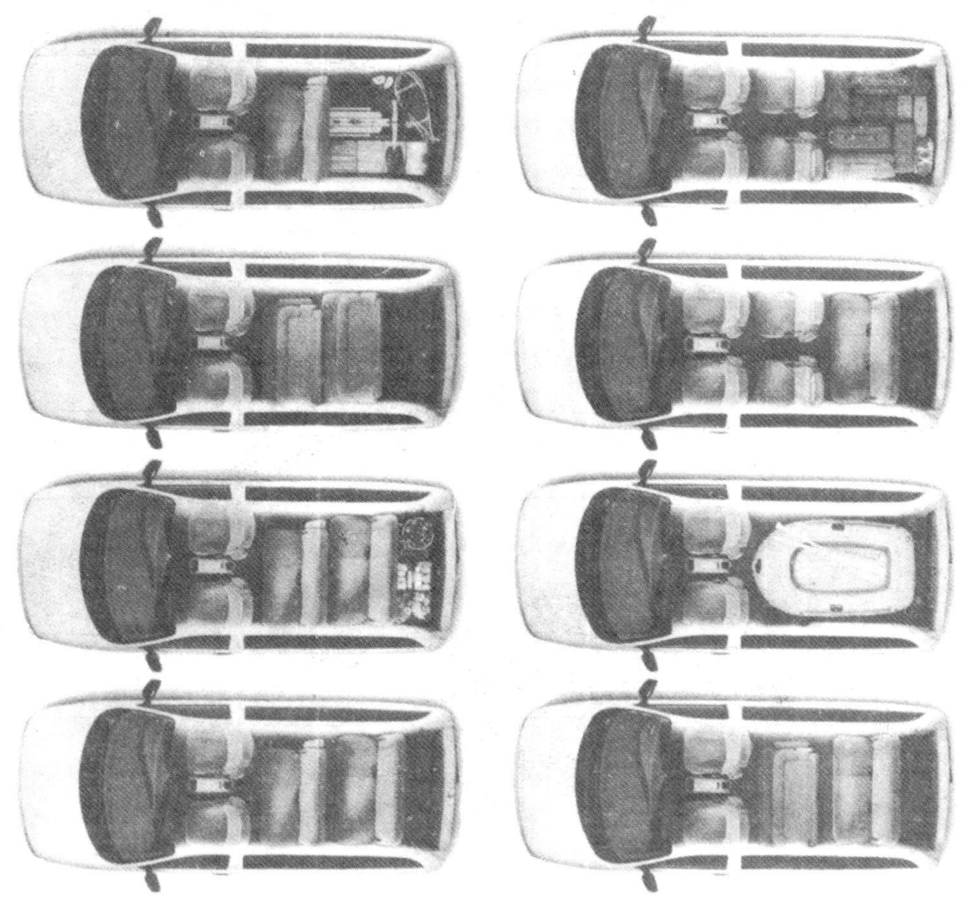

图 2-5 美国福特公司的 Windstar 家族用多用途面包车

在国防方面，汽车不仅是运送军事物资和后勤给养的主要工具，而且是完成作战部队快速调动的重要手段。此外，不少武器装备本身就是以车辆系统为其重要组成部分的，如坦克、战车、自行火炮等。为了满足各种作业要求，军用特种车辆品种繁多。图 2-6a 所示是一种水陆两用车，图 2-6b 所示是我国生产的沙漠越野车，图 2-6c 所示是导弹运输发射车，图 2-6d 所示是两栖装甲车。

汽车在给现代人带来速度、便利、享受和满足的同时，也造成了石油资源大量消耗、废气排放、噪声污染和交通安全等问题。制定解决上述问题的对策，生产出节能、安全性好、低污染或无污染汽车已成为促进汽车技术发展的动力，也成为现代人对现代汽车的追求目标。传统的车用发动机，或汽油机或柴油机，均消耗石油资源，而石油是重要的化工原料，当作燃料太可惜了。现已查明的易开采的石油储量只可维持50 年左右的人类消耗，

a)

b)

c)

d)

图 2-6　军用特种车辆举例

而其中一半以上的消耗为汽车所为。因此，节约石油消耗十分重要，方法无非一是开源，二是节流。就开源而言，指的是使用各种代用燃料。图 2-7 所示表明可能的代用燃料及其与此相适应的车辆动力系统。目前以醇类作燃料的汽车以及以电池或电池—发动机为动力的纯电动或混合动力汽车已日益受到重视，并逐步扩大在汽车市场中的占有份额。就节流而言，指的是采用种种新技术和系统优化，使汽车的燃油消耗（通常以一定行驶条件下的百公里油耗表示）减小。比如减小轮胎滚动阻力、减小汽车高速行驶时的风阻、降低汽车的自重（即结构轻量化）、减少汽车辅助设施的能耗、提高发动机的热效率和机械效率、汽车与发动机实现最佳匹配以及发动机、传动系统的电子控制等，使发动机在各种行驶条件下均工作在经济工况区……

据美国环境规划署预测，地球环境恶化的诸多人为因素中，约 10% 出自汽车。汽车行驶时排出的废气、产生的噪声；生产过程中产生的大量污水、废弃物和有害气体；回收

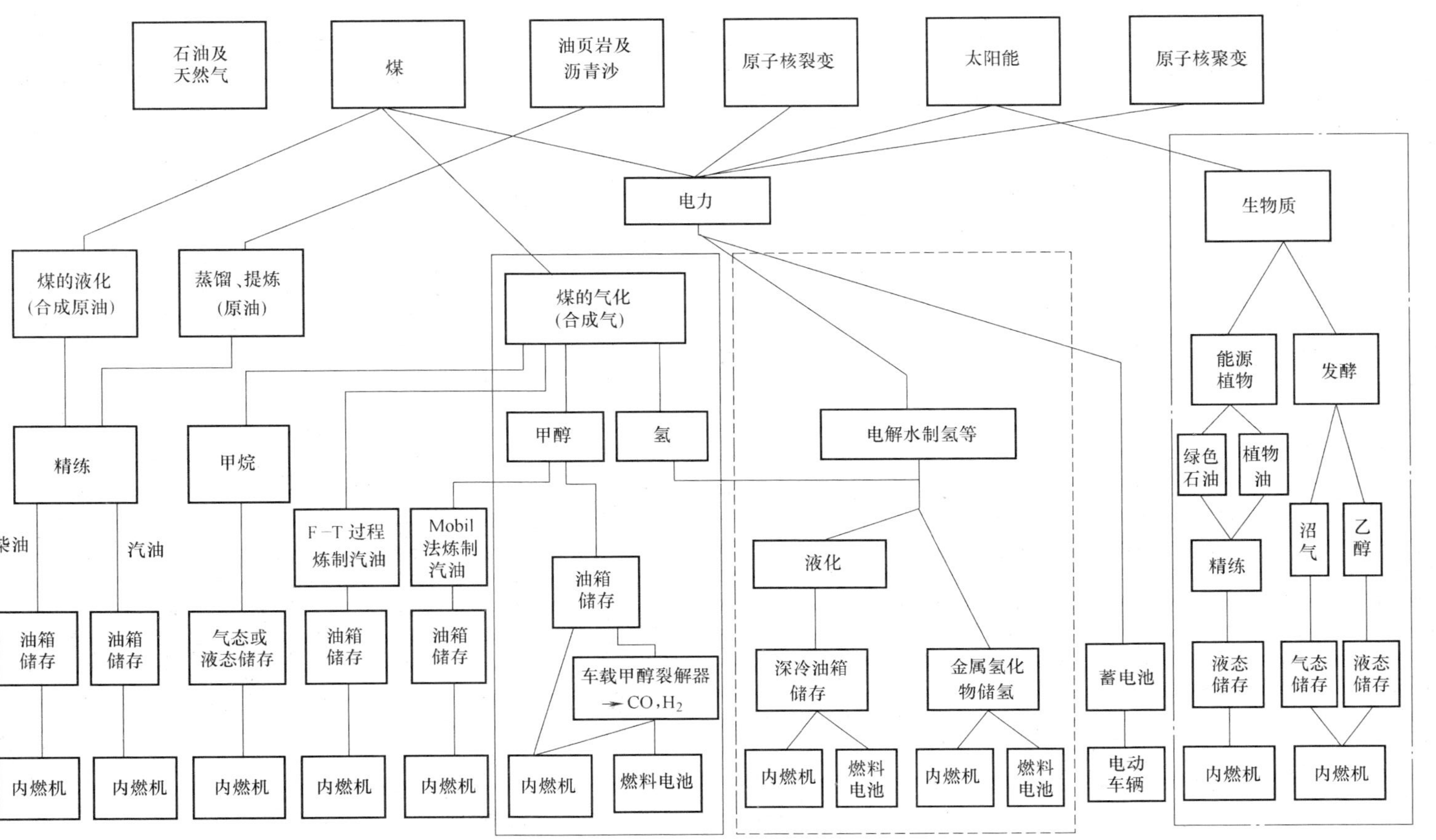

图 2-7　可能的代用燃料及其与此相应的车辆动力系统

处理废旧汽车所产生的污染都需要认真对待。电动汽车是一种零污染车辆，但目前在性能、价格、实用性和舒适性等方面与装内燃机的汽车相比还有一定差距，其市场的启动也有一个过程。对于装内燃机的汽车来说，为了减少废气污染，各国采取了不少措施，如推广使用无铅汽油、安装废气净化装置或采用新的低污染燃烧系统、逐步增加既节能又减少污染的新能源汽车等。

随着汽车数量增加、车速增高，道路拥挤有增无减，交通事故日益严重。据2004年世界卫生组织公布的《世界预防道路交通伤害报告》称，全球每年因车祸丧生约120万人，受伤约5000万人。为了降低汽车交通伤亡事故率，政府方面推出越来越严厉的交通法规，汽车制造商们则推出安全性能更高的“安全型”汽车。目前，安全气囊、防抱死系统等安全附加装置在轿车上已广泛使用；胎压监测系统将逐渐成为汽车的必装件；防撞报警系统、疲劳驾驶报警系统等亦在逐步推广之中。

由上述可知，现代汽车在与能源、环境、交通安全等问题的抗争中不断以新的面貌出现，继续伴随着现代人去创造更加灿烂的明天。

第二节　汽车的分类与性能要求

一、汽车类型

汽车种类繁多，一般可按用途、动力装置、道路特征和行驶机构特征而将其分类。

（一）按用途分类

汽车按用途可分为乘用车、商用车、挂车和汽车列车。乘车用在其设计和技术特性上主要用于载运乘客及其随身行李或临时物品，车内座位包括驾驶员在内不超过9个，它可允许牵引一辆挂车。乘用车的极大多数即俗称轿车，包括普通轿车、活顶轿车、高级轿车、小型轿车、敞篷车和舱背车。此外，乘用车中还包括旅行车（以车顶加长到车尾部，在座椅后部形成较大的装载空间为其特征），多用途车（由轿车平台派生，两厢结构，车内可布置7~8人座位，还有一定的行李空间，座椅布置灵活可调），短头乘用车（发动机舱仅有一半长度位于车辆前挡风玻璃前，形成短头结构），越野乘用车（全轮驱动，越野性能好，允许在非道路上行驶）和专用乘用车（完成特定功能的乘用车，如旅居车、防弹车、救护车、殡仪车等）。

商用车在其设计和技术特性上是用于运送人员和货物的汽车，并且可以牵引挂车。商用车如运送人员，则其座位在9座以上。商用车分为客车、货车和半挂牵引车，其中客车是用于载运乘客及其随身行李的商用车辆，它可以有单层的或双层的，也可牵引一挂车；货车是主要为载运货物而设计和装备的商用车辆，也可牵引一挂车；半挂牵引车是装备有特殊装置（如鞍式牵引座）用于牵引半挂车的商用车辆。挂车用于载运人员或货物，但本身无动力，它是需用汽车牵引才能正常使用的道路车辆。汽车列车则是一辆汽车与一辆或多辆挂车的组合，根据其用途和特征，可分乘用车列车、客车列车和货车列车。挂车有半挂车和全挂车之分，半挂车在运输中其总质量的相当一部分由半挂牵引车通过鞍式牵引座承受，全挂车则在运输中其总质量的绝大部分由挂车自身的轮轴承受。

乘用车和商用车是汽车产量的极大多数，而轿车、客车和货车是其中重要的三大类汽车，故以下稍作介绍。

1. 轿车

轿车是用于载运少量人员（不超过 9 人）及其随身行李的汽车。按发动机的工作容积（气缸排量），轿车分为以下几个等级：微型（1.0L 以下）、轻型（1.0 ~ 1.6L）、中型（1.6 ~ 2.5L）、大型（2.5L 以上），目前也有把 0.6L 以下的车称为超微型车。按结构分，轿车通常可分为两厢和三厢两类。所谓三厢车是指有分离的发动机舱、乘员舱和行李舱；而两厢车则乘员舱和行李舱相通。

国家标准中，结合用途和设计、技术特征将轿车分为图 2-8 所示的 6 类。图 2-8a 所示是普通轿车，它至少有两排座位，4 个或 4 个以上座位，2 个或 4 个侧门，车内装饰不过分华丽；图 2-8b 所示是活顶轿车，它的座位和门、窗数量与普通轿车相同，其特征是具有固定侧围框架的可开启式车身，车顶为篷布软顶或金属结构的硬顶，能够折叠或移动；图 2-8c 所示是高级轿车，它属于大型轿车，外观华贵，内饰讲究，车厢宽敞，乘坐舒适，至少有两排座位，前后座间可设置能升降的隔音玻璃，有 4 个或 6 个侧门，也可有一个后开启门；图 2-8d 所示是小型轿车，其特征是 2 个侧门，2 个或 2 个以上座位，车的后部空间较小，一般双座跑车属于这一类别；图 2-8e 所示是敞篷车，其车身为开启式，车顶可为软顶或硬顶，能卷收或可拆除，通常是单排座 2 座 2 门车；图 2-8f 所示是舱背车，它与普通轿车的区别是普通轿车是三厢车，而舱背车是两厢车，所以车身后部有一舱门。

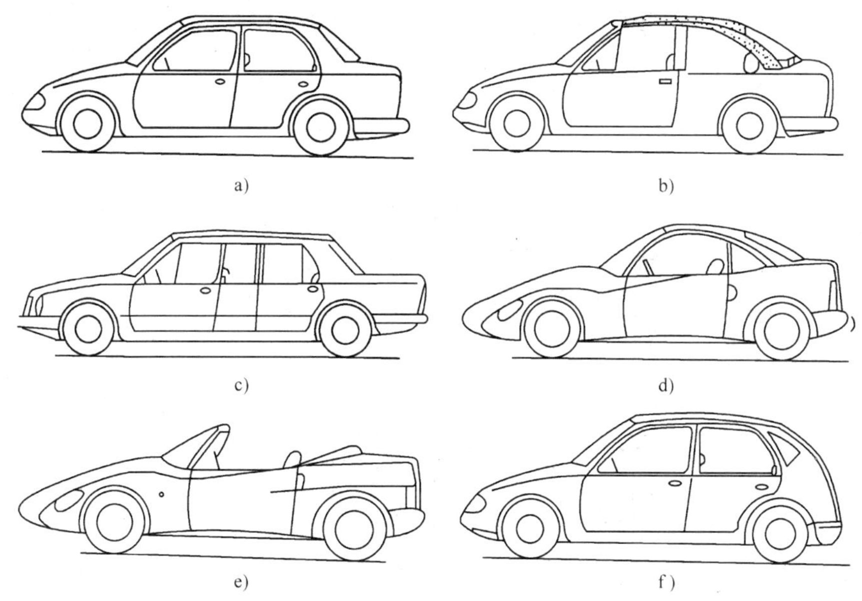

图 2-8 轿车分类

a）普通轿车 b）活顶轿车 c）高级轿车 d）小型轿车 e）敞篷车 f）舱背车

2. 客车

客车依车长划分为轻型（3.5～7m）、中型（7～10m）、大型（>10m）和特大型客车，其中特大型客车一般指铰接客车和双层客车。客车依用途和技术特性分则可分为8类：小型客车、城市客车、长途客车、旅游客车、铰接客车、无轨电车、越野客车和专用客车。

小型客车载运乘客数较少，除驾驶员座位外，座位数不超过16座。大型客车常因用途不同而各有特点。如城市客车是一种为城市内运输而设计和装备的客车。这种车辆设有座椅及站立乘客的位置，通道宽，有足够的空间供频繁停站时乘客上下车走动。城市客车通常有2个以上的宽车门，较低的车门踏板或干脆采用低地板结构。长途客车是一种为城间运输而设计和装备的客车。这种车辆没有专供乘客站立的位置，但在其通道内允许载运短途站立的乘客。长途客车有较大的行李舱或行李架，有较好的乘坐舒适性。旅游客车是一种为旅游而设计和装备的客车，这种车辆的布置要确保乘客的舒适性，不载运站立的乘客。铰接客车是一种由两节刚性车厢铰接组成的客车。在这种车辆上，两节车厢是相通的，乘客可通过铰接部分在两节车厢之间自由走动。无轨电车是实行汽车分类新标准后才被列入为客车范畴的。它是一种经架线由电力驱动的客车，它可以指定用作多种用途，并按相关规定进行装备。越野客车在其设计上为全轮驱动或其几何特性、技术特性和动力性能允许它在非道路上行驶。专用客车是需经特殊布置安排后才能载运人员的特种客车。图2-9给出了几种常用客车的外形示意。

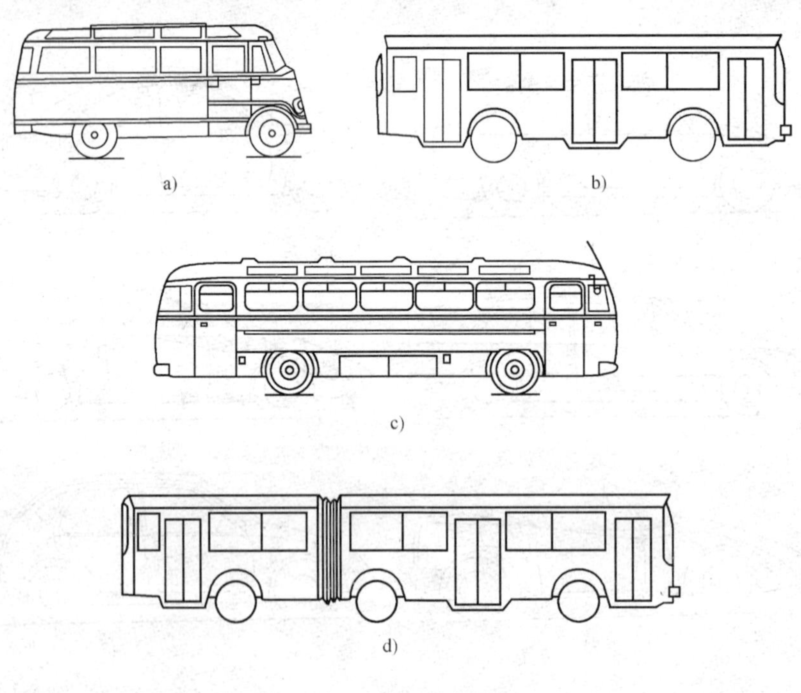

图2-9 几种常用客车的外形示意

a）小型客车 b）城市客车 c）旅游客车 d）铰接式客车

3. 货车

货车又常称为载重汽车、卡车等，是主要用来运送各种货物或牵引全挂车而设计和装备的商用车辆。货车按其总质量可分为微型（1.8t 以下）、轻型（1.8 ~ 6t）、中型（6 ~ 14t）和重型货车（14t 以上）。货车的驾驶室可有长头、短头、平头等几种形式，其座位可有单排座、双排座等布置方式。

货车按其用途分 6 类：普通货车、多用途货车、全挂牵引车、越野货车、专用作业车和专用货车。普通货车是一种在敞开（平板式）或封闭（厢式）载货空间内载运货物的货车。多用途货车在其设计和结构上主要用于载运货物，但在驾驶员座椅后带有固定或折叠式座椅，可载运 3 个以上乘客的货车。全挂牵引车是一种牵引牵引杆式挂车的货车，它通过自身的牵引挂钩与被牵引挂车的连接杆进行连接（包括电器连接、制动系统连接）而实现牵引。全挂牵引车本身可在附属的载运平台上运载货物。越野货车在其设计上为全轮驱动，或其几何特性、技术特性和动力性上允许在非道路上行驶的货车。专用作业车在其设计和技术特性上是用于特殊工作的货车，例如：消防车、救险车、垃圾车、应急车、街道清洗车、扫雪车等。专用货车是在其设计和技术特性上用于运输特殊物品的货车，它具有特殊的货箱，以适应某种特殊货物的装运，如罐式车、冷藏车、矿用自卸车、乘用车运输车、集装箱运输车等。图 2-10 给出了几种货车的外形示意。

在我国有关机动车分类的国家标准中，乘用车归入 M_1 类，客车按其设计最大总质量，不超过 5000kg 的归入 M_2 类，超过 5000kg 的归入 M_3 类。货车被归入 N 类，根据其设计最大总质量，不超过 3500kg 的为 N_1 类，介于 3500 ~ 12000kg 的为 N_2 类，超过 12000kg 的为 N_3 类。对于挂车，包括半挂车在内，则归入 O 类。M、N 类车中凡符合标准中所规定的越野性能要求的越野车辆归入 G 类，并可用组合符号表示，如 M_1 中的越野车可表示为 M_1G。

（二）按车用动力分类

内燃机仍在车用动力中占统治地位，所以极大多数汽车都属于内燃机汽车。根据内燃机的种类和燃料的不同，内燃机汽车又分为往复式发动机汽车、转子式发动机汽车、汽油机汽车、柴油机汽车、氢气发动机汽车、甲醇发动机汽车、天然气汽车等。一般来说轿车多数为汽油机汽车，而其他车辆则大都为柴油机汽车。

电动汽车是至少有一种动力源为车载电源，全部或部分由电动机驱动的汽车，包括纯电动汽车，混合动力电动汽车和燃料电池汽车三种类型。纯电动汽车完全以可充电池或超级电容器为车载电源，混合动力电动汽车则有内燃动力和电动动力两种动力源，它们可采用串联、并联或混联等多种混合配置的方式，充分发挥内燃动力和电动动力的各自长处，以获得高效率、低污染的效果；燃料电池电动汽车以燃料电池为车载电源，通常以氢气为燃料，在常温下直接使燃料的化学能转化为电能。氢燃料电池电动汽车和纯电动汽车都是零排放汽车，噪声低，耗能少，被称之为 21 世纪的车辆。图 2-11 所示是三类电动汽车的示例。

太阳能汽车是以太阳能为动力源的汽车，这种车辆上装有太阳能吸收装置和光电转换装置。目前，太阳能汽车由于光电转换效率低还无法实用化。

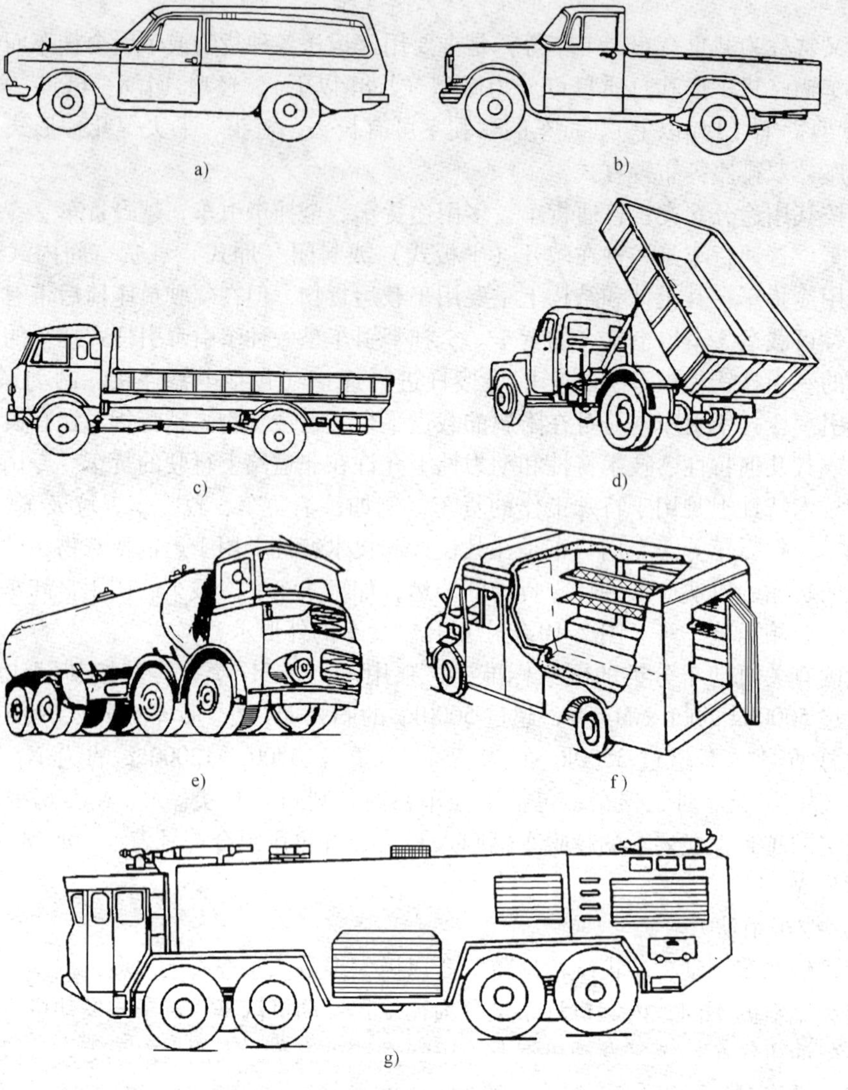

a)

b)

c)

d)

e)

f)

g)

h)

图 2-10 几种货车的外形示意

a）厢式货车 b）长头货车 c）平头货车 d）自卸车

e）罐式车 f）冷藏车 g）消防车 h）带全挂牵引车的汽车列车

用燃气轮机作动力的汽车适宜作军用和重型车辆，因为这种车辆有高的比功率、良好的转矩特性和燃用多种燃料的能力。

a）

b）

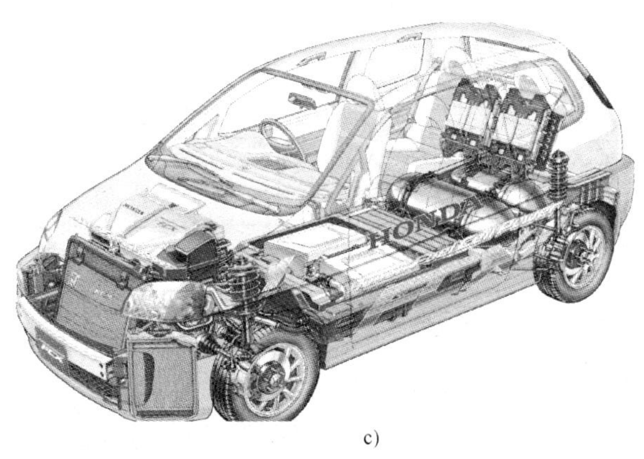

c）

图 2-11 三类电动汽车的示例

a）纯电动汽车 b）串联混合动力电动汽车 c）燃料电池汽车

（三）按行驶道路条件分类

汽车按行驶道路条件主要分公路用车和非公路用车两类。公路用车主要行驶于城市道路和等级公路（包括高速公路和 1～4 级公路）。非公路用车有两类，一类是由于其总质量、单轴轴载量或外廓尺寸超出公路、桥涵和交通法规的限制而只能在矿山、工地、机场、工厂内部或各种专用道路上行驶的汽车，如大吨位矿用自卸车、大型挖掘机等；另一类是既能在非公路地区又可在公路上行驶的越野汽车。越野汽车的结构特点是全轮驱动，传动系带分动器，具有高摩擦差速器或差速器锁。越野汽车按其车轴数可分为两轴、三轴和四轴式，按越野能力可分为一般越野性和高越野性两类。一般越野性汽车大部分是 4×4、6×6 型，而高越野性汽车多为 6×6、8×8 型。一般越野性汽车常作为民用和军用后勤车辆，高越野性汽车则往往作为军用战术车辆。

（四）按行驶机构特征分类

广义的汽车可以按行驶机构特征分类。除通常将狭义的汽车定义为轮式汽车外，还可有履带式汽车、雪撬式汽车、螺旋推进式汽车、气垫车、水陆两栖车、车轮—履带式汽车、步行机构式汽车等。图 2-12 对上述各类汽车的特征作了示意。轮式车辆是通过车轮承载车重并传递驱动和制动力矩的。履带式车辆则以履带代替车轮与地面发生作用，提高了汽车的越野能力，雪橇式汽车用螺旋桨产生推动力，而用雪橇完成在冰雪路面上的滑行。螺旋推进式汽车是专为通过沼泽、草地等易于沉陷地带而设计的汽车，车架下布置了左右两个兼作浮筒的螺杆状螺旋推进器，它们的螺旋方向不同，通过控制两个推进器的转向和转速可以实现不同方向和速度的行驶。气垫车有时也称气垫船，因为它主要用于水域或无路地区的行驶。在气垫车上，由高压气体形成的气垫代替车轮支承车重，为减少气体泄漏，车体下部周边有柔性裙部；气垫产生的升力使车体离开地面或水面以消减摩擦阻力，同时，气垫又起悬架作用，使车体弹性地悬浮于路面或水面之上；气垫车的前进推力和方向控制靠车后的螺旋桨和舵，也可靠左右两个螺旋桨不同的操作实现方向控制。

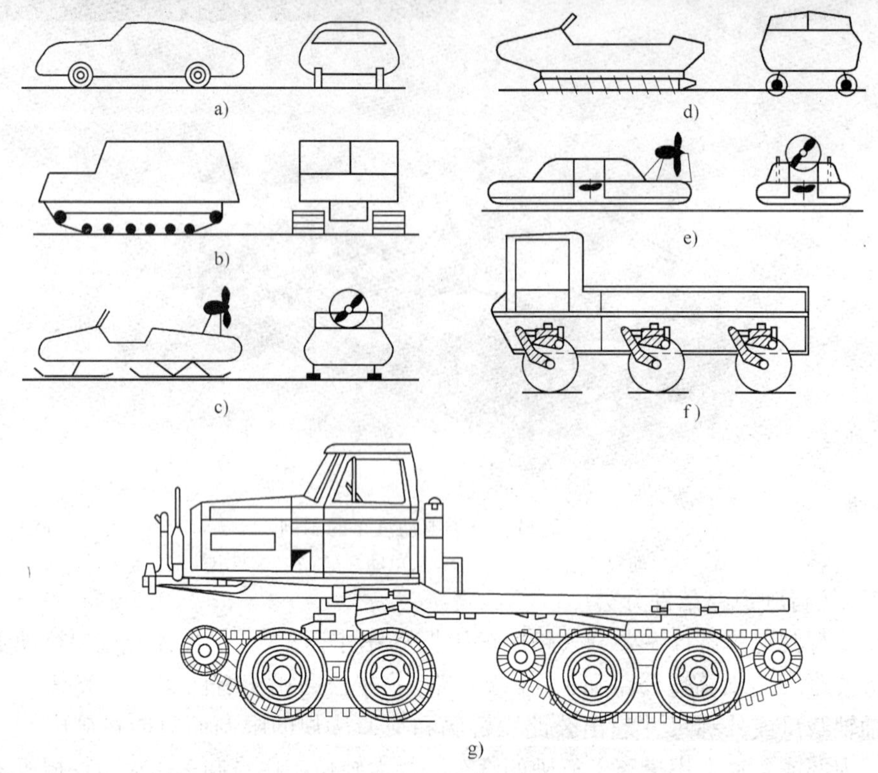

图 2-12　具有各种类型行驶机构的汽车

水陆两栖车是既能在陆地上靠车轮行驶，又可在水上靠降下的滑水橇进行浮渡的汽车；为便于水中航行，车身一般呈船形，并有一套在水中用于推动的螺旋桨。

车轮—履带式汽车有着可以互换使用的车轮和履带。步行机构式汽车是利用仿生技术，用跨步式行走机构代替车轮的汽车，它具有很强的通过能力，适于作探险车、月球车等。

二、汽车的性能要求

各种不同用途的汽车对其性能的要求有所侧重，微型轿车要求经济实用，高级轿车要求强劲豪华，载货汽车要求多拉快跑，越野汽车要求越障过沟……概括起来，离不开6个方面的性能要求：动力性、经济性、机动性、安全性、环保性和舒适性。这些性能在汽车使用期的保持和恢复构成了汽车的可靠性和可维修性。

（一）动力性

汽车作为高效率运输工具，其运输效率的高低在很大程度上取决于其动力性的优劣。汽车的动力性通常用三个参数来评价，称为动力性指标：

（1）汽车的最高车速 v_{amax} 是指在水平的良好路面上（混凝土或沥青路面）汽车所能达到的最高行驶速度。发动机最大功率越高，汽车的 v_{amax} 就越大。在高速行驶区，发动机的功率要求与车速 v_{amax} 近似地呈三次方关系，所以汽车的最高车速要根据其用途而选择得当，以免提出过高的功率要求。德国奔驰轿车 240D 型最高车速 143km/h，发动机最大功率 53kW；而豪华的 380SEC 型最高车速 209.6km/h，发动机最大功率达 150kW。目前，普及型轿车的最高车速在 130km/h 左右，而中、高级轿车的最高车速达 160～240km/h。货车的最高车速比轿车低，重型货车的最高车速通常在 90～110km/h。

（2）汽车的加速时间 t 是指汽车在水平良好路面上由原地起步的加速时间和超车加速时间，它表征了汽车的加速能力。原地起步加速时间指汽车从Ⅰ挡起步，以最大的加速度（包括选择最合适的换挡时机）逐步换至高挡后，到达某一定距离（如 400m）或一定车速（如 80km/h）所需的时间。超车加速时间定义为用最高挡或次高挡由某一车速（如 30km/h）开始全力加速至某一高速所需的时间。超车加速能力强，与被超车辆的并行行程短，行驶就会比较安全。仍以奔驰 380SEC 型轿车为例，该车 0～48km/h 起步加速时间为 3.8s，0～96km/h 为 9.1s，0～144km/h 为 20.1s，0～192km/h 为 58.3s；超车加速 128～160km/h 为 17.1s，144～176km/h 为 24.2s，160～192km/h 为 36.5s。

（3）汽车的最大爬坡度 i_{max} 是指汽车满载时在良好路面上以Ⅰ挡行驶时可爬越的最大坡度。载货汽车使用范围较广，要求有足够的爬坡能力，一般 $i_{max} \approx 30\%$；越野汽车要求在野外无路条件下行驶，爬坡能力要求更高，通常 i_{max} 达 60% 甚至更大。

在动力性评价中，也可用汽车比功率作为综合指标。比功率（kW/t）是单位汽车质量所能分配到的最大功率，其中汽车质量对轿车来说指空载质量，对货车来说指满载质量。目前中、高级轿车的比功率在 50～95kW/t，轻型货车的比功率在 15～22kW/t，中、重型货车的比功率在 7.5－14kW/t，汽车列车的比功率一般不低于 6kW/t。

（二）经济性

汽车的经济性即燃料经济性，指单位燃料消耗量所完成的运输工作量。常用的评价指标是在规定条件下行驶单位里程所消耗的燃料量，如百公里油耗（L/100km）；也有反过来用的，如美国用 MPG 即每加仑油所行驶的英里数。为比较不同货车的运输成本，有时也采用运送单位质量的货物至单位里程所消耗的燃料量作为经济性指标，即 L/（100t·km）。根据不同的行驶条件规定，用于评价经济性的油耗指标有等速油耗、道路循环油耗和汽车测功器循环油耗三类。等速油耗试验和道路循环油耗试验均属于路上所做的试验，前者可以看作最简单的单工况道路循环油耗试验。若将汽车在各种车速下等速行驶的 100km 油耗试验结果连成曲线，即得到燃油经济特性曲线。图 2-13 所示是某轿车的燃油经济特性曲线，曲线上的最低点通常出现在中、低车速，称为经济车速。用经济车速行驶，油耗最低，但运输生产率下降，所以综合考虑的结果，往往采用比经济车速高一些的车速是最合理的。

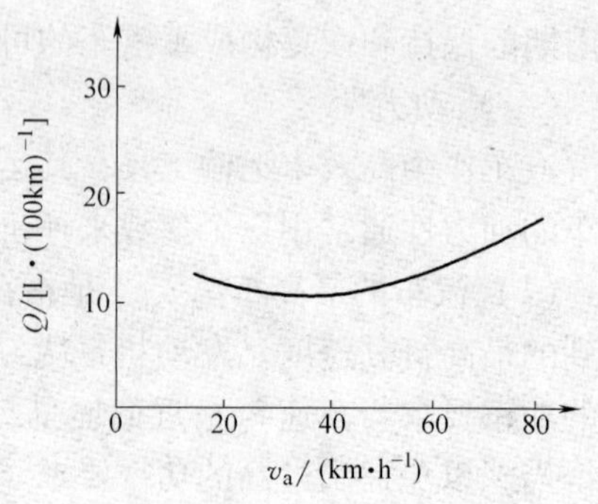

图 2-13　燃油经济特性曲线

等速油耗虽然测定简单，但毕竟不能反映实际行驶中频繁出现的加、减速，停车怠速，制动等多种工况，为此，美国率先采用了道路循环试验。为了使循环油耗接近各种典型行驶条件下汽车的实际油耗，试验方法中规定了具有不同车速—时间规范的循环工况谱，如市区循环、城郊循环、州际循环。上述各种路上试验还对路面、坡度、风力、气温等作出限制规定，以保证数据具有复现性和可对比性。汽车测功器循环试验是近年来发展的试验方法，与道路试验法相比，它对试验条件的控制可以更加严格，并易于实现更符合实际的复杂工况谱，还可以同时进行经济性与排气污染的测定。

我国有关乘用车燃料消耗量试验方法中，规定了 90km/h 和 120km/h 两种等速行驶试验工况和一种模拟城市工况循环试验。该工况循环与欧洲 ECE R84 标准的十五工况循环等同，在底盘测功器上进行测试。图 2-14 所示是该工况循环的速度—时间曲线，表 2-1 所示是该循环的特征统计量。

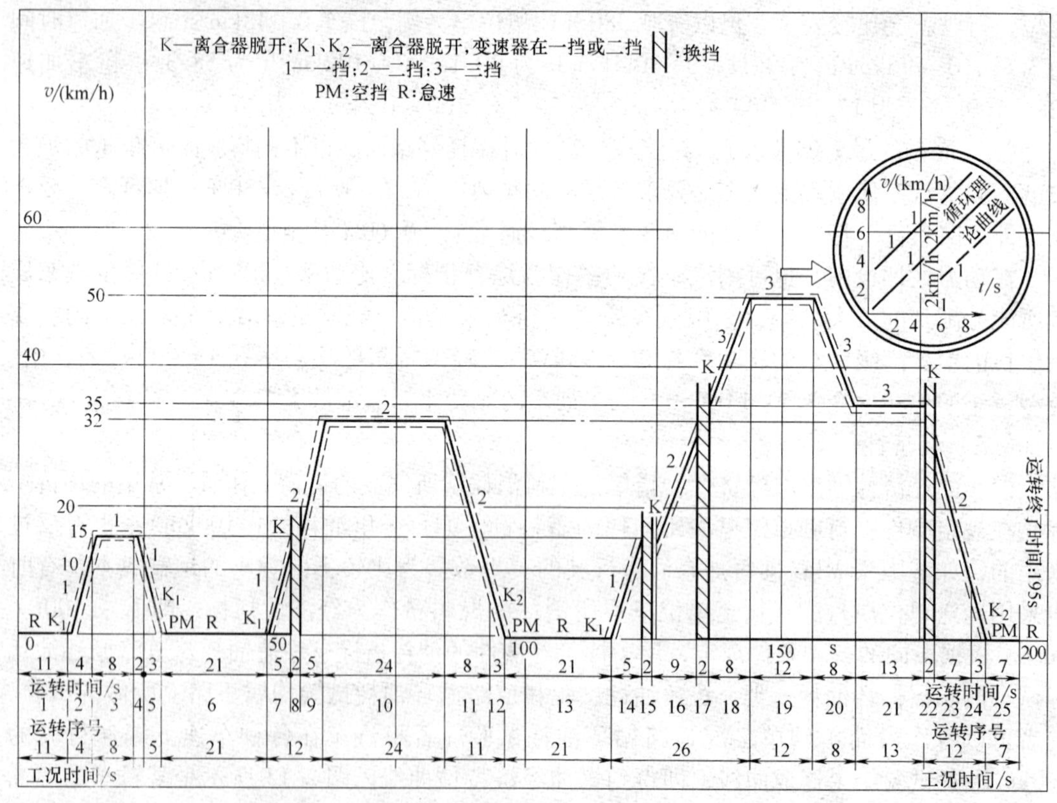

图 2-14　我国乘用车燃料消耗量试验规定的城市工况循环

对于不同燃料的汽车，比较其经济性应从总能耗出发，该能耗包括燃料提取、运输等整个过程中所消耗的能量。这种从燃料生产到车轮的总能量分析被称为 FWTW（From Well To Wheel）分析。如果只比较汽车行驶过程中的燃料消耗，可以采用百公里能耗（MJ/100km）或当量百公里油耗为指标。

表 2-1 我国城市工况循环的特征统计量

循环累计时间	平均车速	最高车速	最大加速度	最大减速度	怠速累计时间
195s	18.26km/h	50km/h	$1.04m/s^2$	$-0.92m/s^2$	64s

为了节约石油资源，不少国家制定了限制汽车油耗的法规，从而促进了燃油经济性的不断提高。在 20 世纪 50 年代、60 年代，往往片面追求汽车的动力性和舒适性而对油耗注重不够，轿车的百公里油耗通常在 13～15L 左右；现在，尽管增加了许多安全性装置、电子控制装置需要耗能，但由于发动机燃油经济性的提高、汽车自重的降低、汽车空气阻力和轮胎阻力的降低、传动系效率的提高、自动换挡器的广泛采用等，还是使汽车的经济性有了大幅度的提高。例如日本丰田 Crown 牌轿车 90km/h 等速行驶油耗 6.3L/100km，美国福特 Estate 型轿车 90km/h 等速行驶油耗 5.4L/100km，市区循环 8.5L/100km，福特 Laser Ⅱ型轿车 90km/h 等速行驶油耗 4.0L/100km，市区循环 5.5L/100km（此车装直喷式柴油机）。丰田 Prius 混合动力轿车市区循环 5.43L/100km，本田 Insight 混合动力轿车市区循环 3.6L/100km。我国在 2004 年公布了控制汽车燃料消耗量的第一个强制性国家标准——《乘用车燃料消耗量限值》，要求新开发车型从 2005 年 7 月 1 日起实施第一阶段限值要求，2008 年 1 月 1 日起实施第二阶段限值要求。具体规定见表 2-2，表中，（1）是对于一般乘用车的限值。如果装有自动变速器、具有三排或三排以上座椅、符合 GB/T15089—2001 中 3.5.1 规定条件的 M1G 类车，则其限值用（2）中所示量。

表 2-2 我国规定的乘用车燃料消耗量限值 （单位：L/100km）

整车整备质量（CM）/kg	第一阶段		第二阶段	
	（1）	（2）	（1）	（2）
CM≤750	7.2	7.6	6.2	6.6
750＜CM≤865	7.2	7.6	6.5	6.9
865＜CM≤980	7.7	8.2	7.0	7.4
980＜CM≤1090	8.3	8.8	7.5	8.0
1090＜CM≤1205	8.9	9.4	8.1	8.6
1205＜CM≤1320	9.5	10.1	8.6	9.1
1320＜CM≤1430	10.1	10.7	9.2	9.8
1430＜CM≤1540	10.7	11.3	9.7	10.3
1540＜CM≤1660	11.3	12.0	10.2	10.8
1660＜CM≤1770	11.9	12.6	10.7	11.3
1770＜CM≤1880	12.4	13.1	11.1	11.8

（续）

整车整备质量（CM）/kg	第一阶段		第二阶段	
	(1)	(2)	(1)	(2)
1880 < CM≤2000	12.8	13.6	11.5	12.2
2000 < CM≤2110	13.2	14.0	11.9	12.6
2110 < CM≤2280	13.7	14.5	12.3	13.0
2280 < CM≤2510	14.6	15.5	13.1	13.9
2510 < CM	15.5	16.4	13.9	14.7

（三）机动性

机动性是具有广泛内涵的一种性能，简单地说就是指汽车的快速运动能力。对于民用车辆而言，机动性主要涉及主动机动性，即指汽车在额定载重下以足够高的平均速度通过各种坏路、坎坷不平地段、无路地带（松土、沙漠、雪地、沼泽等）和克服各种障碍的能力，这种机动性常表示为通过性或越野性。对军用车辆来说，主动机动性称为战术机动性，除此以外，还对战略机动性和后勤机动性提出要求。战略机动性对车辆是指被运送的能力，如空运和空投能力，它也可称为被动机动性。后勤机动性是车辆在一定环境条件下可靠和持久工作的能力，它涉及到对环境和后勤供应的依赖性，如多种燃料适应性等。这里不深入讨论军用车辆的机动性，仅就汽车主动机动性，亦即通过性的评价指标作一介绍。

汽车通过性通常以通过性尺寸指标和通过性支承—牵引指标来评价。前者是与防止汽车间隙失效有关的汽车本身的尺寸参数，后者则表征汽车具有的以足够高的平均速度通过坏路或无路地带的能力。通过性尺寸指标中属于防止顶起失效的有汽车的纵向通过半径、横向通过半径和最小离地间隙（见图2-15），属于防止触头失效和托尾失效的有接近角和离去角（见图2-15），反映通过弯道能力和转弯所需最小空间的指标是转弯直径和转弯通道圆（均在转向盘极限位置时测定）（见图2-16）。当然，除上述几何参数外，汽车本身的长、宽、高和轮胎直径也是一种通过性几何参数。

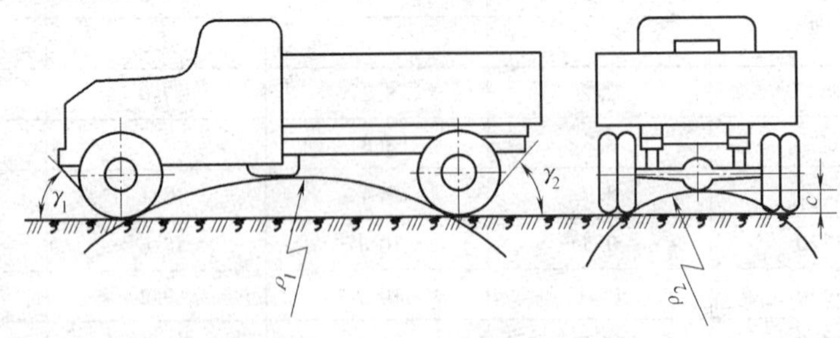

图2-15　汽车的通过性几何参数

γ_1—接近角　γ_2—离去角　ρ_1—纵向通过半径　ρ_2—横向通过半径　c—最小离地间隙

通过性支承—牵引指标可以用挂钩牵引力来描述。挂钩牵引力定义为车辆的土壤推力与土壤阻力之差，它反映了土壤的强度储备，用以使车辆加速、上坡、克服道路不平的阻力和牵引连接在挂钩上的挂车或其他装备。显然，单位汽车质量的挂钩牵引力越大，汽车的越野行驶能力越强。

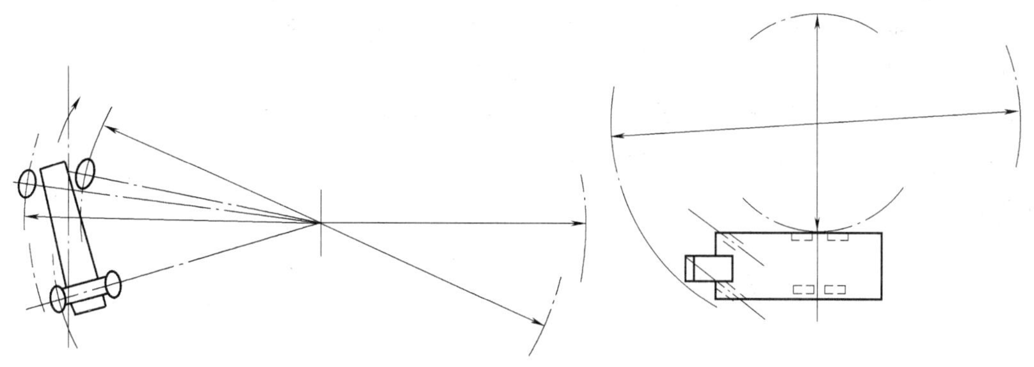

图 2-16　汽车的转弯直径和转弯通道圆

对各种越野车辆，为提高其越障能力，通常要求：①最小离地间隙接近轮胎半径；②接近角和离去角不小于 45°；③车身下应平坦；④多轴全驱动；⑤大直径轮胎；⑥较小的纵向和横向通过半径；⑦较小的转弯半径；⑧车体结构具有与地面几何形状相适应的能力。为提高其在松土上的行驶能力，往往要求：①尽可能小的自重；②大直径、低压轮胎；③良好的轮胎设计；④多轴全驱动；⑤自锁差速器；⑥一定的最大轴荷限制。

（四）安全性

汽车的交通安全要素由车辆、道路、驾驶员三者组成。对汽车设计人员来说，其责任是保证汽车自身具有良好的安全性能，它主要涉及主动安全性和被动安全性。主动安全性是指汽车预防或回避事故的性能，包括汽车的制动性、操纵稳定性、灯光和视野等；被动安全性是指汽车减轻事故过程中对乘员和财产伤害的性能，包括撞车安全性、防火安全性和防盗安全性。

1. 汽车的制动性能

制动就是通常说的刹车，汽车的刹车灵不灵当然是人命关天的事。汽车制动性能包括制动效能、制动效能的恒定性、制动时汽车的方向稳定性三个方面。制动效能是指汽车在行驶中能强制性地减速到停车，或者下长坡时维持一定车速的能力，其评价指标通常是制动距离、制动减速度或制动力；制动效能的恒定性主要指在高速或下长坡的连续制动中，制动器温度显著升高时制动效能的保持程度（抗热衰退性），也包括制动器浸水后制动效能的保持程度（抗水衰退性）；制动时汽车的方向稳定性是指汽车在制动中不发生跑偏、侧滑或丧失转向能力而能按驾驶员给定方向行驶的能力。

车辆制动距离和制动减速度是由车辆制动力即地面制动力 F_{Xb} 所决定的，后者的数值取决于两对摩擦副所产生的摩擦力，即制动器中的摩擦力和轮胎与地面间的摩擦力（即附着力 F_{φ}）。附着力是附着系数与作用于车轮上的垂直载荷的乘积。附着系数由轮胎胎面花纹、路面结构等因素决定，并与车轮的运动状况有关。制动时，在车轮抱死不转动之前，存在着一个由滚动逐渐变到完全滑动的过程，一般用滑移率来表示滑动所占的份额，完全滑动时滑移率为 100%。附着系数随滑移率而变化的曲线示于图 2-17，从图中可以看

到，滑移率在 15% ~20% 时附着系数最大。图 2-18 大致说明了制动过程中制动器制动力、地面制动力和附着力三者之间的关系。该图表明，制动过程中随制动踏板力（继而制动系油压或气压）的增加，制动器制动力 F_μ 增加，地面制动力 F_{Xb} 也随之增加，并与 F_μ 相等。但当地面制动力等于附着力时，地面制动力将不随 F_μ 的增加而增加，而保持与附着力 F_φ 相等。这时车轮将抱死不转而拖滑。由此说明提高制动性能，缩短制动距离的主要途径是：保证制动器有足够大而且恒定的摩擦力矩，提高地面和轮胎间的附着系数，并充分利用其最大值。

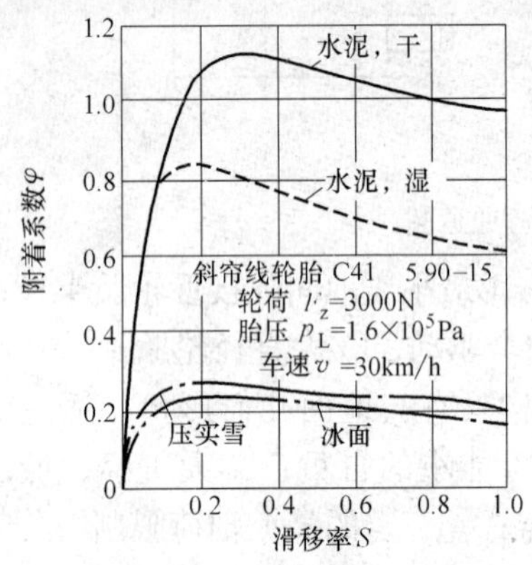

图 2-17 附着系数与滑移率关系曲线

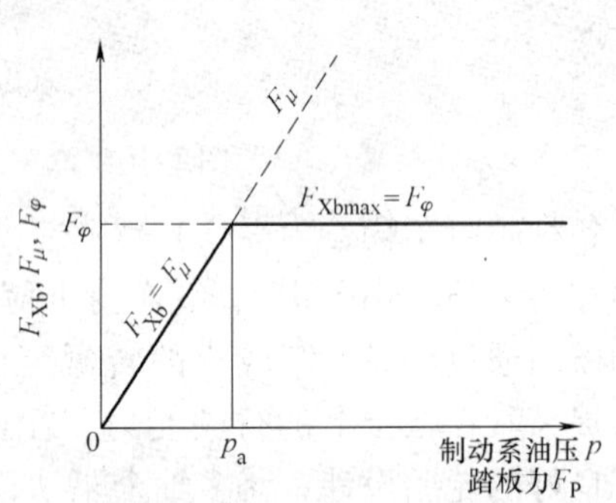

图 2-18 制动过程中制动器制动力、地面制动力和附着力三者之间的关系

我国机动车安全运行技术条件中规定，在附着系数大于 0.7 的良好平坦路面上行驶，轿车要求在满、空载 50km/h 车速时制动，其制动距离分别不大于 20m 和 19m；总质量大于 3500kg 的货车要求满、空载 30km/h 车速时制动，其制动距离分别不大于 10m 和 9m。

制动器的抗热衰退性一般用一系列连续制动时制动效能的保持程度来衡量。例如按 ISO/DIS6597 推荐，要求以一定车速连续制动 15 次，每次制动减速度为 $3m/s^2$，最后获得的制动效能应不低于冷试验制动效能的 60%。与蹄式制动器相比，盘式制动器制动效能恒定性好，因此被广泛用于要求高制动性的高速轿车和重型矿用车上。

统计表明，制动跑偏和侧滑，特别是后轴侧滑是造成交通事故的一个主要原因。汽车左右两侧车轮（特别是前轴）制动力矩的不均匀会造成车辆制动时自动偏驶的危险现象。侧滑是汽车制动时某一车轴或两根车轴的车轮发生横向滑动的现象。最危险的是后轴侧滑，它会引起汽车出现剧烈的回转运动，严重时造成车辆掉头。前、后轴车轮抱死的次序是影响后轴侧滑的主要因素，若前后轮同时抱死或后轮始终不抱死，就能有效地防止后轴侧滑。现代汽车多采用制动压力调节装置来达到制动力的合理分配。近年来广泛采用的电子控制防抱死（ABS）装置更有利于提高制动效能和制动时汽车的方向稳定性。为了保证重载车辆的制动性能，我国已规定总质量大于 12000kg 的长途客车和旅游客车、总质量大于 16000kg 允许挂接总质量大于 10000kg 挂车的货车及总质量大于 10000kg 的挂车必须安装 ABS 装置。

2. 汽车的操纵稳定性

汽车的操纵性是指汽车按照驾驶员的操作，维持或改变原行驶方向的能力；汽车的稳定性是指汽车行驶过程中，受地面、大气等外界因素干扰后，能自行尽快恢复原行驶状态和方向，而不产生失控、倾翻、侧滑等现象的能力。操纵性和稳定性是两个不同的概念，但又有紧密联系。操纵性的丧失往往使整车侧滑、回转甚至翻车，而稳定性的破坏又常使车辆无法操控，从而造成灾难性后果。因此，通常把这两者统称为汽车的操纵稳定性。良好的操纵稳定性是汽车行车安全的保证。操纵稳定性的研究涉及到“环境—汽车—驾驶员”系统的响应特性，问题很复杂，有些理论也还不成熟，以致对操纵稳定性的要求、评价指标和试验方法也很不统一。即便同一个试验在不同国家、不同制造厂家也做法不一。在对操纵稳定性的众多评价指标中，汽车的稳定转向特性是常见的重要评价指标。

稳定转向特性有三种状态：不足转向、过多转向和中性转向。令汽车以一定车速、一个转向盘转角作稳态圆周运动，然后令汽车加速，若其行驶的圆周半径不变，则汽车在此动态分析参考点具有中性转向的稳态响应；若加速后圆周半径加大，则汽车在此动态分析参考点具有不足转向的稳态响应；若加速后，圆周半径变小，则汽车具有过多转向的稳态响应。实践和理论分析表明，为了获得良好的操纵稳定性，汽车应具有适当的不足转向量。过多转向的汽车，其操纵稳定性不好；汽车亦不应为中性转向，因为当运行条件改变时，中性转向有可能变为过多转向。上述汽车的稳定转向特性，主要取决于前后轴质量分配、轮胎侧偏刚度、悬架装置与转向装置的结构形式和参数。

3. 撞车安全性

车辆高速行驶时冲撞障碍物，会对车辆造成很大的减速度，其冲击力一方面造成车体的破坏变形，另一方面，乘员以撞车前的初速向前方移动，撞击转向盘、仪表盘、前窗玻璃或前座位的背面，这就是所谓的二次碰撞。侧面碰撞或正面碰撞时，驾驶员下意识地打转向盘作避让动作又常造成汽车倾翻。撞车和倾翻时，若车门因变形而脱扣，乘员常会被甩落车外而遭受很大伤害。为了减轻撞车时乘员造成的伤害，要求汽车在车身结构和乘员保护装置方面采用如下安全措施，其中有些以法规形式强制执行：

1）设计能吸收较多碰撞冲击力的保险杠和车身前部结构，以降低碰撞时传递到乘员身上的减速度和冲击力。

2）装设座位安全带，用以把乘员身体系住，防止撞车时过于前倾而撞击挡风玻璃、仪表盘、转向盘等车内物件。

3）汽车内部装置件表面装设安全垫，这些安全垫应具有吸收能量高、没有方向性、反作用力小、质量小和容易成形的特点。

4）为减少碰撞时对乘员的伤害，汽车玻璃应选用钢化玻璃、叠层玻璃等安全玻璃，这类玻璃破裂时呈粉碎性，碎片小而不会割破乘员皮肤。

5）为减少转向装置在撞车时对驾驶员造成的伤害，转向装置应设计成能“塌陷”的吸收能量型结构。

6）车门门锁要可靠，碰撞时不会自行开启，需要开启时也不会因变形失效而无法开启。

7）近年来随着车速的提高，汽车安全气囊在防冲撞损伤方面的明显效果受到人们的普遍重视，许多国家已把装置前座安全气囊作为新车的标准装备（见图2-19）。典型的现代安全气囊有三个重要组成部分，气囊本体、传感和控制系统、气体发生装置。在汽车行驶过程中，传感器内电子控制器发出有关汽车速度变化的信息，控制器经分析判断，如果发现所测的数值已超过预定值便判明已发生碰撞，向气体发生器发出点火引燃的指令，所产生的氮气经过滤和降温，再用于吹涨气囊。气囊原以折叠形式放置在罩盖内，气囊吹涨时冲开罩盖。一般在发生汽车碰撞后10ms左右气囊开始吹涨，整个吹涨时间约30ms。气囊的后部和侧面带有缝隙或开孔，用来控制吹涨过程，并使乘员头部扑向气囊时气囊因泄漏而吸收冲击能量。

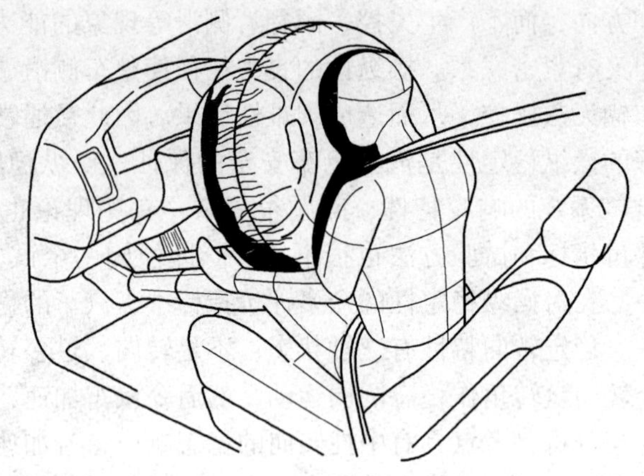
图2-19　汽车用安全气囊

4. 防火安全性

汽车在使用中有时会发生失火事故，其失火原因有电线短路、燃烧系统起火、吸烟、排气管过热等，因撞车、翻车起火造成重大伤亡的事例也很多。因此，汽车要求具有防火安全性，具体内容包括：

1）防止电气短路。

2）适当地安装防火壁，防止发动机着火危及车厢内部。

3）以阻燃材料蒙覆内饰件。

4）考虑撞车或翻车时防止燃料流出和油箱保护的措施。

5）车内设小型灭火器。

6）着火后便于乘员出逃或施救的措施。

5. 防盗安全性

汽车作为财产也有财产安全的问题，盗车一直是令车主头痛的事。现在已有很多防盗报警系统出售，不少汽车在出厂时就装有防盗报警系统。这类系统常通过车主的遥控器使之起动，可在盗贼作案时用灯光和声音示警，并通过车主的遥控器向车主报警。遥控器可控制中央门锁系统使盗贼无法进入车内，或通过密码系统使盗贼无法发动汽车。

6. 其他行车安全装置

近年来，汽车安全性的研究是个热点，开发了许多与行车安全有关的装置，如防追尾装置、用雷达自动保持车距的装置、防止酒醉驾驶和磕睡驾驶的装置、自动限速装置、在线故障诊断和显示装置、夜间会车时自动远近光切换装置、在汽车撞击行人时减少对行人伤害的技术等。相信这些技术的普遍应用将进一步提高汽车的行车安全性。

（五）环保性

汽车在给人类带来利益的同时，也造成了对环境的公害，其中最主要的就是有害物排放和噪声污染。汽车的环保性就是指汽车控制其对环境的不利影响，保护人类环境的能力。汽车环保性除污染物排放和噪声的防治外，还包括电磁辐射和汽车所用材质的环保性。

汽车的排放污染物主要来源于发动机系统，分蒸发排放和废气排放两类。蒸发排放是指由汽油机曲轴箱、燃油箱、化油器及燃油管路渗漏蒸发逸出的有害气体，其主要成分是燃油蒸气和部分未燃碳氢化合物（常以 HC 表示）。通过采用密闭的燃油箱及其通风装置、曲轴箱强制通风系统以及活性炭吸收装置，可以有效地控制蒸发排放。废气排放中的有害物质有：一氧化碳（CO）、氮氧化物（NO_x）、未燃烃（HC）、醛类（RCHO）、多环芳香烃（PAH）、硫化物、微粒物质（PM）等。对汽油机来说，排气中有害成分主要是 CO、NO_x 和 HC；对柴油机来说，NO_x 和碳烟微粒的排放最严重。当评价发动机的排放性能时，通常用比排放量［g/(kWh)］作为指标，它是单位功率小时排放出来的污染物质量。若按工况循环测定发动机的排放，常采用循环比排放量指标，它是多工况排放量经加权折算后得到的。当评价汽车的排放性能时，可采用行驶里程排放量（g/km）指标，它表示汽车行驶单位里程所排出的有害物质量。世界上最早对汽车排放有害物施行法规限制的是美国加利福尼亚州。1959 年加州议会在健康与安全法规中，规定了大气质量标准。1960 年成立了加州污染控制局，规定 1961 年的新车应有防止曲轴箱向外窜气的装置。1964 年开始实行有关防止蒸发排放的规定。1966 年以后规定新车需符合 CO、HC 含量的排放限值。1968 年该法规被美国联邦政府采纳作为联邦排放法规。1970 年后采用排放率指标的标准。1971 年又增加了 NO_x 的排放限制。为了考虑汽车在频繁的瞬变工况中所产生的比稳定工况更严重的有害物排放，1972 年起美国联邦政府将原来的七工况法试验规程改为 LA－4C 冷起动工况法，1975 年又改为 LA－4CH 冷热起动工况法，1984 年重型车用柴油机也改用了瞬态过渡工况试验规程。在有害物的限定值方面，法规不断修改，限值越来越严，促使车用发动机采用了更多、更有效的机内净化和机外净化措施，更广泛地采用各种按工况可进行调整的电子装置来控制汽油机的空燃比和点火定时，控制柴油机的喷油率和喷油定时，控制上述发动机的各种排气后处理系统。目前，国外已要求汽车成为低污染车（LEV）或超低污染车（ULEV），并积极为无污染车（ZEV）的应用创造条件和开辟市场。

我国 1983 年第一次发布了有关汽车排放的国家标准，对汽油车的怠速排放和柴油车的自由加速烟度和全负荷烟度提出了基本限值和相应的试验方法；1989 年颁发了汽车曲轴箱排放和轻型汽车排气的排放标准，1993 年发布了汽油车蒸发排放标准（收集法）和重型汽油机排放标准。这些标准于 1995 年得到强制实施，从此我国真正开始了汽车排放的控制工作。为了逐步与国际排放标准接轨，我国不断加严排放标准，分别于 2000 年和 2003 年实施了等效于欧Ⅰ和欧Ⅱ标准的国Ⅰ和国Ⅱ标准，并于 2005 年发布了相当于欧Ⅲ、欧Ⅳ和欧Ⅴ法规的新的排放限值和试验方法标准，规定在 2007、2010 和 2012 年分别实施。表 2-3 和表 2-4 分别摘要给出了该标准中有关我国轿车Ⅰ型试验（常温下冷起动后

表 2-3 我国轿车 I 型试验排放限值

控制阶段	我国实施年份	欧洲实施年份	限值/(g/km)								
			CO		HC		NO_x		$HC+NO_x$		PM
			汽油	柴油	汽油	柴油	汽油	柴油	汽油	柴油	柴油
国Ⅰ	2000	1992	2.72	2.72	—	—	—	—	0.97	0.97	0.14
国Ⅱ	2003	1996	2.2	1.0	—	—	—	—	0.50	0.90	0.10
国Ⅲ	2007	2000	2.30	0.64	0.20	—	0.15	0.50	—	0.56	0.050
国Ⅳ	2010	2005	1.00	0.50	0.10	—	0.08	0.25	—	0.30	0.025
国Ⅴ	2012	2008	1.00	0.50	0.75	—	0.06	0.20	—	0.25	0.005

表 2-4 我国车用压燃式发动机（>85kW）NO_x 和 PM 的排放限值

控制阶段	我国实施年份	欧洲实施年份	NO_x 限值/(g/kWh)	PM 限值/(g/kmh)
国Ⅰ	2000	1992	8.0	0.36
国Ⅱ	2003	1996	7.0	0.15
国Ⅲ	2007	2000	5.0	0.1/0.16
国Ⅳ	2010	2005	3.5	0.02/0.03
国Ⅴ	2012	2008	2.0	0.02/0.03

注：国Ⅲ、Ⅳ、Ⅴ中 PM 的不同值是针对不同循环工况的，即稳态循环（ESC）/瞬态循环（ETC）

排气污染物排放的工况循环试验）和车用压燃式发动机（>85kW）的排放限值。对应于更严格的排放标准，需要进一步提高燃料标准。我国过去在车用燃料标准方面与国外先进国家差距甚大，近年来已加快了发展步伐，以保证汽车排放标准的顺利执行。

噪声是汽车对环境造成的另一公害。汽车的车内噪声主要通过空气传递和振动传递两条路径发生，前者为发动机的声音、轮胎的声音、行驶时的风声和外界的噪声，后者则为发动机的振动、传动系的振动和路面振动等。空气传递的噪声在紧闭门窗玻璃时可以完全隔除，在高速行驶时这种噪声还与车身的气动特性和门窗密封条的密闭程度有关。至于振动传递的噪声，仅改善隔声性能不可能完全防止，必须尽可能采用避振和防振措施。车内噪声这一性能要求也可归入后面要说的乘坐舒适性，车外噪声会对环境造成危害，常通过法规加以限制。例如我国在 90 年代原规定轻型、中型和重型货车的最大允许噪声分别为 84、86 和 89dB（A 声级），轿车为 82dB（A 声级），现进一步要求 2005 年开始生产的上述车辆车外噪声限值分别为 81、83、84 和 74dB（A 声级）。车外噪声的主要来源是发动机的排气噪声和轮胎行驶中的花纹噪声。排气噪声通过装置排气消声器可有较大幅度的降低。消声按其原理有利用吸声材料消声和利用声学滤波原理消声两类，前者称阻性消声，后者称抗性消声。扩张室式消声器、共振式消声器和干涉性消声器都属于抗性消声器。抗性消声器结构简单、可靠，中、低频消声效果好，但高频消声较差，因此实用上常增加阻性消声结构，成为阻抗复合式消声器。轮胎花纹噪声主要是汽车行驶中轮胎花纹中的空气被不断压缩、排出而产生的气体动力性噪声，它与轮胎花纹形状和排列以及轮胎结构有关。试验表明，具有纵向花纹的轮胎比具有横向花纹的轮胎噪声要小。

电磁辐射一般认为有三种危害，即干扰危害、对人体健康危害和引爆引燃危害。随着经济的发展，人类居住的生活空间的电磁环境愈益恶化，因此，控制电磁辐射是加强环境保护的重要内容之一。当然，在影响电磁环境的主要因素中，汽车并非名列前茅，但其不利影响仍不可忽视。汽车的电磁辐射主要来源于发动机点火系统在点火时所产生的火花电流脉冲和电弧，火花电流的峰值可达几千安倍，并具有振荡性质，其频谱包括基波及其谐波，一直可延伸至X波段。为此，在汽车标准中规定了火花点火发动机在30～1000MHz频率范围内的电磁场强度限值和测量方法。今后会加速进入市场的各种电动车辆中装有电机驱动系统，涉及到更多的电磁设备，因此，汽车标准专门对电动车辆规定了9kHz～30MHz频率范围内的电磁场强度限值和测量方法。

一辆汽车由上万个零件组成，它们的材质五花八门，有的材料在生产过程中会造成环境污染，有的材料在使用和消耗过程中对人类造成危害，另有一些材料不可回收，又无法降解，使废旧汽车处理困难。例如过去广泛使用的石棉纤维制动材料因其粉尘对人体造成危害而被逐步淘汰，代之以新型的耐磨材料；过去为提高汽油辛烷值而加的四乙酸铅也因铅对人体造成毒性而被摒弃，代之以无铅汽油。目前，世界各国纷纷出台重金属材料禁用或限用的法规，以减少铅、汞、六价铬、镉等有毒金属对环境的危害。总之，从生态设计和循环经济的角度仔细审核汽车材料的选择合理性，使汽车材料满足环境的友好性是今后需要努力实现的目标。

（六）舒适性

汽车舒适性包括驾驶舒适性和乘坐舒适性两项内容。驾驶舒适性反映了驾驶员对汽车操控的方便性和舒适性的主观评价。近年来随着各种助力装置和电控技术的应用，汽车的驾驶舒适性有了较大的提高。如：自动换挡装置、电动助力转向装置、电子导航装置、感应式刮水器、智能化数字仪表、诊断保养提示装置等。乘坐舒适性是乘员在车内对车内空间布置、车内气候、车内空气质量、汽车运行时的振动和噪声（NVH）、坐椅调节系统、消遣娱乐设施配备等的综合反映，它同样地涉及到主观评价标准问题。

车内空间布置既有美学的要素，又有人机工程学的要求，它反映了车内空间大小，尺寸安排，结构布置，色彩配置，艺术品位等方面的协调。车内气候主要是满足乘员对温度、湿度的要求，所采用的空调、暖风和加湿装置不仅要满足总量上的要求，也要配备可因人而异的局部调节。车内空气质量近年来受到广泛的重视，已有新上市的轿车装置了车内空气质量传感器。一般认为，车内空气污染主要由三部分组成，即汽车零部件和内饰材料中有害物质的释放，车外污染物的进入以及汽车自身排放污染物的进入。对于第一部分组成，主要通过控制材料成分及有害物质释放量来解决；第二部分组成在交通堵塞的情况下尤为明显，这种情况下可通过车内空气质量传感器在污染物浓度过量的情况下关闭进风口，采用内部循环通风；第三部分组成通常可以通过车身和车厢通风系统的正确设计加以解决。

汽车运行时的振动即汽车的行驶平顺性是汽车舒适性的最基本要求，它要保证乘坐者在汽车使用速度的范围内行驶时，不致因车身振动而引起不舒适和疲乏的感觉。这一性能实际上反映了汽车对路面不平度的隔振特性。为了正确地评价平顺性，几十年来各国研究者做了大量的工作，但难以得到公认的评价方法和指标。直到 1974 年，国际标准化组织在综合大量有关人体全身振动研究成果的基础上，制定了“人体承受全身振动评价指南”(ISO2631)，后来经多次修改、补充，形成了取得多数国家认可，并与主观感觉符合较好的国际标准 ISO2631—1: 1997（E）《人体承受全身振动评价——第一部分：一般要求》。该标准规定了图 2-20 所示的人体坐姿受振模型，在进行舒适性评价时，考虑座椅支承面处的 3 个线振动和 3 个角振动，靠背和脚支承处各 3 个线振动，共 12 个振动测量值；在进行健康影响评价时，则仅考虑座椅支承处的 3 个线振动。由于人体对不同方向的敏感度不一样，标准中采用轴加权系数来计及这一因素。对不同频率的振动，人体敏感度也不一样，例如人的内脏在椅面正向振动 4 ~ 8Hz 时会发生共振，8 ~ 12.5Hz 的振动对脊椎影响大，椅面水平振动的敏感范围在 0.5 ~ 2Hz。对此，标准用频率加权函数来进行描述。通过对各振动加速度的测定，得到实测的各轴向加权加速度均方根值，再通过表 2-5 所示加权加速度均方根值与人主观感觉的关系，将平顺性指标与人的主观评价相联系。

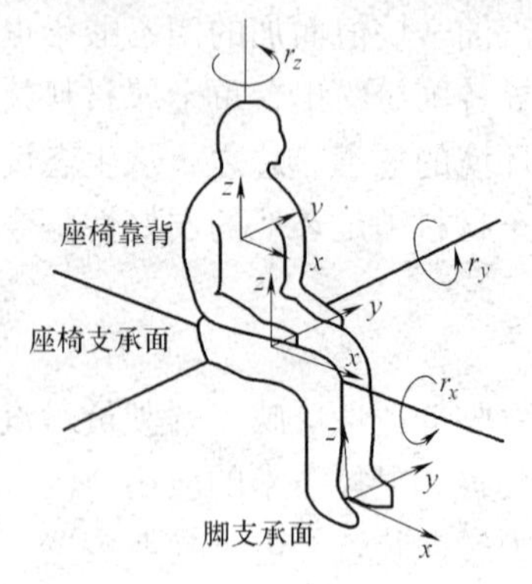

图 2-20　人体坐姿受振模型

表 2-5　加权加速度均方根值与人主观感觉的关系

加权加速度均方根值/($m \cdot s^{-2}$)	人的主观感觉
<0.315	没有不舒适
0.315 ~ 0.63	有一些不舒适
0.5 ~ 1.0	相当不舒适
0.8 ~ 1.6	不舒适
1.25 ~ 2.5	很不舒适
>2.0	极不舒适

在设计中，为了保持汽车具有良好的行驶平顺性，车身振动的固有频率应为人体所习惯的步行时身体上下运动的频率，约为 1 ~ 1.6Hz，振动加速度的极限容许值为 3 ~ 4m/s²。从保持所运货物完好性的角度出发，货车车身振动加速度也不能过大，如果加速度达 1g，则未经固定的货物可能脱离货箱底板，因此，货车车厢的振动加速度极限值为0.6 ~ 0.7g。

第三节　汽车的基本构造

普通的一辆汽车需有数以万计的零件装配而成，而其中有一千多个零件在同时运转。任何类型的汽车，其主要结构可分为四大部分：动力装置、底盘、车身及其附件、电气设备。动力装置通常是发动机，它提供汽车动力，该动力通过底盘的传动系驱动汽车行驶。底盘除传动系外，还有行驶系、转向系和制动系，它们用于确保汽车的正常行驶。车身用于安置驾驶员、乘客或货物。轿车和客车通常是一个整体车身，而货车车身常由驾驶室和货箱组成。电气设备由汽车电源、发动机的起动系和点火系、汽车的照明、信号和控制设备等组成。目前，随着电子技术的发展以及对汽车性能的高要求，电气设备（包括各种电子装置）在汽车上的比重越来越大。

汽车的总体构造和结构形式随不同的使用要求而不同。轿车的总体布置除发动机前置、后轮驱动以及发动机后置、后轮驱动外，目前盛行发动机前置、前轮驱动，这是因为这种布置形式有利于减轻汽车自重、降低油耗、增加车身容积以及改善高速时的操纵稳定性。大、中型客车为增加乘坐面积，有不少采用发动机后置、后轮驱动型，或卧式发动机中置、后轮驱动型，而货车则大部分是发动机前置、后轮驱动型。越野汽车为提高其通过性用全轮驱动形式，即所有车轴均是驱动桥（前桥或全轮转向时的后桥还是转向桥）。图2-21给出了轿车的各种不同的总体布置形式。

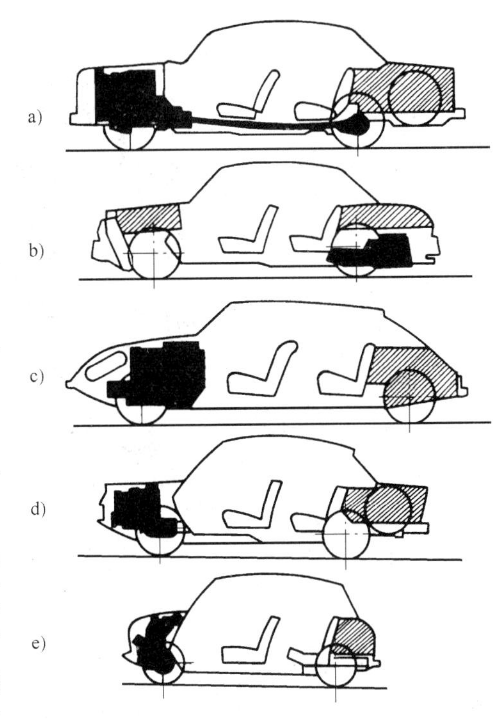

图2-21　轿车总布置的不同形式

一、动力装置

尽管当前电动汽车的发展有了一个很好的势头，但内燃机技术仍在不断挖掘潜力，有所创新，并通过与电动动力复合，组成混合动力，使汽车的经济性和环保性满足了更严格的要求。因此，预计在未来数十年中内燃机仍将在车用动力中占主导地位。此处先重点介绍内燃机的工作原理和结构，再简要介绍电动动力的构成和特点。车用内燃机的特点是将液体或气体燃料与空气混合后直接在机器内部燃烧产生热能，然后再转变为机械能。根据内燃机将热能转化为机械能的主要构件的形式，可分为往复活塞式和旋转活塞式两类（见图2-22），其中往复活塞式内燃机在汽车上应用最广，旋转活塞式的也有应用，主要是三角转子发动机（又称 Wankel 发动机）。按所用燃料区分，常见的有汽油机和柴油机。由于汽油机需用火花点燃可燃混合气才能使燃料燃烧放热而作功，故汽油机属于火花点火（点燃）式发动机。柴油机通过压缩气体而使燃料在高温下自燃后放热作功，因此柴油机属于压燃式发动机。在内燃机中，每一次将热能转化为机械能都必须经过进气、压缩、燃烧膨胀和排气这样一系列连续过程，称为工作循环。对往复活塞式发动机来说，活塞经过上行、下行两个行程（又称冲程）完成一个工作循环的称二冲程发动机，而需要四个行程完成一个工作循环的称四冲程发动机。就目前来说，汽车用发动机都是四冲程发动机。

（一）四冲程发动机工作原理

往复式发动机活塞在气缸内上下运动，活塞所处的最高位置称上止点，最低位置称下止点，上、下止点间的距离 s 称活塞行程。活塞每走一个行程，曲轴转过180°。活塞从上止点到下止点所扫过的容积称气缸工作容积；各缸工作容积的总和，称发动机排量。燃烧

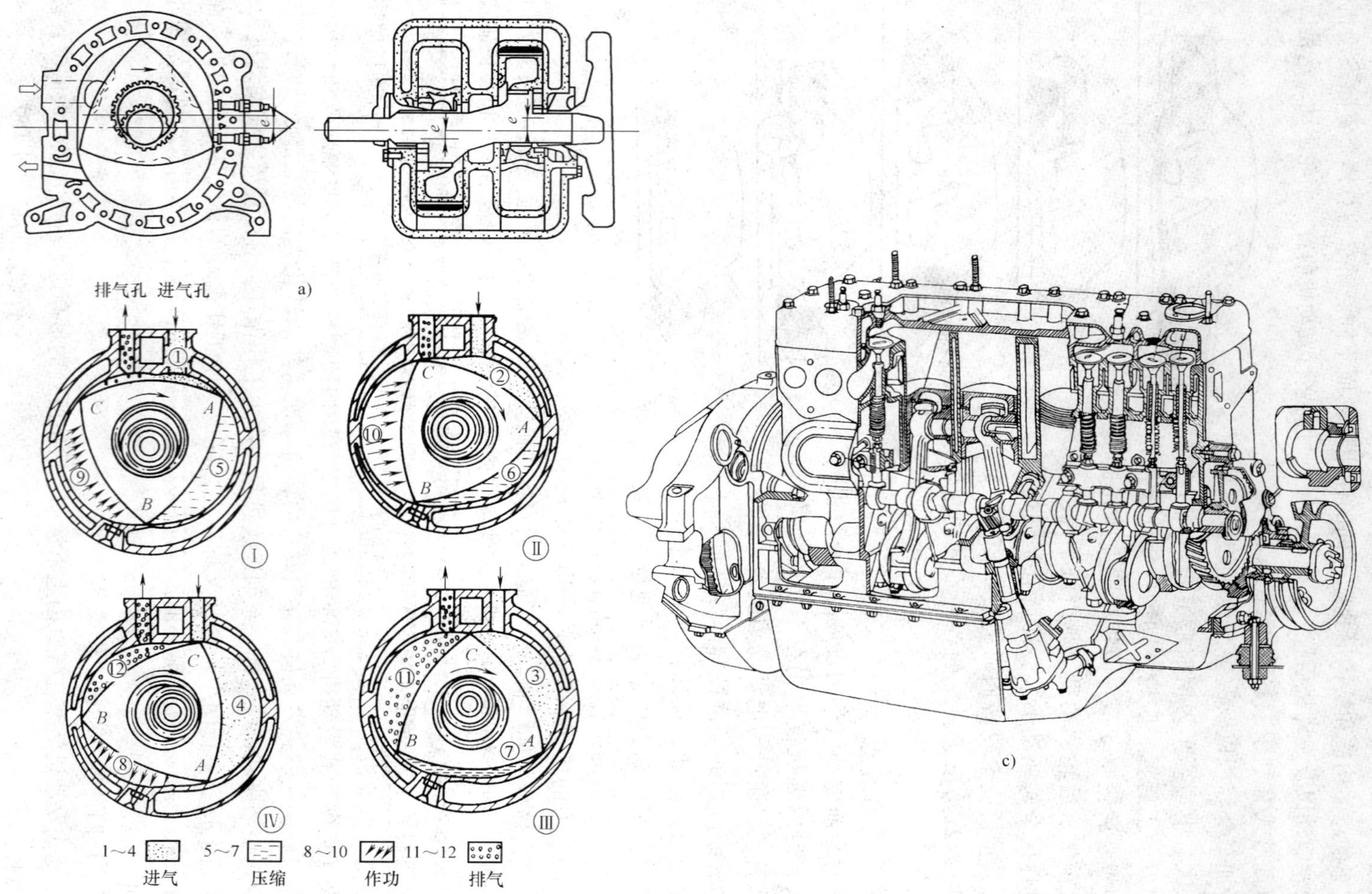

图 2-22 往复活塞式和旋转活塞式发动机

室是指活塞在上止点时，由活塞顶、缸壁和气缸盖所组成的空间。气缸总容积是燃烧室容积与工作容积之和。压缩比是气缸总容积与燃烧室容积之比。压缩比对发动机性能影响很大。压缩比大，压缩终了时缸内气体的温度、压力高，燃烧速度快，膨胀做功多，发动机功率大、油耗低。汽油机的压缩比通常为7～11，而柴油机压缩比一般为16～22，这是柴油机比汽油机省油的主要原因之一。图2-23所示是四冲程汽油机工作原理的示意图。从图中可以看到，四冲程是由进气冲程、压缩冲程、做功冲程和排气冲程组成。在进气冲程中，进气门开，排气门关，活塞从上止点往下止点行进，吸入混合气；压缩冲程中，进、排气门均关闭，活塞由下止点行进到上止点，压缩混合气为做功作准备；在接近压缩上止点时，火花塞产生火花，点燃混合气，做功冲程便开始了，气体燃烧产生的巨大推力将活塞从上止点往下推；在接近下止点处排气门打开，活塞上行排出废气，这就是排气冲程。在上止点附近先打开进气门，接着又关闭排气门，就开始了下一循环。四冲程柴油机的工作循环与汽油机类似，所不同的是在进气冲程中柴油机吸入的是新鲜空气，而不是空气与燃料的混合物。在柴油机中，由于柴油不易蒸发，是通过喷油嘴在压缩冲程终了时用高压喷入燃烧室的。此外，柴油自燃温度低，加上柴油机压缩比高，因此不需要用火花塞点火，而是靠自燃着火。

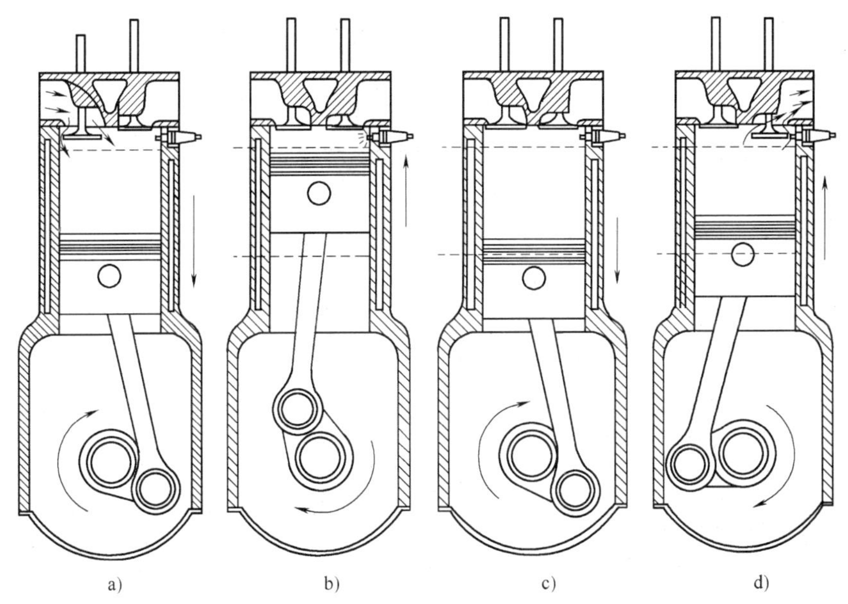

图2-23　四冲程汽油机工作原理图

a）进气　b）压缩　c）膨胀　d）排气

（二）发动机机体和曲柄连杆机构

根据发动机各部分的功用，可以把发动机分成机体和曲柄连杆机构、配气机构和进排气系统、燃料供给和点火系、冷却系、润滑系、起动系等部分。这里先介绍机体和曲柄连杆机构。在图2-24中，气缸盖、气缸体、油底壳一起构成了发动机机体的主要部分。气缸盖一般用合金铝或铸铁铸造而成，在与缸体的接合面侧布置有燃烧室以及与燃烧室连通

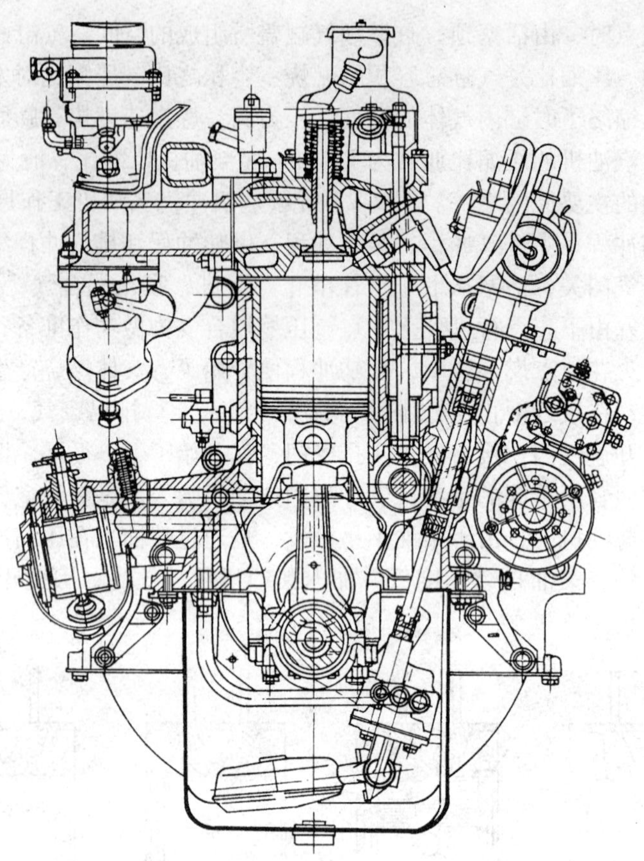

图 2-24　发动机正剖面图

的火花塞安装孔（汽油机）或喷油嘴安装孔（直喷式柴油机）。顶置气门发动机的缸盖上还布置有进排气道，以及用于安装气门的气门座、气门导管，缸盖上部还要安装摇臂机构和摇臂室罩，当采用顶置凸轮轴结构时，缸盖上还要安装凸轮轴。顶置气门发动机缸盖的侧面安装进排气歧管。对于间接喷射式柴油机，缸盖上还布置有副燃烧室。水冷发动机的缸盖上有冷却水套，而风冷发动机的缸盖上铸造出许多散热片，用于冷却缸盖。缸盖与缸体用螺栓连接，在其结合面为加强密封，设有气缸盖衬垫。

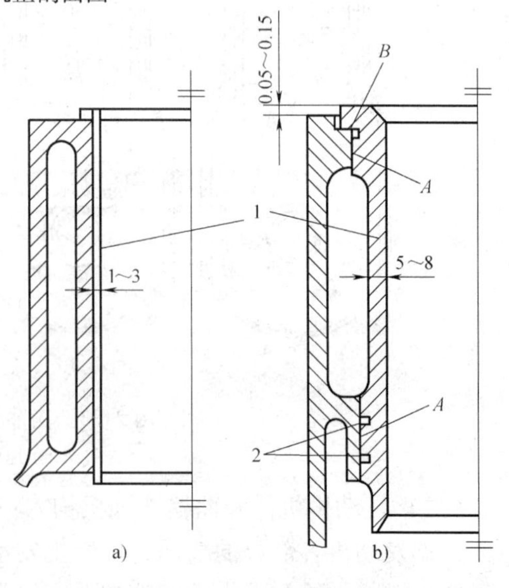

图 2-25　气缸套

a）干缸套　b）湿缸套

1—气缸套　2—橡胶环

气缸体也是铸件，而且是发动机的最大部件。它是安装活塞、曲轴和其他零件附件的支承骨架。缸体铸件内部铸有冷却水套和润滑油道。缸体上部安装活塞的各缸筒，为了提高其耐磨性常装有缸套。气缸套有干式和湿式两种（见图 2-25）。缸体下部安装曲轴的部位称曲轴箱，曲轴箱分上曲轴箱和下曲轴箱，对于通常的水冷发动机来说，上曲轴箱是与气缸体合在一起的，下曲轴箱就是油底壳。油底壳用来储存润滑油，不承受负荷，曲轴的主轴承盖安装在上曲轴箱主轴承座的中分面上。当采用下置式凸轮轴时，气缸体中加工有安装凸轮轴的轴承孔。气缸体有很多加工面和安装螺孔，上面与气缸盖相装配，下面与油底壳相装配，前面安装前端板和正时齿轮盖，前上部安装水泵，后端面则安装飞轮壳，两侧面安装各种附件。

曲柄连杆机构是发动机的基本工作机构，由活塞、连杆、曲轴、飞轮等运动件组成。活塞的往复运动就是经过连杆和曲轴而变成曲轴的旋转运动。为了使曲轴有较为平稳的动力输出，曲轴的输出端装一个较大惯量的飞轮。汽车发动机的活塞通常是铝合金压铸后加工成精确形状的。活塞顶部是燃烧室的一部分，活塞头部有环槽，通常是二道气环，一道油环。它们分别防止燃气泄漏和机油上窜。活塞裙部起导向作用并承受侧压力，裙部开有一些隔热槽和膨胀槽，前者防止顶部热流流向裙部，后者使裙部增加弹性而使裙部与缸壁间既能间隙小但又不卡死。在裙部上面接近头部处有活塞销座，它用来安装活塞销，使活塞与连杆相连接。连杆由连杆小头、杆身、连杆大头、连杆螺栓和连杆轴承组成。连杆小头通过活塞销与活塞相连，连杆大头则与曲轴上的连杆轴颈相连。为便于安装，连杆大头做成分开的两半，上半部与杆身合成一体，下半部是连杆轴承盖，用连杆螺栓使上下连接。连杆小头轴承常采用压入的青铜衬套，连杆大头轴承则是由两个半圆的轴瓦组成。图 2-26 所示为活塞和连杆的主要结构。

曲轴由主轴颈、连杆轴颈、曲柄、平衡重、后端突缘等部分组成，曲轴飞轮组的分解

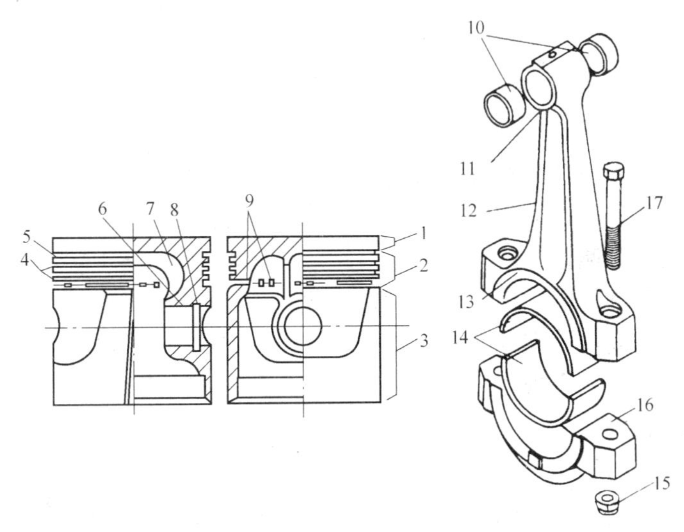

图 2-26 活塞和连杆结构

1—顶部 2—环槽部 3—裙部 4—环岸 5—环槽 6—销座 7—加强肋
8—卡环槽 9—泄油孔及泄油槽 10—活塞销套 11—连杆小头 12—连杆身
13—连杆大头 14—连杆轴承 15—连杆螺母 16—连杆轴承盖 17—连杆螺栓

图如图2-27所示。曲轴的支承有全支承和非全支承两种。全支承是指每一连杆轴颈两边都有一个主轴承支承的曲轴，例如四缸机曲轴有五个主轴承，六缸机曲轴有七个主轴承则为全支承曲轴。

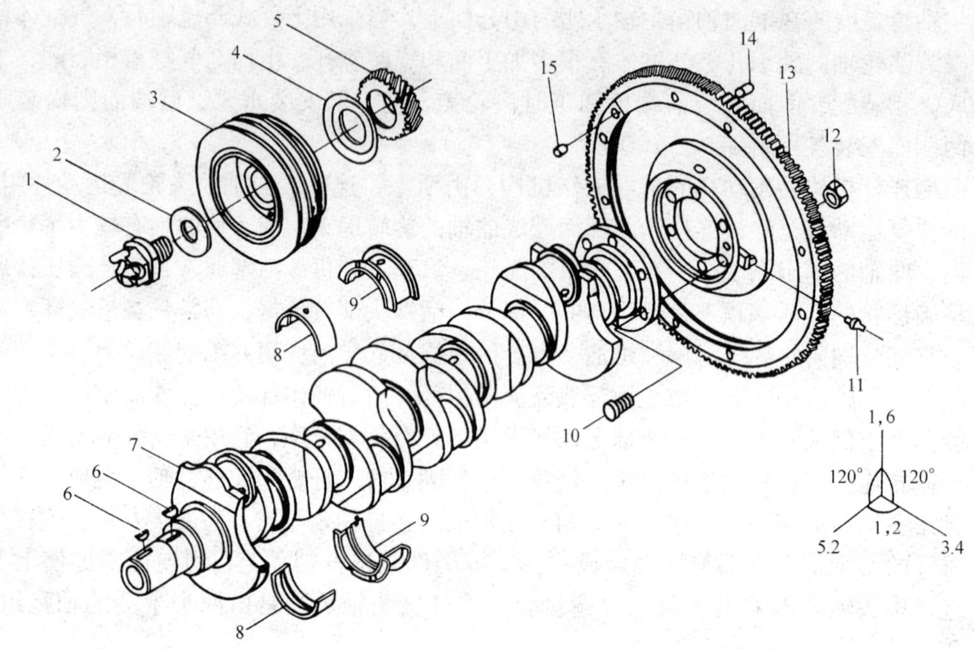

图2-27 曲轴飞轮组分解图

1—起动爪 2—起动爪锁紧垫圈 3—扭转减振器及皮带轮 4—挡油片 5—正时齿轮 6—半圆键 7—曲柄 8—左轴承上、下轴瓦 9—中间主轴承上、下轴瓦 10—螺柱 11—直通滑脂嘴 12—螺母 13—齿环 14—圆柱销 15—第一、六缸活塞压缩上止点记号用钢球

（三）配气机构和进排气系统

配气机构按照发动机气缸的发火次序和气缸对工作循环的要求，适时开闭各缸的进排气门以完成换气过程。汽车上常用的四冲程发动机均采用气门式配气机构。按气门布置形式，气门式配气机构分侧置气门和顶置气门式；按凸轮轴的布置形式，分上置凸轮轴和下置凸轮轴式；接凸轮轴的驱动方式，分齿轮传动、链传动、齿形传动带传动式。目前随着车用发动机性能的提高，其配气机构多为顶置气门、顶置凸轮轴型，而且越来越多地采用四气门结构，即每缸有两个进气门、两个排气门，上述做法均有利于提高发动机的高速性能。图2-28所示为顶置式凸轮轴（四气门）和下置式凸轮轴（二气门）配气机构的典型结构。配气机构由气门组和气门传动组构成。气门组由气门、气门弹簧、气门弹簧座、锁片等组成。气门传动组对下置式凸轮轴而言由凸轮轴、挺杆、推杆、摇臂等组成；对顶置式凸轮轴而言，推杆已不再需要，在有些结构中甚至没有摇臂。通常气门与摇臂之间有一个气门间隙供配气机构热胀时用，它往往是重要噪声源之一。采用可以自动消除间隙的液力挺柱可以解决这个问题。气门由头部、杆部和尾部组成，头部为保证密封，均用锥面接触。为了更多的进气，进气门头部直径通常比排气门的大，或者进气门气门数比排气门

多。气门杆装在气门导管内，引导气门上下往复运动，气门尾部开有环形凹槽，通过锁片，安装弹簧座。图2-29所示的是一根四缸汽油机的凸轮轴。凸轮轴由凸轮、轴颈、驱动汽油泵的偏心轮、驱动分电器的螺旋齿轮等组成。凸轮的作用是控制进、排气门的开闭时间（配气定时），其布置由发动机点火顺序和各缸配气定时所确定。如图2-29c所示，凸轮的布置反映了点火顺序是1—2—4—3。由于曲轴转2圈才有一次换气过程，所以曲轴和凸轮轴的转速比为2∶1。理论上讲，排气门应在活塞到达做功冲程下止点时开启，到上止点时关闭；进气门应在排气上止点时开启，到达下止点时关闭。但实际上，进、排气门均提前开启，推迟关闭。图2-30所示是典型的配气相位图。进气门提前开启的目的是保证进气冲程开始时进气门已开大，气体能顺利进入气缸，进气门晚关是由于进气冲程终了时缸内压力仍低于进气道压力，因此可利用气流惯性继续充一部分气。排气门提前开启虽损失了一点膨胀功，但使整个排气期缸内压力降低而减小了排气阻力，结果增加了净功；排气门迟关是为了有利于废气排得干净。进、排气门同时开启的现象称气门重叠，目的是造成扫气。实际上，对于特定的转速和负荷工况有特定的最佳配气相位，但要按运行工况实现最佳配气相位需要复杂的可变气门定时（VVT）装置和电子控制，VVT对节油和降低排放所带来的好处使其获得了越来越多的应用。

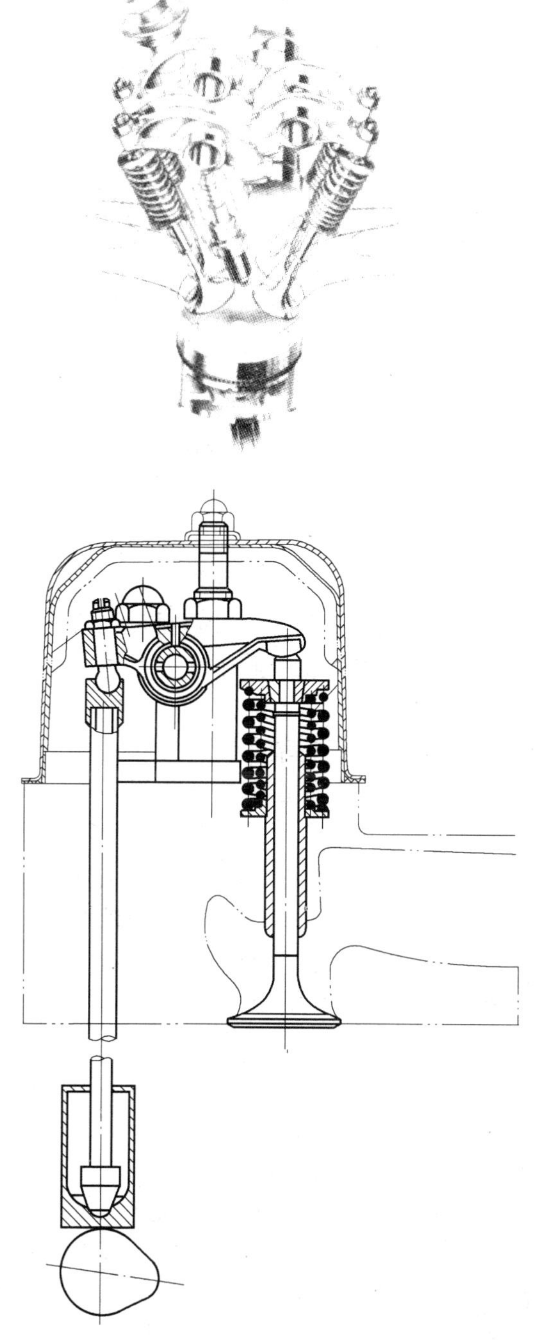

图2-28　配气机构的典型结构

发动机的进排气系统由进气系统、排气系统以及两者之间的可能的连接结构而组成。进气系统的功能是尽可能多地、均匀地向各气缸供给所需的空

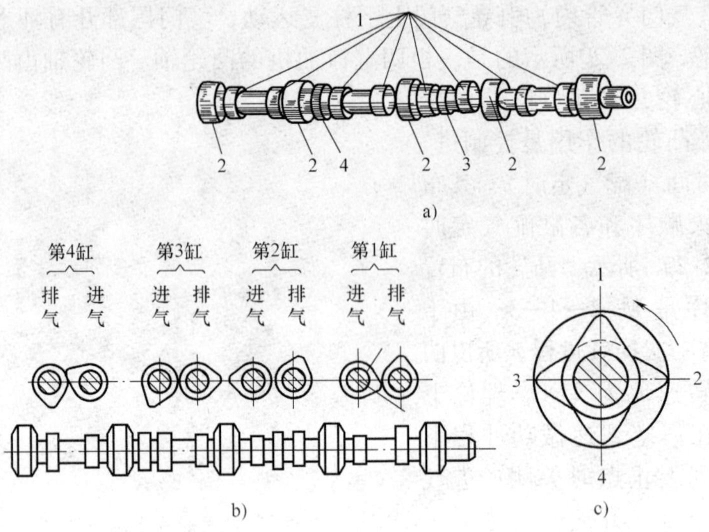

图 2-29　四缸汽油机的凸轮轴

a）492QA 发动机的凸轮轴　b）各凸轮轴的相对角位置图　c）进（排）气凸轮投影

1—凸轮　2—凸轮轴轴颈　3—驱动汽油泵的偏心轮　4—驱动分电器等的螺旋齿轮

气与燃料的混合物或纯净的空气；排气系统的功能则是以尽可能小的排气阻力和噪声，将气缸内的废气排至大气。对于装有尾气后处理装置的发动机来说，排气系统还担负着降低排气中有害排放物的责任。排气系统与进气系统之间还有一些可能的连接结构。当采用废气涡轮增压技术提高进气密度和发动机功率时，气缸内排出的废气先进入废气涡轮增压器中的涡轮，通过废气能量在涡轮机叶片中的进一步释放，使涡轮带动压气机将新鲜空气经压气机加压（有的还在加压后经过冷却器降低温度）后进入进气系统，涡轮机排出的废气通过后续的排气系统再排入大气。当采用排气再循环（EGR）技术时，排气中的一部分会经过电脑控制的 EGR 阀进入进气系统，使进气充量的比热容增加，从而降低燃烧时所生成的氮氧化合物浓度。在现代发动机中，为了进一步控制燃料的蒸发排放以及污染物从曲轴箱、气门罩处逸入大气，进气系统还有连接曲轴箱强制通风系统、汽油蒸发控制系统和气门罩的软管，使上述系统收集或逸出的有害气体进入进气系统后在发动机工作时将其送入气缸烧掉。

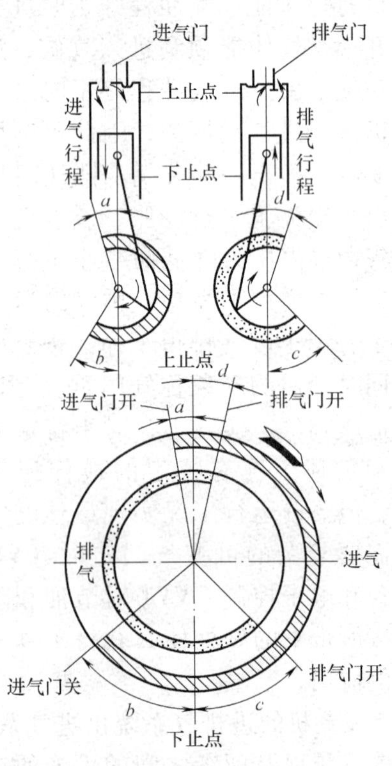

图 2-30　配气相位图

发动机进气系统通常包括空气滤清器和进气歧管。在电喷汽油机中还包括节气门和对空气进行计量的空气流量计或进气管压力传感器。进气过程的间歇性和周期性使进气管内产生压力脉动，利用这种脉动现象，可增加进气量。对于固定结构的进气系统来说，脉动效应只能在特定的转速范围内获得利用，因此，为了使发动机能同时获得良好的高速和低速性能，已有一些新型发动机采用可变进气系统。图 2-31 是采用可变长度进气歧管的可变进气系统。

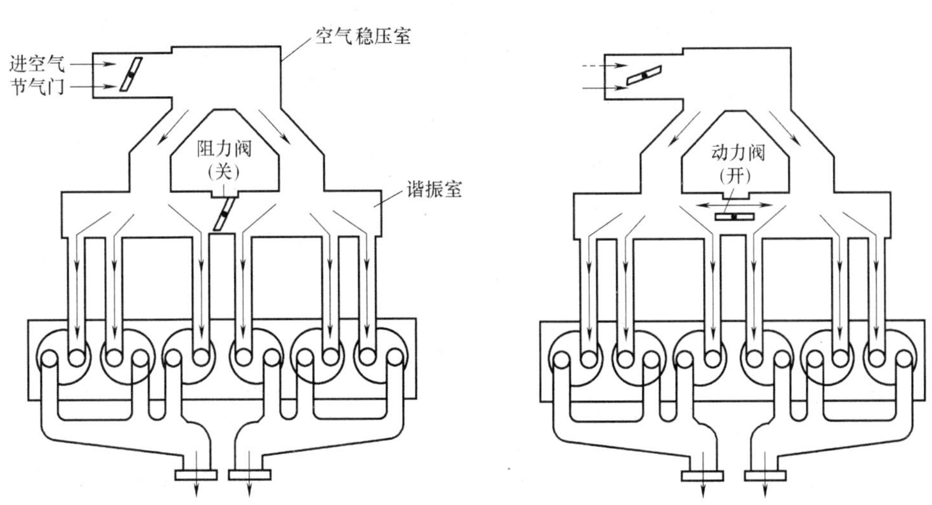

图 2-31 采用可变长度进气歧管的可变进气系统

发动机的排气系统通常包括排气歧管、排气管和消声器。当采用废气涡轮增压时，排气歧管的出口与涡轮增压器上的涡轮入口相连，涡轮出口则与排气管相连。消声器通常由共振室、膨胀器和一组多孔的管子组成，有的还在消声器的某些流道中充填阻性吸声材料，如玻璃纤维等。排气在消声器内不断折返、膨胀、穿过多孔介质，其能量不断消耗，气动噪声得以衰减。在装有尾气处理装置的排气系统中，为了使催化转化器中的催化剂在冷起动过程中尽快起燃，希望尽可能在排气管的前部进行安装，消声器则安装在催化转化器与排气尾管之间。随着排放法规的进一步严厉，尾气处理装置进一步复杂化。图 2-32 是带有 HC 吸附器的汽油机排放系统示意图，它有助于进一步降低冷起动过程中的 HC 排放。

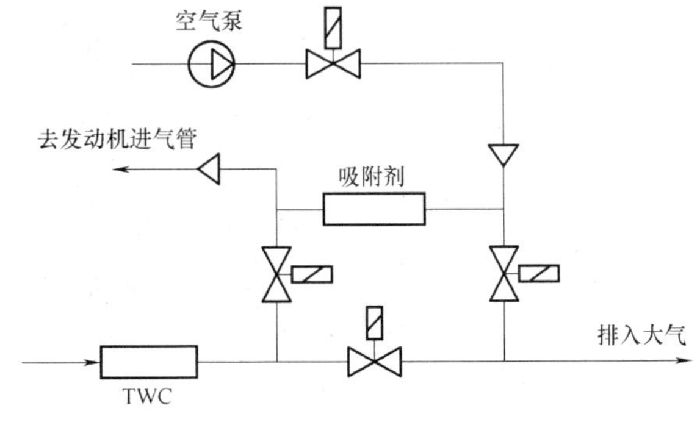

图 2-32 带 HC 吸附器的汽油机排放系统示意图

（四）燃料供给和点火系

图 2-33 所示为化油器式汽油机的燃料供给系统。从图中可以看到，燃油从燃油箱 7 被汽油泵 10 吸入并送至化油器 3。为了防止有杂质，在油箱至汽油泵的管路中装有汽油

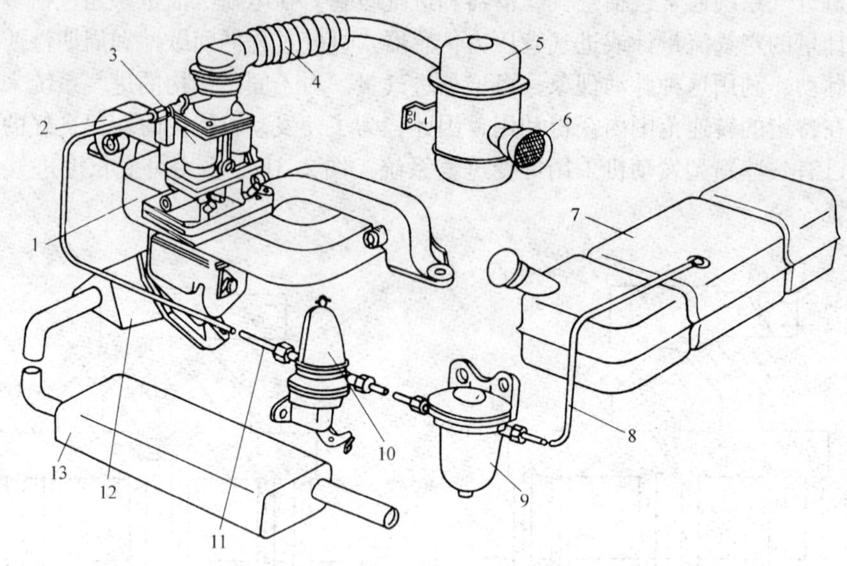

图 2-33　化油器式汽油机的燃料供给系统

1—进气歧管　2—排气歧管　3—化油器　4—进气软管　5—空气滤清器　6—空气进口　7—燃油箱　8—油管　9—汽油滤清器　10—汽油泵　11—进油管　12—排气管　13—消声器

滤清器9。化油器是计量汽油，使汽油和空气按一定比例混合并雾化成混合气的装置。化油器的节气门控制进入发动机的混合气流量，调节发动机的功率，以适应不同负荷和转速的需要。为了使混合气浓度满足怠速、起动、加速、全负荷等不同工况的要求，化油器中除主油系外，还设置有怠速系、起动系、加速系和省油系等辅助油系。

用图 2-34 来说明化油器的作用。空气从上方流入，在喉管 8 的燃料喷管处产生负压。由于这个负压与浮子室液面的压力差，燃料被吸出。所吸出的油流量一方面取决于负压的大小，一方面取决于燃料调整量孔（主量孔）5 的大小。浮子室的压力近于大气压，在浮子 2 和浮子针阀 3 的作用下保持一定的油面。只有主量孔的主油系 6 不能保证发动机在宽广的负荷范围内得到所需浓度的混合气，为此，除了在主油系中设置补偿装置（如图中的空气乳化液补偿）外，还添加了各种辅助油系。怠速系利用节气门 7 在极小开度时节气门后的高真空度把油从怠速量孔中吸出。当节气门开大到一半以上时，怠速

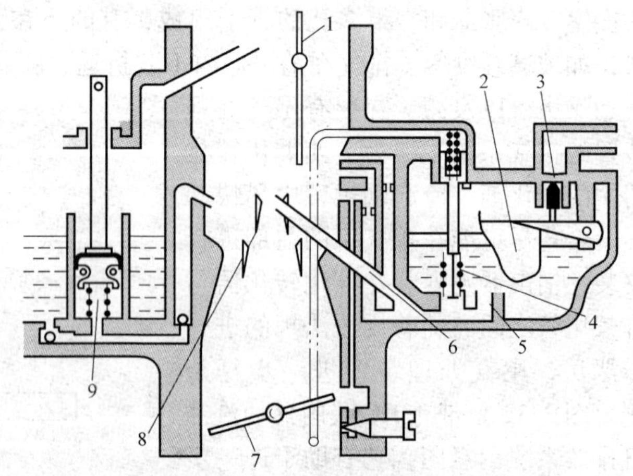

图 2-34　化油器系统图

1—阻风门　2—浮子　3—浮子针阀　4—省油系　5—燃料调整量孔　6—主油系　7—节气门　8—喉管　9—加速系

系就停止供油。由于怠速系在怠速和低速区都供油，故又称低速油系。汽油机起动时要求化油器供给较浓的混合气，而起动时怠速系和主油系都不能供油，因此设置了专门的起动系。图中的阻风门1就是这样的装置，起动时用人工或自动将它关闭，使化油器腔内形成很高的真空度，把汽油从喷管内吸出。省油系4是只在大负荷和全负荷时加浓混合气的辅助油系，从而使部分负荷时节省燃油。图中的省油系是一个真空省油器。汽车加速时突然加大节气门开度，使进入发动机的空气量迅速增加，但由于汽油惯性大而来不及按比例增加，便出现短期混合气变稀现象，使发动机加速缓慢。加速系9就是为避免这一缺陷而设置的。图中用机械操纵的柱塞式加速泵实现加速时加浓的作用。

近年来，由于对节能和排放控制的要求越来越严，化油器已无法满足混合气浓度按工况全面优化的要求，越来越多的汽油机采用电子控制汽油喷射式燃料供给系统。汽油喷射有单点喷射和多点喷射之分。单点喷射是把汽油喷嘴设在原化油器处，它不能解决多缸发动机中混合气在各缸的分配不均匀问题。多点喷射把汽油喷在每缸进气道内靠近进气门侧，能保证各气缸获得准确的燃料量。电子控制喷油系统通过改善容积效率和更为均匀的燃油分配和分布以增加功率和转矩，节气门位置改变时发动机响应更为迅速，在冷起动和暖机过程中对混合气浓度的控制更为精确。电子控制装置通过传感器的输入改变燃油喷射量，而传感器可以感知发动机的运行条件和自身状态，因而可实现混合气浓度跟随运行工况的控制，也可根据发动机的自身状态（有无敲缸、排气中氧浓度等）进行反馈控制。图2-35所示为德国博世公司生产的LE—Jetronic汽油喷射系统，它由燃油箱1、电动燃油泵19、汽油滤清器18、调压阀17、控制器2、汽油喷嘴15、起动阀11、怠速调整螺钉10、节气门9、节气门开关8、空气流量传感器5、温度传感器13、辅助空气装置7等组成。汽油喷射系统的油压较低，通常在0.3~1MPa，调压阀使油管压力相对于进气管压力保持一个恒定压力差。分支管道通至每个喷油嘴，多余的燃油通过另一条管路回到油箱。吸入的空气经空气滤清器、节气门到达各缸进气道，电磁驱动的喷油嘴设置于每气缸的进气口处。喷油嘴前端是个雾化针阀，使喷出的燃料有较大的雾锥角。油嘴每次的喷油量是通过改变励磁线圈中电流脉冲的长短来控制的，后者由控制器通过空气流量传感器、温度传感器、起动开关、节气门开关等传感元件所提供的输入信号确定。

传统汽油机无论采用化油器供给燃料还是采用电控喷油供给燃料，均是使燃料与空气在进入气缸前混合好，即采用所谓的缸外混合方式。缸外混合时的燃油计量根据当时的空气流量来确定，空气与燃料的混合比虽然针对不同工况有一定范围的变化，但大体上接近理论混合比。所以，传统汽油机靠节气门控制混合气的流量来调节负荷，被称为“量调节”。节气门造成节流损失，中、小负荷时由于节气门开度小，其节流损失更大，这是造成汽油机中、低负荷燃油消耗率高的一个重要原因。新型的缸内直喷汽油机（GDI）则不同，它将各缸喷嘴安装在各气缸内，在小负荷时采用晚喷（压缩行程中喷射），在缸内形成不均匀混合气；在大负荷时采用早喷（进气行程中喷射），在缸内形成均匀混合气。GDI的负荷调节主要通过改变燃料与空气的混合比实现，而可以完全取消节气门。GDI还通过其他措施降低NO_x，因而具有低油耗、低排放的优点。日本三菱公司在1995年首次展出型号为4G93的GDI发动机并形成产品，美、欧、日的其他汽车制造商也竞相仿效开

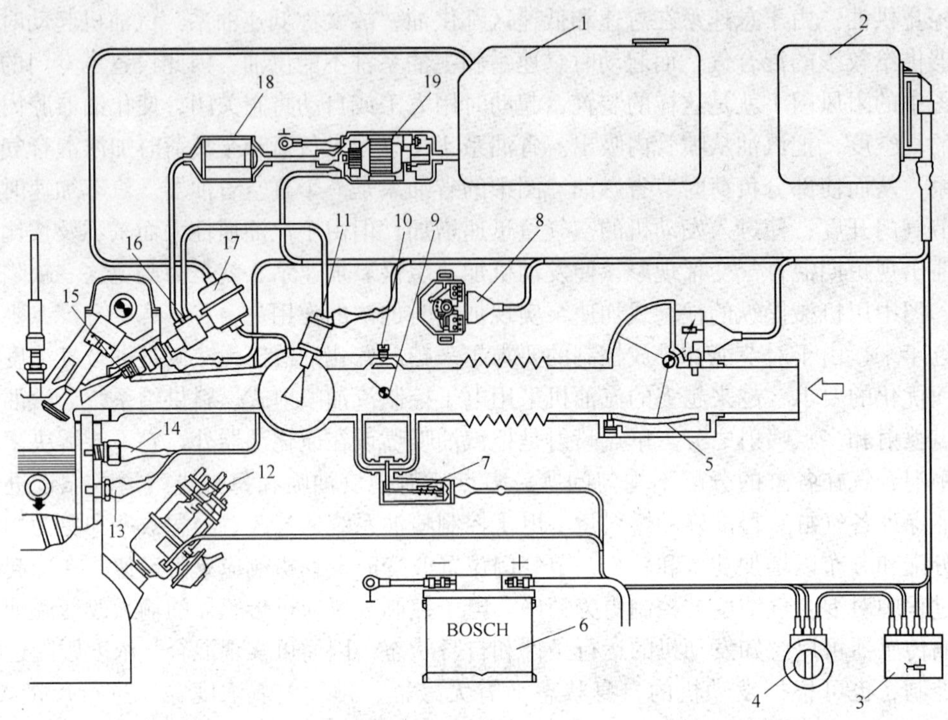

图 2-35　LE—Jetronic 汽油喷射系统

1—燃油箱　2—控制器　3—控制继电器　4—点火和起动开关　5—空气流量传感器
6—电池　7—辅助空气装置　8—节气门开关　9—节气门　10—怠速调整螺钉
11—起动阀　12—分电器　13—温度传感器　14—温度—时间开关　15—喷嘴
16—燃油分配管　17—调压阀　18—汽油滤清器　19—电动燃油泵

发，形成了汽油机发展一个重要方向。图 2-36 所示是三菱 GDI 汽油机的结构示意，与缸外喷射相比，汽油缸内喷射所需的喷油压力较高，三菱公司所采用的燃油供给压力为 5MPa，喷嘴为旋流式喷嘴。

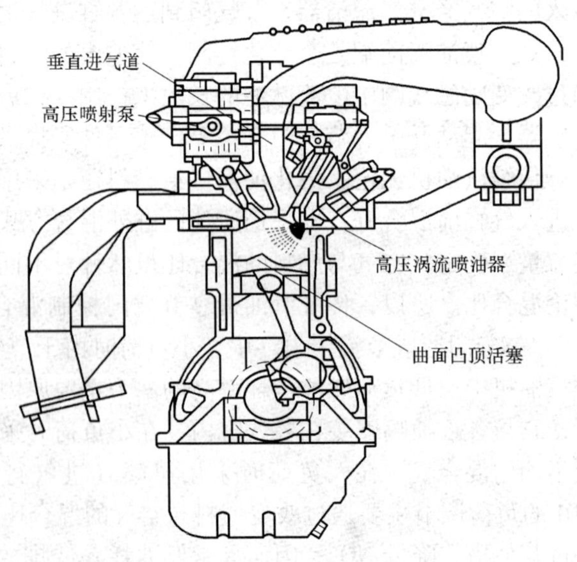

图 2-36　三菱公司 GDI 汽油机结构示意

柴油机由于在压缩冲程终了时才将燃油喷入缸内，因此用于燃料雾化、蒸发以及与空气混合的时间极短，要求实行高压喷油。通常分开式柴油机的喷油压力约为 21 ~ 35MPa，而直喷式柴油机的喷油压力可达 80 ~ 200MPa。图 2-37 所示是柴油机燃料供给系统简图，它由燃油箱 1、供油泵 10、滤清器8、高压油泵3、高压油管6、喷油嘴4 等组成。高压油泵在规定的供油时间向气缸供给所需的循环油量，汽车用柴油机除了要求高压油泵有原始的供油提前角外，还要求此提前角随转速的改变而变化，因此常采用专门的供油提前角自动调节器（定时器9）。高压油泵的供油量在图中的直列泵上是用调节拉杆旋转柱塞的角度实现的。为防止柴油机怠速运行不稳和高速时飞车，车用柴油机在高压油泵上装设有调速器2。喷油嘴常用的有轴针式喷嘴和孔式喷嘴，前者用于分开式柴油机上，后者多用于直喷式柴油机上。

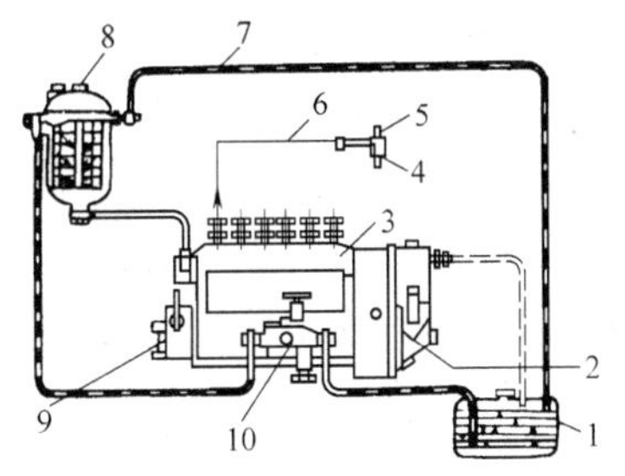

图2-37 柴油机燃料供给系统简图

1—燃油箱 2—调速器 3—高压油泵 4—喷油嘴 5—喷油嘴座 6—高压油管 7—溢流管 8—柴油滤清器 9—定时器 10—供油泵

点火系只用在汽油机上，传统的点火系由四个部分组成（见图2-38）：蓄电池1，用于供给直流电源；点火线圈6，用于使电流由低压升到高压（15～20kV 左右），以满足点火所需；分电器8，在正确的时刻，依点火顺序将高压脉动电流送至指定气缸的火花塞上；火花塞7，产生电火花，点燃混合气。从图中可以看到，点火系统有两个电流回路，一个是低压回路，电流从蓄电池正极经点火开关、点火线圈中的初级线圈和分电器下部的断电器触点返回蓄电池负极；另一个是高压回路，高压电由点火线圈的次级线圈经分电器上部的配电器、高压导线到火花塞。放电时火花塞电极间隙被击穿，电流经发动机接地线返回蓄电池负极。点火提前角的静态调整靠转动分电器外壳实现，而点火提前角跟随负荷和转速的动态调整则由分电器内的离心提前器和真空提前器自动实现。离心提前器使点火提前角跟随发动机转速的增加而增加，真空提前器使点火提前角随发动机负荷的减小而增加。

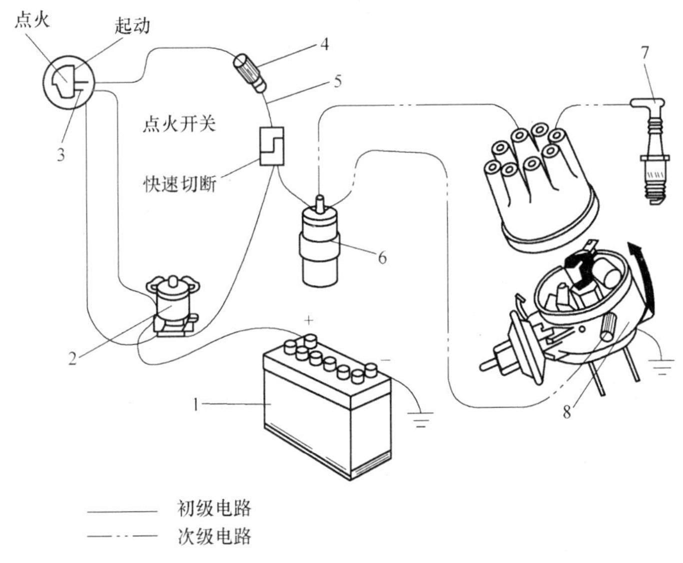

图2-38 汽油机点火原理图

1—蓄电池 2—继电器 3—开关 4—接线器 5—初级电路导线 6—点火线圈 7—火花塞 8—分电器

近来，随着对发动机要求的提高和电子技术的发展，出现了不少新的点火系统。图2-39所示的是包括电子控制点火系统在内的汽油机电子控制系统。该系统主要用微机控制的电子点火分配器代替传统的机械式分电器，从而能根据发动机运行工况确定最佳点火时刻。在微机的存储器中先存入起动、怠速运转、正常运行时的点火提前角数据。起动点火提前角一般为固定值；怠速运转时先从存储器查出所需的点火提前角，再根据冷却水温和怠速运转稳定性进行修正，确定实际采纳的怠速工况点火提前角；正常运行时根据发动机转速、进气空气量在存储器中查出适当的点火提前角，再加上各类修正（如冷却水温、加减速等）确定实际的最佳点火提前角。

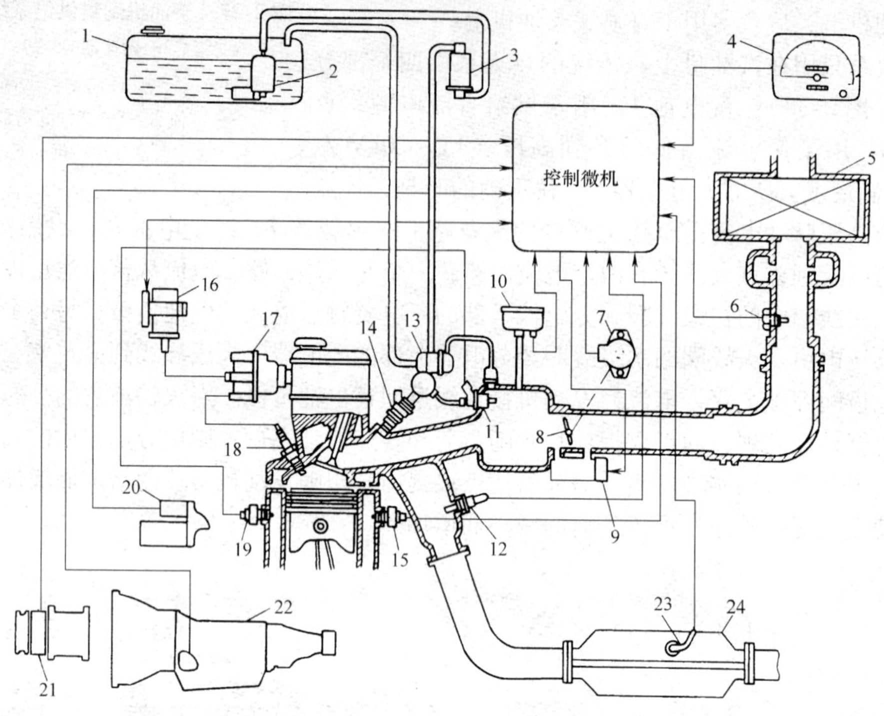

图2-39　汽油机电子控制系统

1—燃油箱　2—燃油泵　3—滤油器　4—车速传感器　5—空气滤清器　6—进气温度传感器　7—节流阀传感器　8—节流阀　9—怠速控制电磁阀　10—真空度传感器　11—冷起动喷油器　12—氧传感器　13—燃油压力稳定器　14—喷油器　15—水温传感器　16—电子点火线圈　17—点火分配器　18—火花塞　19—冷起动喷油器时间开关　20—起动器　21—空调压缩机　22—自动操纵系统　23—排气温度传感器　24—三元触媒器

（五）冷却系

发动机冷却系的功能是吸收缸内燃料燃烧和各运动件摩擦所产生的部分热量，使发动机保持在适当的温度范围内工作。冷却系的冷却方式有水冷、风冷两种传统方式，近年来为进一步提高能量利用率，减少冷却损失，出现了高温冷却（如油冷）和无冷却的绝热发动机。这里仅就水冷、风冷两种传统的冷却系作简单介绍。

目前，汽车发动机最普遍采用的冷却系是强制冷却循环式水冷却系，它由缸体和缸盖内的冷却水套8、水泵5、风扇4、节温器6、散热器2、百叶窗1、水温表传感器、空气蒸汽阀、蒸汽导出管、放水开关10等组成，其结构如图2-40所示。缸体和缸盖内的冷却水套环绕着燃烧室、排气道和缸壁周围布置，力求使受热零件温度均匀、水套流道无死区。水泵使冷却系中的冷却水进行强制循环。冷却水在缸体、缸盖的水套中吸热升温，经发动机上部通道流入散热器。冷却后的水从散热器底部的回流管，在水泵的抽吸作用下又泵入水套不断循环。风扇装在散热器的后面，由曲轴通过传动带传动，它将散热器前面的冷空气抽到后方，强制地加快散热器表面与空气之间的热交换，以带走散热器里冷却水的热量。当气温较低时，汽车高速行驶时的迎面风已足以满足散热器散热的需要；此外在低温起动时，使用风扇易使散热器冻结；从节能角度看，只在必要时使用风扇能减少附件损失。因此，不少发动机在风扇和传动带盘之间加装了一个风扇离合器，用它控制风扇转速，以调节冷却强度，并降低风扇消耗功率和噪声。散热器俗称水箱，它由上水室、散热器芯和下水室组成。上水室顶部有加水口，平时用散热器盖盖住。目前普遍在散热器盖中加装空气蒸气阀，当散热器内压力达到一定值时蒸气阀开启，使水蒸气经蒸气排出管排出，而当水温下降，冷却系中真空度达一定值时空气阀开启，空气进入冷却系，防止散热器被大气压瘪。较高的蒸气阀开启压力对提高水的沸点，以便满足热带和高原行驶条件下的冷却要求是有利的。在下水室的底部装有放水开关用于放出冷却系统中的水，这对寒冬季节很重要，以免冷却系统零件在停车期内冻裂。散热器芯有管片式、管带式等形式，轿车上多采用管带式。

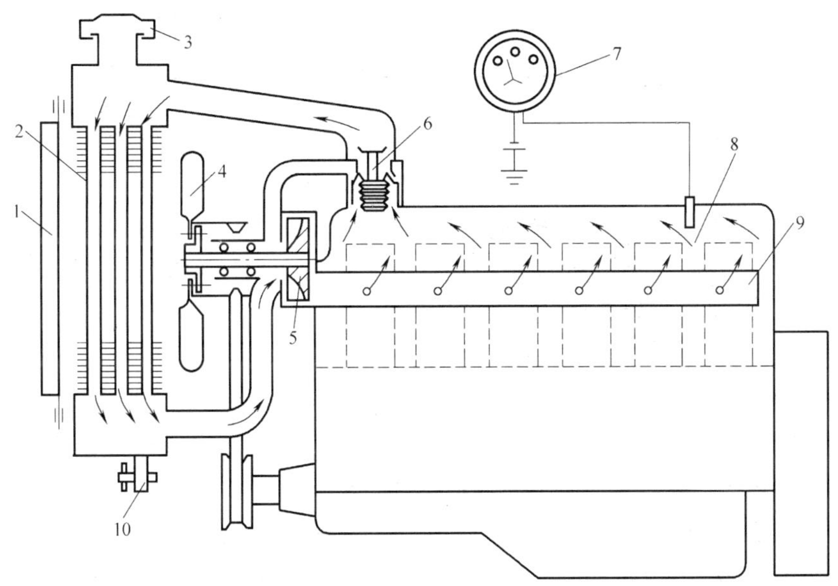

图2-40 发动机的水冷却系

1—百叶窗 2—散热器 3—散热器盖 4—风扇 5—水泵 6—节温器
7—水温表 8—水套 9—分水管 10—放水开关

通过散热器的冷却水的流量一般由节温器控制。节温器常装在气缸盖出水口处，常用的结构有波纹管式和蜡式两种，它们都能随水温而调节阀门的开度。一般，水温在70℃以下时节温器阀门全关，冷却水只在水套与水泵间循环（小循环）；70～80℃范围内，阀

门处于与温度相适应的半开启位置，水温高于80℃时阀门全开，所有的水都经散热器循环（大循环）。由此可以看到，节温器可保证发动机在冷起动后迅速经历暖机阶段，防止发动机过冷。

百叶窗通常安装在散热器前用以改变散热器的空气流量，它的开度一般由驾驶员根据水温高低直接操纵。

图2-41所示为发动机的风冷系。风冷发动机由于没有水套，靠气缸和气缸盖上的散热片来增加对空气的散热面积。为提高散热速率配备了风扇，并通过导流罩、分流板等使空气均匀地流过这些散热片。与水冷系相比较，风冷系结构简单，使用维护方便。由于发动机与空气间温差较大，风冷系的散热能力对气温变化不敏感，但风冷系存在噪声较大、消耗功率较大等缺点。

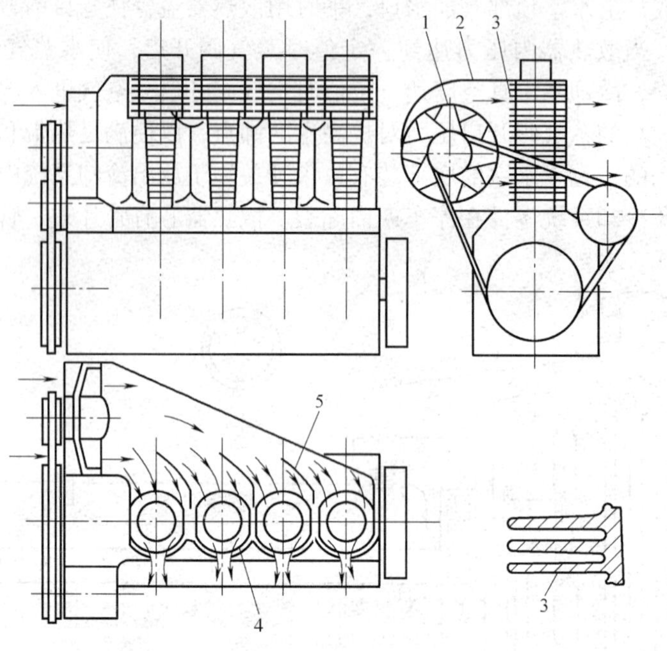

图2-41　发动机的风冷系

1—风扇　2—导流罩　3—散热片　4—气缸导流罩　5—分流板

（六）润滑系

发动机润滑系具有润滑、冷却、密封、清洗、防锈和防振六大功用。润滑是最主要的功用，它减小工作零件表面的摩擦阻力，减少磨损，防止滑动表面间的粘着烧结。润滑油在润滑工作表面的同时也带走了摩擦所产生的热量，在有的地方，专门通过油来冷却热负荷重的零件。润滑油的密封作用体现在活塞环与气缸壁间，油的存在减少了窜入曲轴箱的燃气。润滑油的流动带走了磨屑和杂质，油膜对减少机件表面的锈蚀和降噪也有一定作用。

目前，发动机润滑系广泛采用复合式润滑方式，即压力润滑与飞溅润滑相结合。压力润滑通过机油泵将油以一定压力输送到需润滑的零件表面，这些部位有主轴承、连杆轴承、凸轮轴轴承、摇臂轴承、摇臂衬套、正时齿轮及曲轴齿轮齿面、正时齿轮轮毂端面、曲轴止推前、后衬圈等。飞溅润滑通过轴承间隙中漏出的机油和缸壁上落下的机油被连杆大端等运动件高速激溅或者利用机油从专门设置的油孔中喷射而形成油雾。活塞、活塞环、活塞销、气缸壁、凸轮、分电器传动齿轮、汽油泵偏心轮等，通常就用这种方式进行润滑。当然，在发动机内也有个别零件用润滑脂润滑，如水泵轴承。图 2-42 所示为法国雪铁龙 TV3 发动机的润滑系统油路。机油经曲轴箱上的加油口注入发动机下部的油底壳内，与分电器传动轴 8 连在一起的机油泵 2 将机油经集滤器 1 吸入，然后通过油管进入机油滤清器 5 和 7 过滤。过滤后的机油进入气缸体内的主油道 3 中，被分成两路，一路润滑主轴承和连杆轴承，另一路经由竖油道进入配气机构的摇臂轴内，再经摇臂轴对应的支油路润滑凸轮轴轴承和凸轮。曲柄连杆机构运动时溅起的油雾则用于润滑气缸壁、活塞总成等零件。在机油泵的输出端有一个限压阀 4，当油路中油压过高时，限压阀自动打开，使机油流回油底壳，在主油道中还装有机油压力和温度传感器，并在驾驶室仪表上指示其数值以便驾驶员随时掌握润滑系的工作情况，有故障时可及时排除。有的发动机为防止机油温度过高，在机油泵出口还并联有一个机油散热器，使一部分机油经散热器散热冷却。

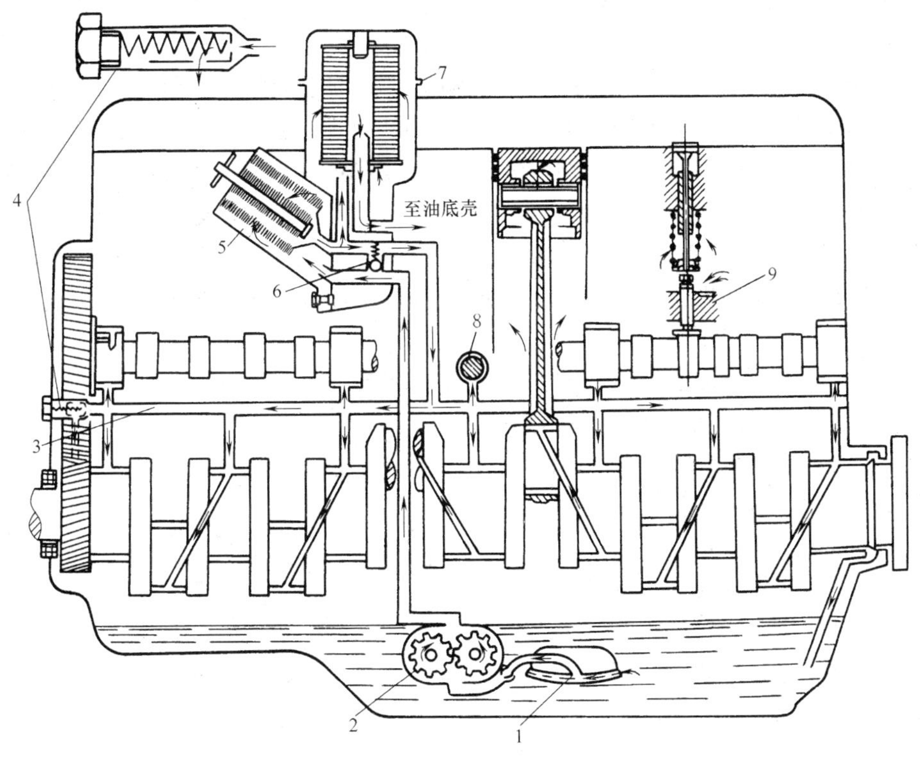

图 2-42　发动机润滑系统油路

1—浮式集滤器　2—机油泵　3—主油道　4—限压阀　5—机油粗滤器
6—旁通阀　7—机油细滤器　8—分电器传动轴　9—集油池

在发动机工作时，难免有极小部分的燃气和废气经活塞环缝隙漏入曲轴箱，泄漏到曲轴箱的汽油蒸气凝结后会使机油变稀，降低润滑油粘度，使机油性能变坏。泄漏到曲轴箱的废气则会使机油氧化、酸化、胶化，缩短了机油的更换期。此外，漏气使曲轴箱内压力增加，如不采取措施，会造成机油从油封、衬垫处加速渗出。因此，发动机曲轴箱都必须设有通风装置。图 2-43 所示是汽油机曲轴箱通风系统示意图。曲轴箱与进气管间用抽气管 1 相联。发动机工作时，曲轴箱内的气体经由抽气管吸入气缸中，而新鲜空气则经小空气滤清器 4 进入曲轴箱内。图中抽气管接到空滤器 2，若抽气管与节气门后的进气支管相连，则为防止进气管内的可燃混合气进入曲轴箱，需在抽气管管路中串联一个单向阀。

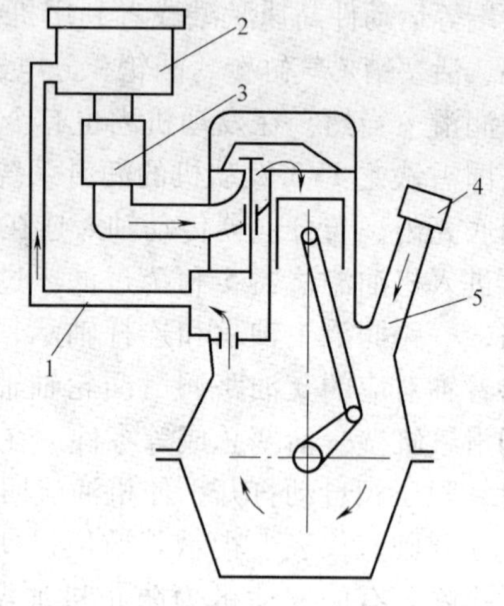

图 2-43　汽油机曲轴箱通风系统示意图

1—抽气管　2—空滤器　3—节气门体　4—小空气滤清器　5—曲轴箱

（七）起动系

为了使发动机由静止状态进入工作状态，必须设置起动系统。汽车发动机上常用的起动方法有手摇起动和电动机起动。手摇起动时，用随车工具中的摇手柄接插在曲轴前端的起动爪内，然后顺时针方向用力摇转。手摇起动仅在蓄电池电力不足时偶尔使用，电起动系统的组成可由图 2-44 说明。起动时，钥匙插入，先顺时针转到第一挡位，接通点火开关，再顺时针转到第二挡位，接通起动继电器的磁化线圈 5，此时起动继电器 3 将触点接通，起动电机便开始拖转发动机。待发动机自行着火运转后，驾驶员松手，钥匙便在弹簧作用下自动回到第一挡位，起动过程便告完成。起动有冷起动、热起动之分。发动机在其冷却水温和油温与外界环境温度相同情况下的起动称冷起动；当汽车行驶一段时间、发动机已走热，暂时停机后又重新起动则称热起动。冷起动又分一般冷起动和低温冷起动，若在水温、油温为 -5 ~ -10℃以下起动就是低温冷起动，这时起动阻力大，混合气燃烧困难，是发动机起动最恶劣的环境，起动系统要保证在这样的条件下顺利起动。柴油机低温起动尤其困难，常采用改善起动性能的辅助起动装置，如电热塞、进气预热器、起动液喷射装置、起动减压装置等。

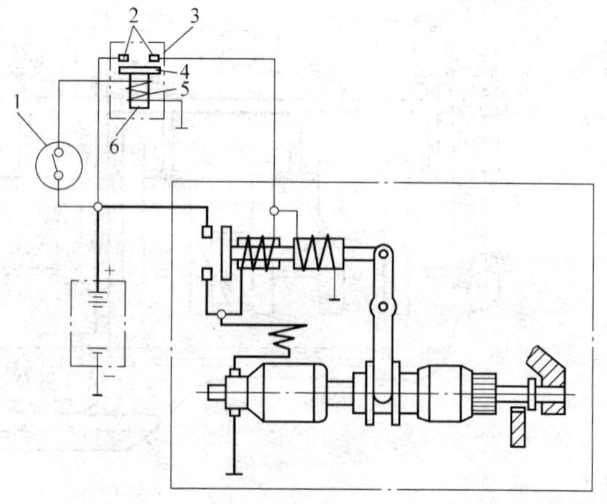

图 2-44　常见的车用发动机电起动系统

1—起动开关（带有钥匙及点火开关）　2—触点　3—起动继电器　4—接触盘　5—磁化线圈　6—铁芯

（八）电动动力

电动动力装置通过电动机获得驱动力。在电动动力中，被转换成机械能的是电能，而该电能的获取可以是多种多样的。对于不依靠架线运行的汽车来说，车用电动动力中电能的获取主要有二种方式：一是通过车载发电装置获取，二是通过电能储存装置获取。可以作为车载发电装置的，有内燃发电机组、燃料电池和太阳能电池等。其中燃料电池是将燃料的化学能直接转换成电能的能量转换装置，它具有很高的能量转换效率。目前以氢为燃料的质子交换膜燃料电池系统的综合能量转换效率超过 60%，且其排放物为水，既无温室效应气体 CO_2，又无其他污染物。太阳能电池是将太阳的光辐射能通过光电转换直接产生电能的能量转换装置，目前的技术水平所获得的最高光电转换效率为18%～20%。车用太阳能电池系统的功率受限于太阳辐射常数（地球大气外层与太阳射线相垂直的方向上单位时间单位面积所接受的太阳辐射能平均为 1.4kW/m^2）和可安放的电池板面积，所以在一般情况下，只可作为辅助电源在汽车上应用。电能储存装置种类很多，有物理的和化学的，作为车用的电能储存装置，要综合比较其比能量、比功率、充放电循环寿命、环保和安全性等技术指标以及价格。铅酸电池、镍－金属氢化物电池、锂离子电池和超级电容器是被看好的几种储能装置，前二种目前应用较多，后二种有更好的应用前景。

图 2-45 给出了电动动力的主要构成，即电源—电机—控制器—传动。值得注意的是，对于电动动力来说，其能量传输可双向实现。驱动时，能量从电源到电机变成机械能，经传动到车轮，制动时，能量可从车轮传动到电机，电机以发电机状态运行将制动能变为电能，储存到电源中。无论是驱动模式还是制动模式，电源和电机的运行都需要接受控制器的监控，而控制器则根据驾驶员的操作和相关的运行状态信号发出指令。

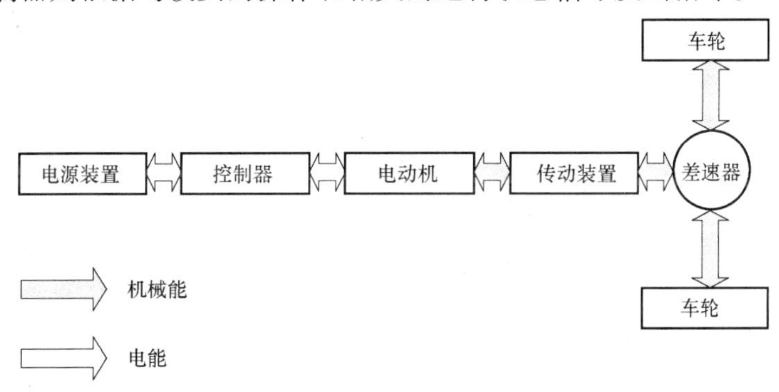

图 2-45　电动动力的主要构成

图 2-46 所示是带有电动动力的各种配置方式，它们可以构成纯电动动力、串联混合动力、并联混合动力、混联混合动力、燃料电池电动动力、太阳能电池电动动力等。与内燃动力相比，电动机的工作区域更符合汽车运行特性的要求，它能提供高的低速转矩和大的功率转速范围。因此，靠电机驱动车轮的纯电动汽车、串联混合动力汽车、燃料电池电动汽车可以不装变速器，只有减速器即可。现有技术，可使电机的比功率达到或超过 1kW/kg，并在其工作区有较大范围的高效率区。在各种类型的驱动电机中，永磁同步电机的效率最高，可达 95%～97%，交流感应电机的可靠性高，比功率高，它们是电动动力中应用最广泛的两类电机。

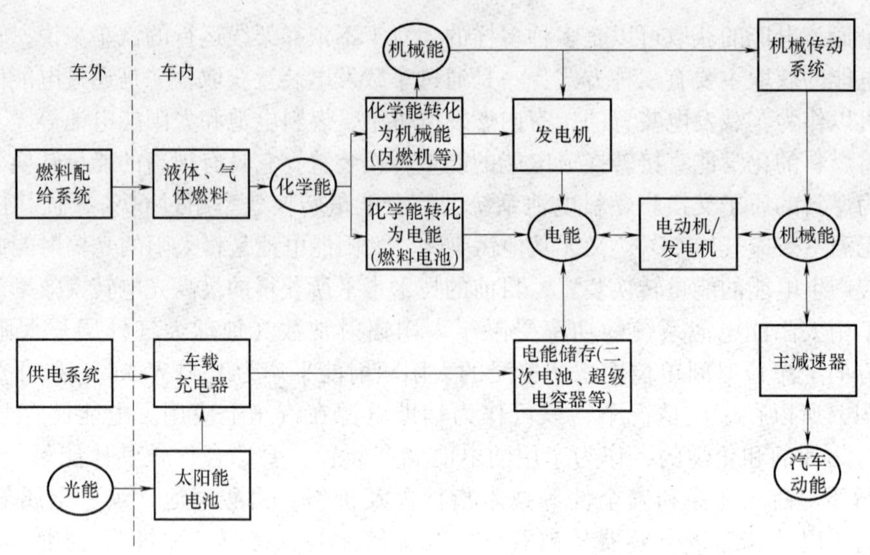

图 2-46　带有电动动力的各种配置方式

在电动汽车中，电机的结构布置有异轴布置的电动驱动桥、同轴布置的电动驱动桥、轮边电机方案和电动轮方案等。图 2-47 所示是异轴布置的电动驱动桥结构示意，图 2-48 则是一个电动轮结构方案。

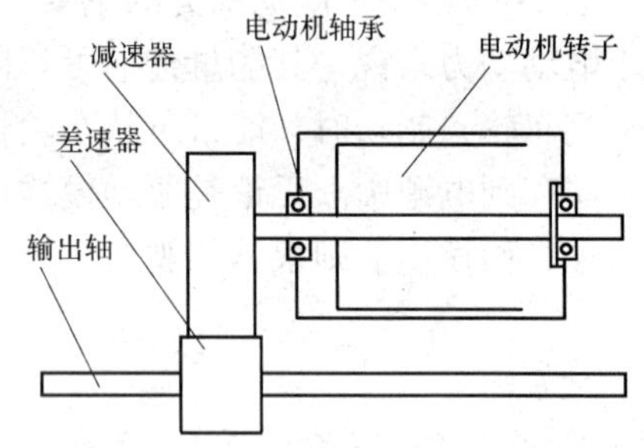

图 2-47　异轴布置的电动驱动桥

二、底盘

（一）传动系

传动系的作用是将发动机动力传给驱动轮，并与发动机配合，保证汽车在不同条件下能正常行驶。为此，传动系应具有减速增矩、变速、使汽车倒驶、中断动力传递、使两侧驱动轮差速旋转等功能。传动系与发动机的匹配还应使汽车在常用工况下有良好的动力性、燃料经济性和尽可能低的排气污染。

传动系的组成和布置形式，取决于发动机的形式和性能、汽车的总体结构形式、汽车行驶系和对传动系本身的要求等诸多因素。图 2-21 所示表示了轿车动力传动布置的三种常见形式：发动机前置，后轮驱动（前置—后驱动）（见图 2-21a）；发动机后置，后轮驱动（后置—后驱动）（见图 2-21b）；发动机前置，前轮驱动（前置—前驱动）（见图 2-21c）。前置—后驱动是传统布置方式，至今仍广泛用于中、高级轿车，其优点是轴荷分配较均匀，有利于提高操纵稳定性、行驶平顺性和延长轮胎寿命，缺点是要布置长的传动轴，汽车自重较大，地板中部有凸起的传动轴通道，因而也不利于降低地板高度。后置—后驱动和前置—前驱动都省去了长的传动轴，汽车自重减轻，制造成本降低，地板平坦，轴距较短。但后置—后驱动带来的缺点也不少，如发动机后置使操纵机构复杂，发动机冷却条件变差，前轮附着重量过小，高速时易产生转向不稳，这

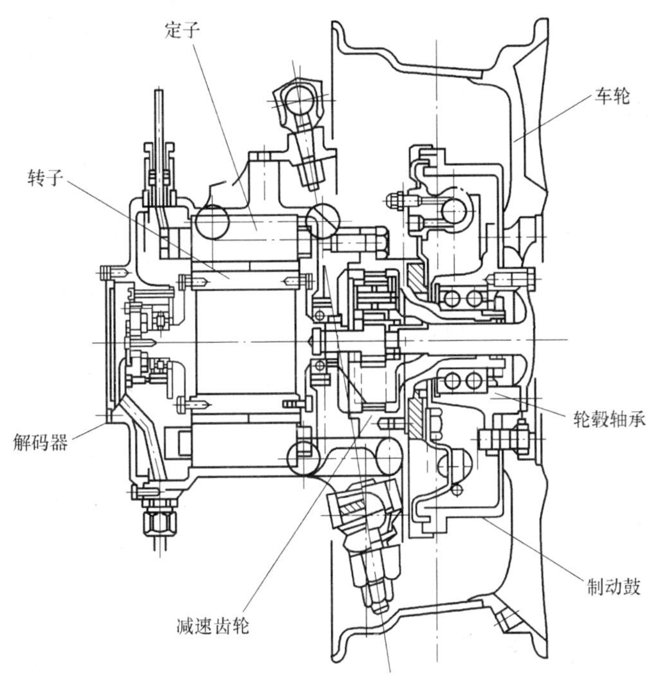

图 2-48　电动轮结构

些问题对于前置—前驱动布置是不存在的。相反，由于前轴轴荷较大，汽车转向稳定性好，不易侧滑，故现在越来越多的轿车（不仅是微型和经济型轿车）采用前置—前驱动结构形式。这种形式的主要缺点是上坡时前轮附着重量减少，故在滑的坡道上驱动轮易打滑。前轮既驱动又转向时需采用成本较高的等速万向节，轮胎的使用寿命较短。前置—前驱动的布置方案中，发动机横置最有利于使汽车微型化，当然这时所用的发动机应是长度较短的小排量发动机。

普通汽车的传动系主要由离合器 1、变速器 2、万向传动装置 3、主减速器 4、差速器 5 等组成。多轴驱动的越野汽车上还装有分动器（见图 2-49 和图 2-50）。

1. 离合器

离合器装在发动机与变速器之间，驾驶员根据需要，通过离合器踏板操作离合器，使发动机与变速器暂时分离和逐渐接合，以切断或传递发动机输往变速器的动力。在汽车发动、起步、换挡、制动及停车时，都少不了离合器的分离与接合。离合器需实现汽车的平稳起步；需保证汽车换挡时切断动力，减小齿轮冲击；需有足够的容量保证传递最大转矩，并通过打滑保护传动系不致过载。为了达到上述目的，广泛采用结构简单、维护方便的摩擦式离合器。摩擦式离合器有干式和湿式两种，湿式是将摩擦片浸在油中工作，干式是摩擦片在干燥状态下工作。通常，湿式离合器采用多片形式而成为行星自动变速器的组合元件，轿车常用的单片离合器都是干式离合器。单片摩擦式离合器有采用膜片弹簧和螺旋弹簧两种形式（见图 2-51 和图 2-52），其工作原理都是相同的，它们均由主动部分、

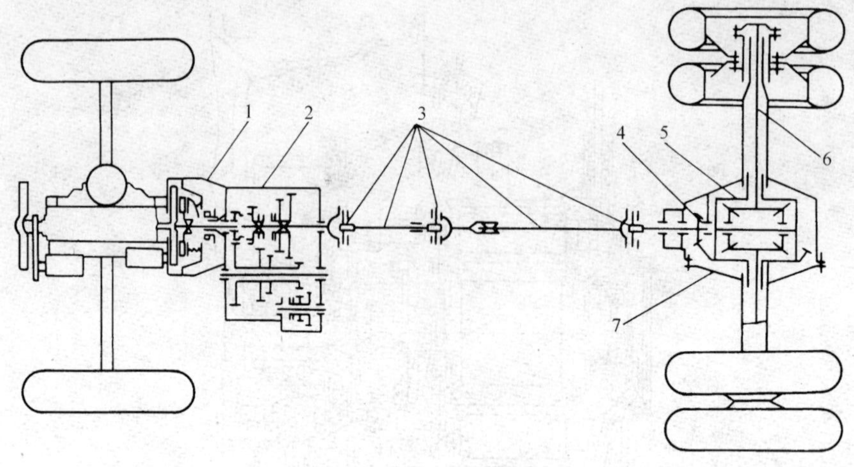

图 2-49　普通汽车传动系示意图

1—离合器　2—变速器　3—万向传动装置　4—主减速器　5—差速器　6—半轴　7—驱动轴

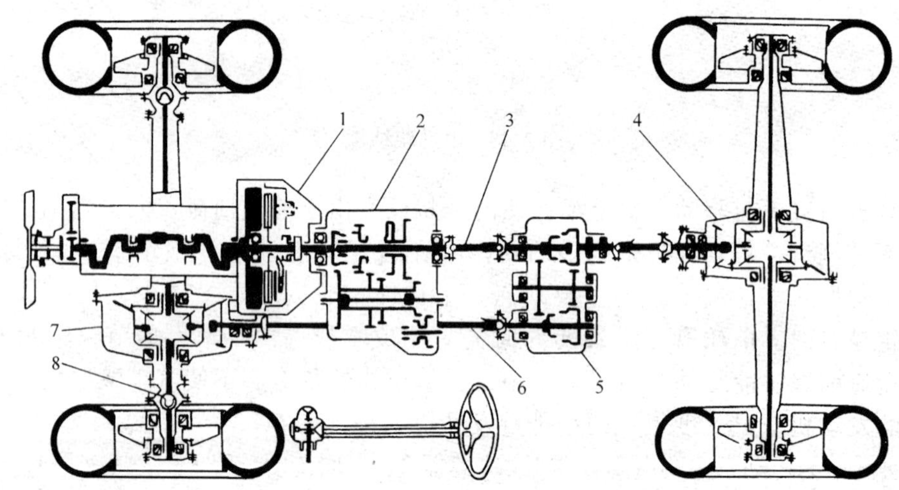

图 2-50　越野汽车（4×4）传动系示意图

1—离合器　2—变速器　3—传动轴　4—后驱动桥　5—分动器　6—传动轴　7—前驱动桥　8—等速万向节

从动部分、压紧机构和操纵机构四部分构成。主动部分是由曲轴带动的飞轮、压盘和离合器盖。带有摩擦片的从动盘是从动件，它通过花键与变速器主动轴相联。压紧机构靠弹性件实现，在螺旋弹簧式离合器中，紧靠在离合器盖端面上的螺旋弹簧通过压板将从动片紧紧地压在飞轮上，由飞轮、压盘带动从动件一起转动；在膜片弹簧式离合器中，顶在分离轴承端面的膜片弹簧在接合状态下将压板压向从动片。操纵机构一般由分离轴承、分离叉和分离爪组成，但在膜片弹簧式离合器中，膜片弹簧兼起压紧弹簧和分离爪的作用。膜片弹簧式离合器有许多优于螺旋弹簧式离合器的特点，如结构简单、压力分布均匀、分离省力、压紧力不受离心力影响而更适合高速时使用等。

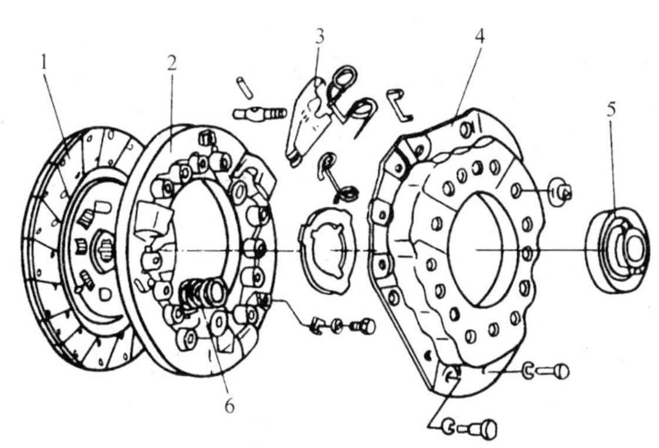

图 2-51　螺旋弹簧式离合器

1—离合器从动盘　2—压盘　3—分离杆　4—离合器盖　5—分离轴承　6—离合器压紧弹簧

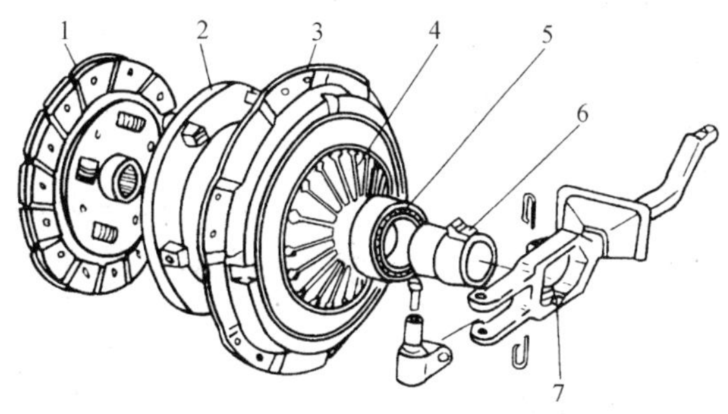

图 2-52　膜片弹簧式离合器

1—离合器从动盘　2—压盘　3—离合器盖　4—膜片弹簧　5—分离轴承　6—轴承套筒　7—分离叉

离合器的操纵由驾驶室内的离合器踏板控制，操纵可以是机械式的，也可以是液压式的。离合器踏板上的踏力和行程，对轿车一般取 80～150N 和 50～80mm。

为了减轻驾驶员负担，可以采用各种自动离合器。自动离合器是由离合器本体以及用电力、油压、真空吸力等方法控制离合器的控制装置所组成。

在汽车传动系中，也常用液力偶合器作为起动离合器、自动变速器的主离合器、高级行星齿轮变速器变速用的离合器。图 2-53 所示为液力耦合器简图。它由泵轮 3 与涡轮 2 所组成，泵轮与涡轮之间无刚性联系，用液体作为传动介质，它允许存在转速差而使输入轴 1 和输出轴 4 的转矩相等，从而保证汽车平稳起步和加速。与机械式离合器相比，液力偶合器具有吸热能力强、动作柔和平顺、能衰减振动等优点，但存在增加了能量损耗和仍需采用变速用离合器的缺点。

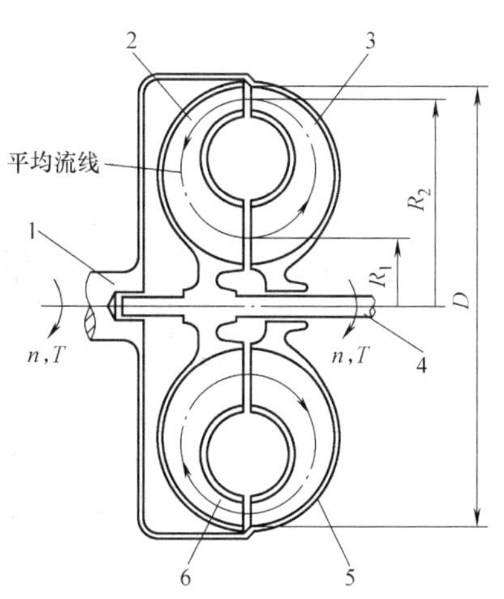

图 2-53　液力耦合器简图

1—输入轴　2—涡轮　3—泵轮

4—输出轴　5—壳体　6—内环

2. 变速器

汽车在行驶中需要满足变化的动力特性要求，这个特性要求可用图 2-54 说明。图中横坐标是车速，在确定了最高车速 V_{max} 以后，驾驶员应能在此范围内自由选择车速；纵坐标是牵引力和功率，当牵引力一定时，功率与车速成正比，而最大牵引力受车轮与地面的附着力制约，因此有一个受附着力制约的界限线。此外，每个动力装置总有一个最大驱动功率 P_{max}，也成为一条界限线，上述界限线所限定的区域（图中用阴影线表示）即为汽车希望动力装置所提供的理想特性场。然而，目前广泛应用的内燃机动力装置所提供的特性场与在较宽转速范围内全负荷功率应保持常值的要求相反，其转矩接近常值，而功率在低转速时急剧下降，因此如果没有变速装置（也即变转矩装置），内燃机只能覆盖图 2-54 中所需的特性场的一部分（见图 2-55 中的实线）。增加发动机转速对车轮转速的减速比，发动机特性曲线相对于汽车所需特性场左移。例如通过一个四速变速器，可以获得图2-55 所示的实际可用特性场（用阴影线画出）。变速器除用于满足上述动力性能的要求外，也有利于内燃机在功率较高而油耗较低的经济工况下工作。另外，变速器还具有通过空挡中断动力传递和通过倒挡使汽车倒向行驶的功能。

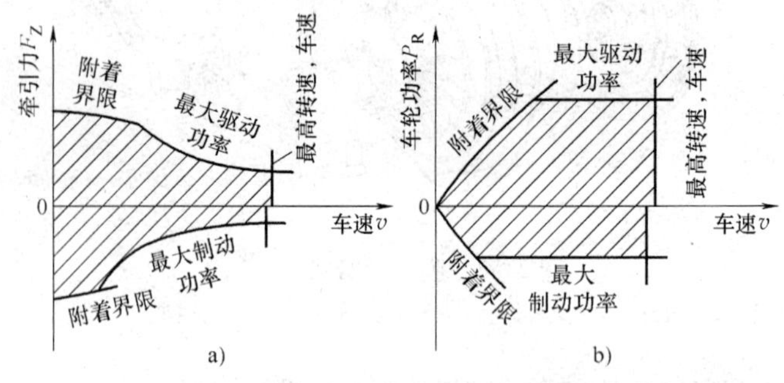

图 2-54　汽车的理想驱动特性场

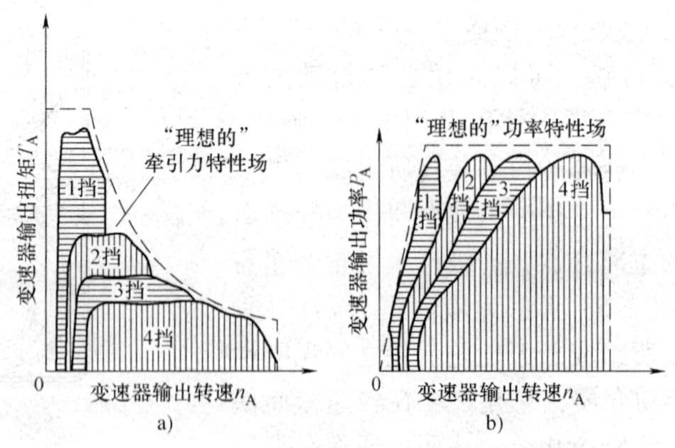

图 2-55　通过传动系所获得的实际可用特性场

按传动比的变化方式划分，汽车用变速器可分为有级式、无级式和综合式三类。中、轻型汽车多采用齿轮式有级变速器，它由变速传动机构和操纵机构组成，一般有 3 ~ 5 个前进挡和一个倒挡。小轿车和重型汽车常采用动液传动式无级变速器。后者往往是液力变矩器与机械有级变速器（通常是行星齿轮机构）的组合，常称液力-机械变速器，是一种综合式变速器。按操纵方式不同，汽车变速器还可分为手动操纵式、半自动操纵式和自动操纵式变速器。以往的汽车都有踏板控制的离合器和手动变速杆，但不断的重复操作使人容易疲乏。在半自动操纵变速器中，驾驶员仅需选择适当的挡位，离合器的操作是自动的。至于全自动变速器，挡位的选择和换挡全由控制机构自动操作，控制机构依照车速以及驾驶员如何踩油门踏板而做出反应。带有自动变速器的汽车没有离合器踏板，代替变速杆的是一个控制手柄，它只供空挡、停车、前进和倒车控制用。

图 2-56 所示是一个典型的五挡齿轮变速器。它共有四根轴，第一轴的前端在靠离合器处与发动机曲轴相连；第二轴是输出轴，其后端一般与万向传动装置相连；另两根轴是中间轴和倒挡轴。变速器中第一轴、中间轴和倒挡轴上的齿轮通常都与轴固定，第二轴上则装有一些滑动的齿轮或啮合套（为使换挡平顺，常采用所谓的同步啮合装置），通过它们进行换挡。

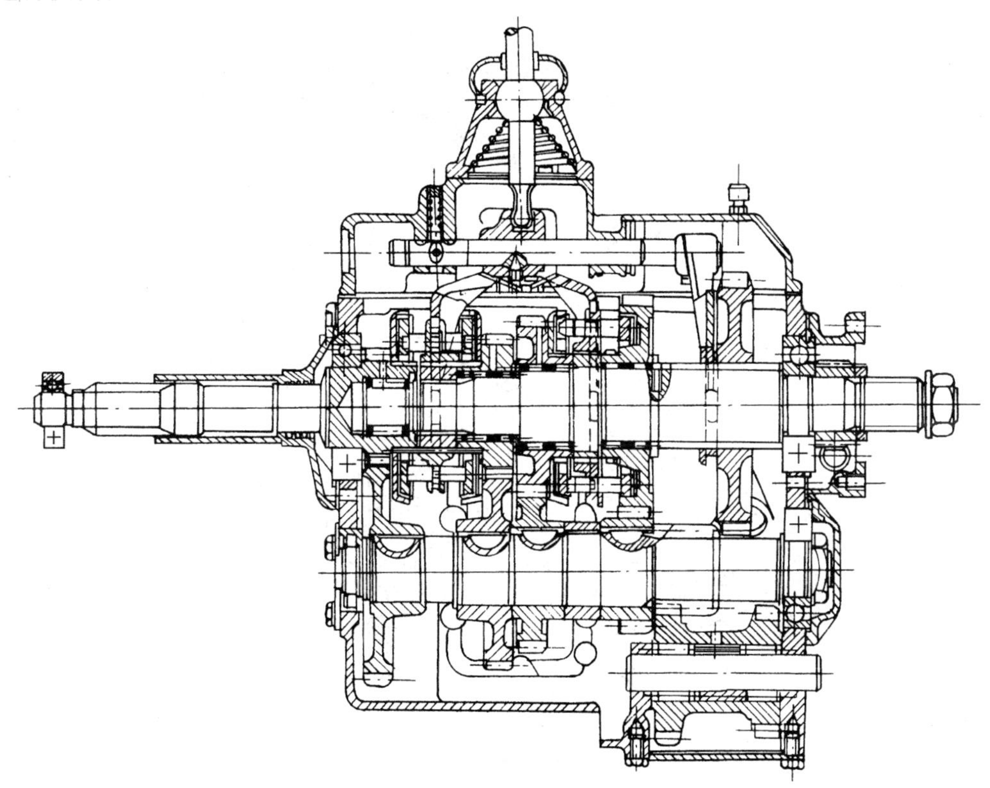

图 2-56　五挡齿轮变速器

图 2-57 所示是一种液力-机械自动变速器，即通常说的 AT。近年来，金属带式无级变速器（CVT）和双离合器机械电控变速器（DCT）在轿车上有扩大应用的趋势，它们在价格上与 AT 相近或更低，却具有 10%～15% 的节能优势。图 2-58 所示是 CVT 的典型结构，图 2-59 所示是一种 DCT 的示意。

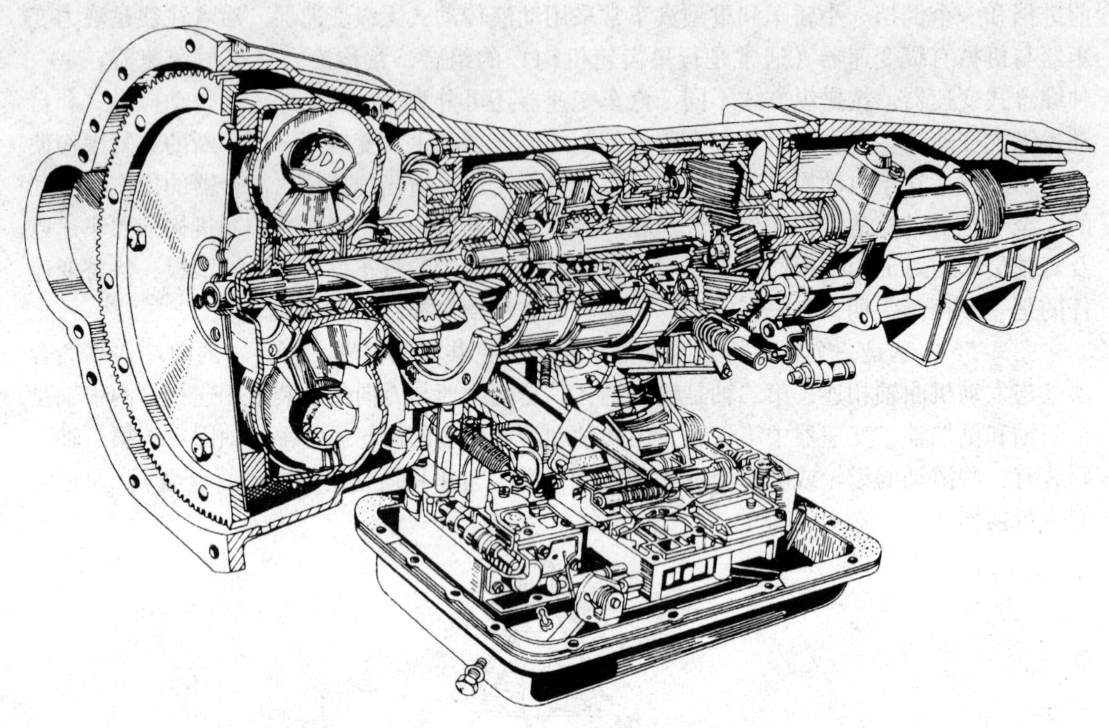

图 2-57　液力－机械自动变速器

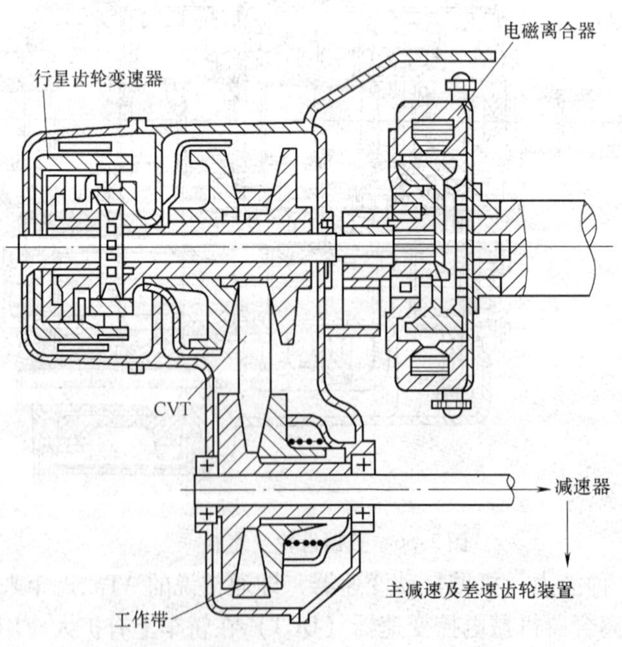

图 2-58　金属带式无级变速器的典型结构

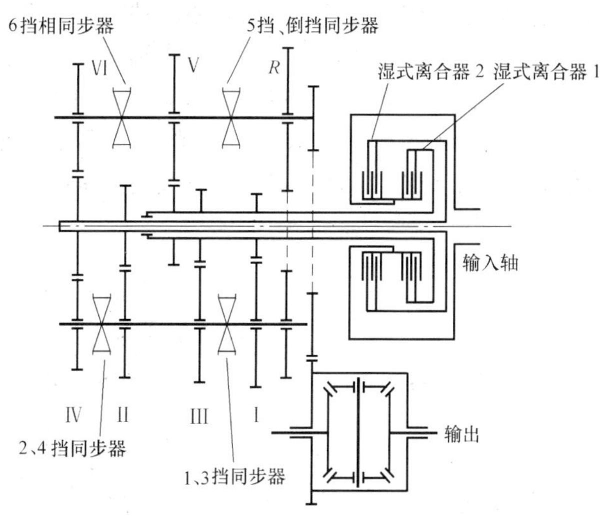

图 2-59　双离合器机械电控变速器结构示意

3. 万向传动装置

万向传动装置通常由万向节和传动轴组成，有时还包括中间支承。图 2-60 所示是几种万向传动装置的结构。传动轴前端与变速器输出轴相连，后端则与驱动桥内的主减速器的主动锥齿轮相连。当汽车在不平路面上行驶时，驱动桥随弹簧上下跳动，传动轴为了与此相适应，不仅要能改变其与输入、输出轴间的夹角，而且能改变其长度。夹角的改变靠两端的十字轴万向节实现，长度的改变则靠传动轴前十字轴万向节前端做成滑动花键或者在传动轴中间装设滑动联轴节实现。

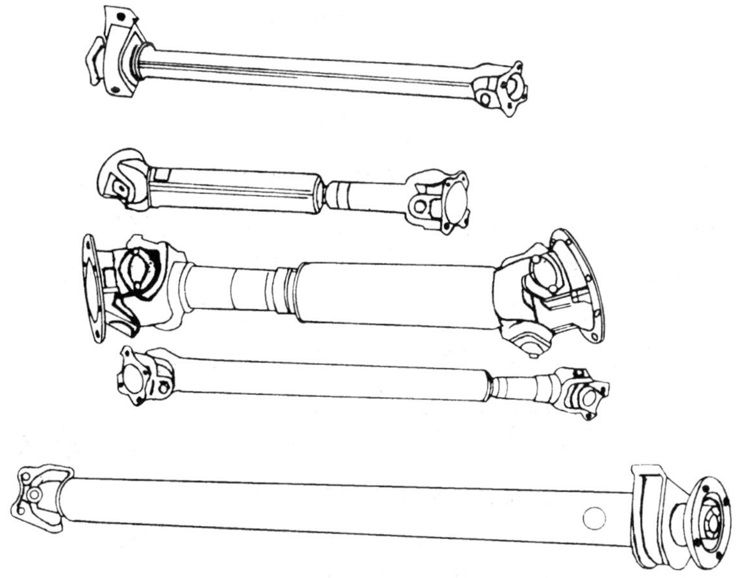

图 2-60　万向传动装置的结构

对于那些前置发动机前轮驱动或后置发动机后轮驱动的汽车，发动机输出的动力经离合器、变速器后可直接通过半轴传给驱动轮，为此，在半轴上装置万向节，以利于弹簧及转向机构发生作用，并也要有花键与驱动桥连接，以适应行驶中所产生的长度变化。由于当驱动桥又是转向桥时，转向轮的偏摆角过大会引起普通十字轴万向节转动角度过大波动，后者会引起汽车的振动，因此这种情况下必须采用等速万向节，如图 2-61 所示的球笼式等速万向节。

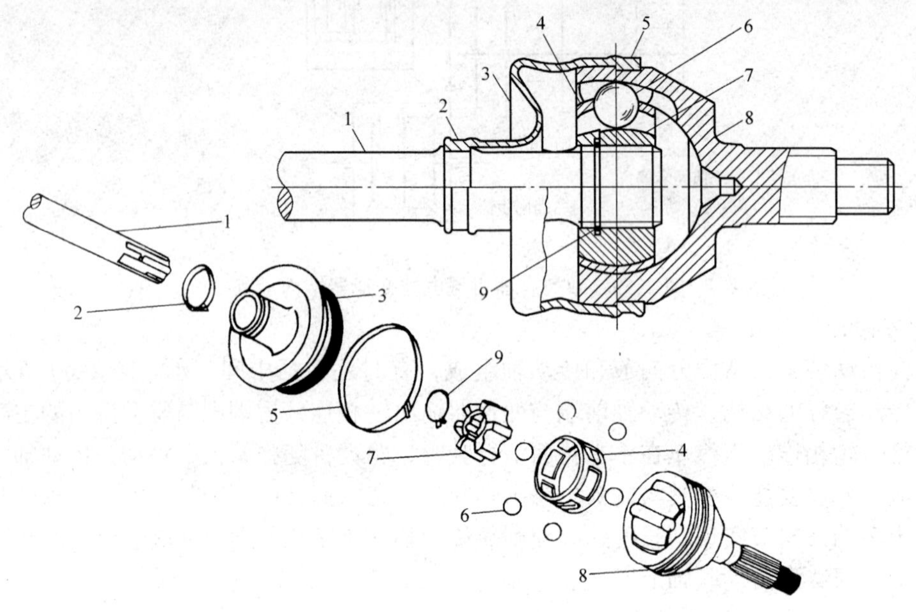

图 2-61　球笼式等速万向节

1—主动轴　2、5—钢带箍　3—外罩　4—保持架（球笼）　6—钢球

7—星形套（内滚道）　8—球形壳（外滚道）　9—卡环

4. 驱动桥

主减速器、差速器、半轴和驱动桥壳组成了驱动桥。驱动桥的主要功用有：降低转速、增大转矩以适应行车需要；允许两侧车轮在汽车转弯或行驶在不平路面时有不同的转速，即起差速作用；在发动机纵置时，把动力传动改变 90°角以驱动车轮。图 2-62 给出了驱动桥的一般构造。驱动桥中有一对锥齿轮构成了主减速器，其中小锥齿轮是与传动轴相连的主动齿轮，大锥齿轮为从动齿轮，它与差速器保持架结合在一起。这一对锥齿轮传动一方面实现减速增矩，一方面改变动力的传输方向。

差速器的工作原理说明如图 2-63 所示。汽车走直线时，行星齿轮自身不转动，只随行星齿轮轴、差速器保持架、大锥齿轮绕半轴轴线公转，两个半轴齿轮就由行星齿轮带动以同样的转速旋转。当汽车转弯时，行星齿轮不仅如前述同样地绕半轴轴线公转，而且还通过绕行星齿轮轴的自转，使两根半轴有不同的转速。

对于普通差速器，由于行星齿轮的作用，两根半轴传递着相同的转矩。如果某一侧半轴的阻力消失（如一侧车轮陷于淤泥中），另一侧半轴也无法传递转矩，车辆便无法开动。为了改善这一缺陷，有各种差速自锁装置，保证在一轮打滑情况下，另一轮可实现单轮驱动。驱动桥还有其他各种形式，这里不一一赘述。

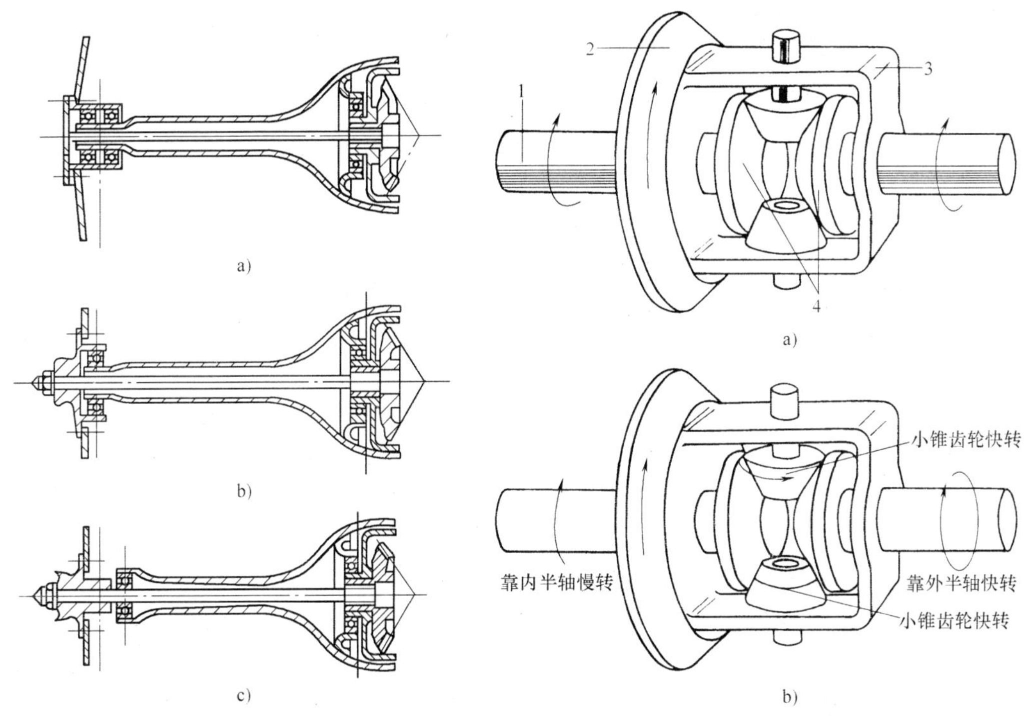

图 2-62　驱动桥的一般构造
a）全浮式　b）3/4 浮式　c）半浮式

图 2-63　差速器的工作原理图
a）汽车直行　b）汽车转弯
1—半轴　2—大锥齿轮　3—差速器保持架　4—半轴齿轮

（二）行驶系

汽车的行驶系由车架、悬架、车轴和车轮组成。车架对汽车并不一定是必需的，只有在非承载式车身结构情况下需用车架连接并支承车身、发动机和传动系、悬架等零件，承受和传递底盘零件传来的外力，还提供撞车时所需的强度和吸收冲击能量的能力。对于承载式车身结构来说，它没有车架，车身承担整车结构的主要强度，车身的底板部分起着车架的作用。承载式结构的优点是整车重量轻、刚度大、高度降低、室内空间大，但具有制造变型车困难、换型代价大、撞坏难以处理、振动噪声易传到室内等缺点，因此它仅适用于小型轿车。

车架有多种类型，如：箱形车架（见图 2-64a）、X 形车架（见图 2-64b）、边梁型车架（见图 2-64c）脊柱梁式车架（见图 2-64d）、平台式车架（见图 2-64e）、短车架（见图 2-64f）、副车架（见图 2-64g）梯子形车架（见图 2-64h）等各种类型。图 2-64a ~ 图 2-64g 通常用于轿车，图 2-64h 则用于货车。

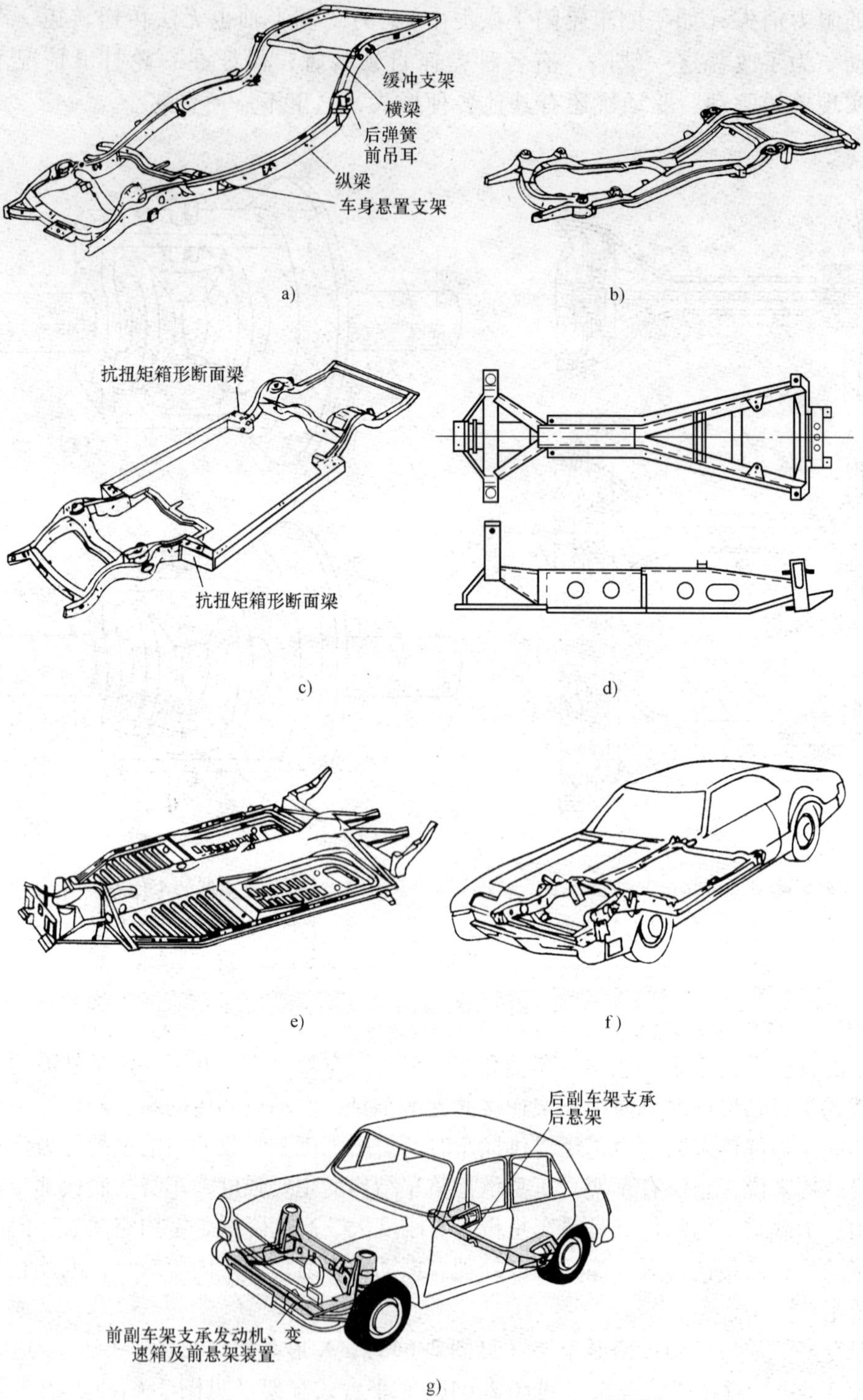

缓冲支架
横梁
后弹簧
前吊耳
纵梁
车身悬置支架

a)

b)

抗扭矩箱形断面梁
抗扭矩箱形断面梁

c)

d)

e)

f)

后副车架支承
后悬架
前副车架支承发动机、变
速箱及前悬架装置

g)

图 2-64　各种车架类型

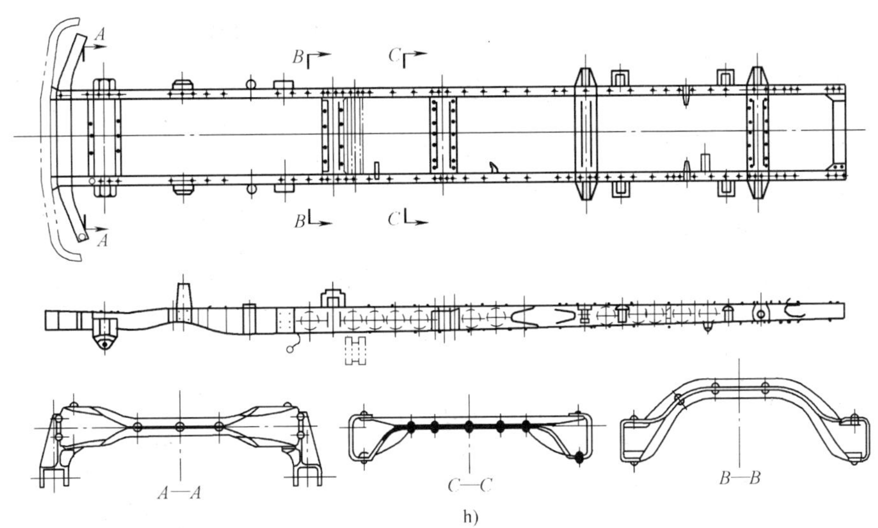

图2-64 各种车架类型（续）

悬架是车架（或承载式车身）与车桥（或车轮）之间一切传力连接装置的总称。现代汽车尽管有不同结构形式的悬架，但一般都是由弹性元件、减振器和导向装置三部分组成，它们分别起缓冲、减振和导向作用，同时又都起传力作用。悬架只要具备上述各种功能，在结构上并不是非设置上述三套单独的装置不可。例如，常见的钢板弹簧除起弹性元件的缓冲作用外，多片重叠时又可借片间摩擦起减振作用，同时也可担负起传递各种力和力矩的作用，故可不装减振器和其他导向机构。

悬架按导向装置形式可分为非独立悬架、独立悬架（见图2-65）和相关悬架（亦称平衡式悬架，如图2-66所示）。非独立悬架的特点是由一根整体式车桥连接两侧的车轮，车轮与车桥一起通过弹性悬架与车架（或车身）相连。独立悬架每一侧车轮单独地通过弹性悬架与车架（或车身）相连。采用独立悬架时，车桥显然是断开的。非独立悬架由于结构简单、成本低、强度高而广泛用于货车和大客车。独立悬架由于提高了汽车的舒适性，并有利于降低汽车重心而在轿车上用得相当普遍。也有一些车前轮采用独立悬架，后轮采用非独立悬架。独立悬架的结构类型很多，按车轮的振摆形式可分为横摆臂式、纵摆臂式、沿主销移动等几种形式。在图2-67中，a)、b)、c）是双横摆臂式悬架，e）是单横摆臂式悬架，d）是单或双纵臂式悬架，f）是沿主销移动的滑柱连杆式悬架，也称为麦弗逊式悬架，g）则是一种单斜臂式悬架。

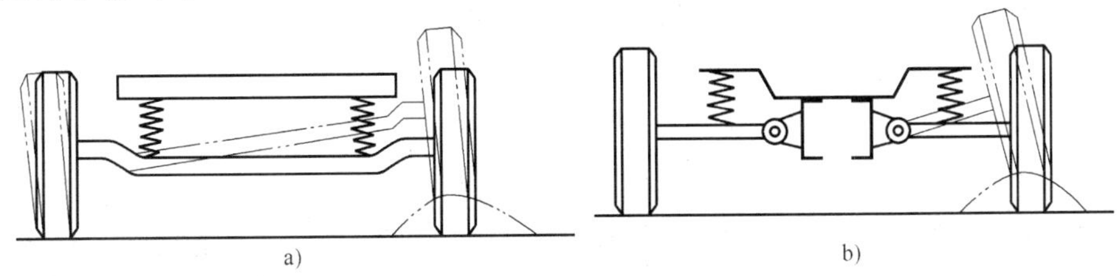

图2-65 非独立悬架和独立悬架

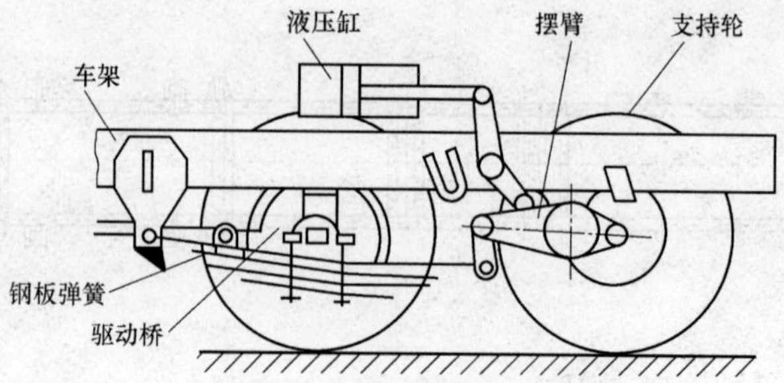

液压缸
摆臂
支持轮
车架
钢板弹簧
驱动桥

图 2-66　平衡式悬架

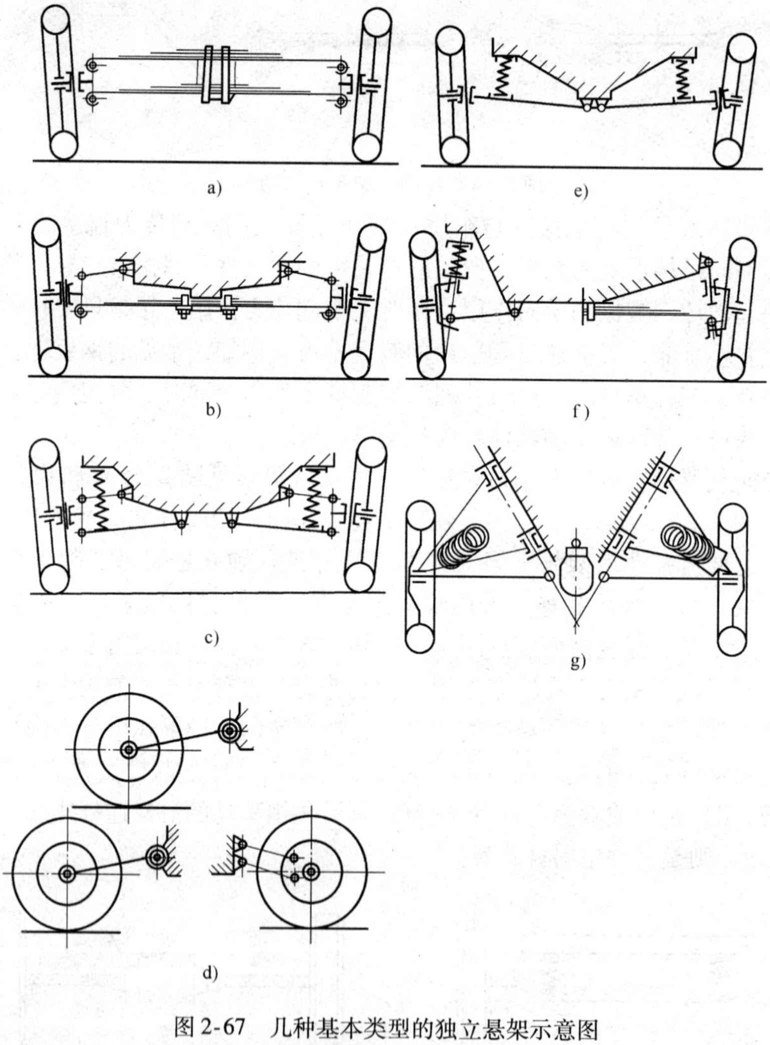

a)
e)
b)
f)
c)
g)
d)

图 2-67　几种基本类型的独立悬架示意图

平衡式悬架是以平衡臂连接相邻两根轴的一种悬架形式，常用钢板弹簧作为弹性元件。按其布置形式，有单簧单支点或单簧双支点式，也有双簧三支点式。前者多用于载货汽车和越野汽车的双后轴上，后者多用于挂车的相邻轴上。

悬架中的弹性元件有钢板弹簧、螺旋弹簧、扭杆弹簧、气体弹簧、橡胶弹簧等，其中前两种应用最多。油气弹簧和空气弹簧由于能满足较高的舒适性要求，并易于进行车身高度调节，其应用范围正不断扩大。汽车上的减振器通常是双向作用筒式减振器（见图2-68），即在伸张和压缩行程中都能起阻尼作用。阻尼大则消除振动快，但却使与之并联的弹簧的作用不能充分发挥，同时过大的阻尼力还可能导致减振器连接零件及车架的损坏。因此，通常要求减振器在压缩行程内给出较小的阻尼，以便充分利用弹性元件的弹性缓和冲击；在伸张行程内给出较大的阻尼，以求迅速衰减振动；当车桥（或车轮）与车架（或车身）的相对速度过大时，减振器应能自动加大液流通道截面积，使阻尼力始终保持在一定限度内，以免承受过大的冲击载荷。

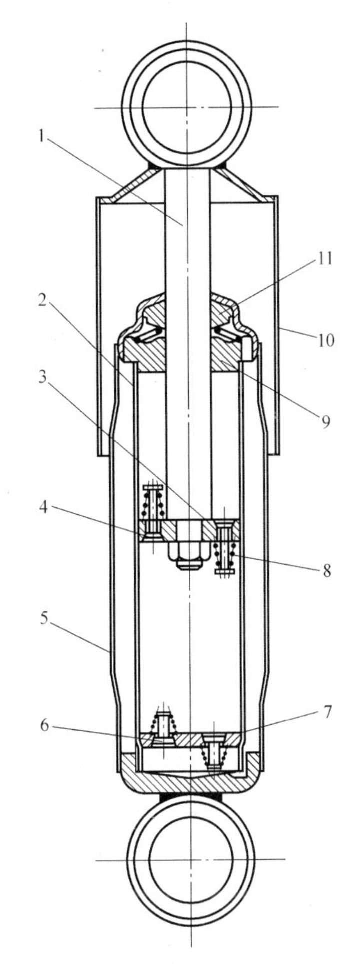

图 2-68 双向作用筒式减振器示意图

1—活塞杆 2—工作缸筒 3—活塞 4—伸张阀 5—储油缸筒 6—压缩阀 7—补偿阀 8—流通阀 9—导向座 10—防尘罩 11—油封

通常，上述悬架中弹性元件的弹簧刚度和减振器的阻尼系数在汽车行驶过程中是不能人为地改变的，因而称为被动悬架。被动悬架并不是理想的汽车悬架，因为它不能使悬架在不同的使用条件下有不同的弹簧刚度和减振器阻尼，以便既满足平顺性的要求，又满足操纵稳定性的要求。它只能通过折衷，来适应大部分行驶工况的要求。被动悬架由于成本低，可靠性高，目前仍是汽车悬架的主流结构。然而，随着电子技术和现代控制技术的发展，为从根本上解决平顺性和操纵稳定性之间相矛盾的要求，主动悬架和半主动悬架成为新的发展方向。主动悬架的组成如图 2-69 所示，它采用电液执行机构取代被动悬架的弹簧和减振器，它的刚度和阻尼系数可以随道路条件的变化和行驶需要而自动地改变，能够实现对每个车轮的单独控制。但是主动悬架除了需要复杂的传感器和电控设备、高精度电液伺服器装置外，还需要较大的外部动力来驱动，导致能耗高、成本高、可靠性低，使其市场推进不容乐观。与有源的主动悬架不同，半主动悬架是一种无源主动悬架，它不考虑改变悬架的刚度，而只考虑改变悬架的阻尼。半主动悬架其性能接近于主动悬架，又能在工作时几乎不消耗车辆的动力，结构又较简单，成本低，故有较大的应用前景。

车桥通过悬架与车架相连，车桥的两端安装车轮。根据车桥上车轮的作用，车桥可分为驱动桥、转向桥、转向驱动桥和支持桥。一般汽车的前桥多为转向桥，后桥多为驱动桥。越野汽车的前桥为转向驱动桥。支持桥主要用于挂车上。

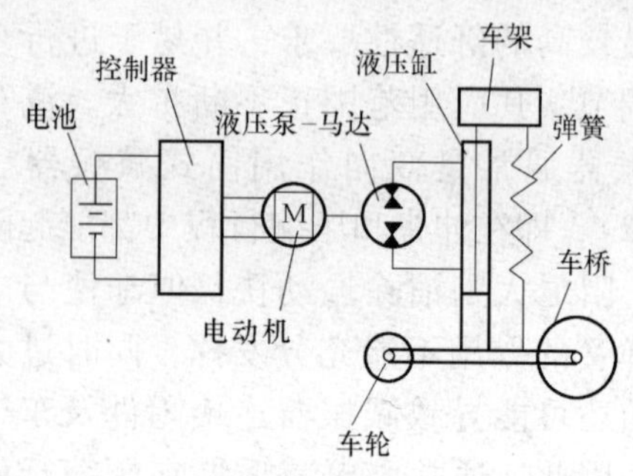

图 2-69 主动悬架示意

汽车的车轮由轮毂、轮辋以及这两部分的连接件所组成。车轮要求坚固、轻便和平衡。现代汽车所使用的车轮，主要可分为三种：压制钢盘车轮、钢丝辐条车轮和轻合金铸造车轮（见图 2-70)，其中压制钢盘车轮易于大量生产、成本较低、刚度适中、轻便坚固而应用最广泛；后两种车轮成本较高，多为跑车和赛车采用。车轮安装一般都由四个或五个螺栓固定在轮毂凸缘上，由于车轮是高速旋转件，需要定位，因此螺栓往往制成锥形，使车轮定位。载货汽车为防止行驶时螺母自行松脱，左轮轮盘固定螺栓用左旋螺纹，右边的则用右旋螺纹。汽车轮胎安装在轮辋上，直接与路面接触。轮胎的种类繁多，可按其用途、结构、材料、胎面花纹以及充气压力等区分。轮胎承受着汽车的重力，因此必须有承受载荷的能力。由于轮胎有一定的弹性，与汽车悬架共同来缓和汽车行驶时所受的冲击力，以保证汽车有良好的乘坐舒适性和行驶平顺性。轮胎又要传递地面的驱动力、制动力，因此必须与地面有良好的附着性能，这通常靠各种花纹来增强。汽车的充气轮胎按胎体中帘线排列方向不同，可分普通斜交线胎、带束斜交胎和子午线胎。子午线胎与普通斜交线胎相比弹性大、耐磨性好、滚动阻力小、附着性能和缓冲性都好，且承载能力大、不易刺穿，因而在轿车上获得广泛应用。当然它也有侧面变形大、胎侧易裂口、制造技术和成本高等缺点。在轿车上也有应用无内胎轮胎的，这种轮胎由于消除了内、外胎间的摩擦，工作温度低，适于高速行驶，而且它结构简单、质量较小。从图 2-71 可看出普通结构与子午线轮胎以及无内胎轮胎的差别。按照轮胎的花纹可分普通花纹、越野花纹和混合花纹轮胎（见图 2-72）。作为特例的是公路赛车，为了提高车速采用没有花纹的轮胎，此种轮胎用较软的橡胶制造，但必须在条件好及平滑、干燥的特殊路面上行驶。按照轮胎内胎中气压大小分有高压轮胎（充气压力 0.5 ~ 0.7MPa)、低压轮胎（充气压力0.2 ~ 0.5MPa）和超低压轮胎（充气压力 <0.2MPa)。普通车辆的轮胎多为低压轮胎，载货车随载重量的增加，轮胎压力提高。超低压轮胎主要用于坏路或无路条件下行驶。有的机动性要求很高的越野车装有自动充、放气系统，可根据路面条件调节轮胎气压。

（三）转向系

汽车行驶方向的改变是通过转向轮（一般是前轮）在路面上相对于汽车纵轴线偏转一定角度来实现的。由驾驶员操纵的用来使转向轮转向的一整套机构称为转向系。在汽车直线行驶时，转向轮有时受路面侧向力干扰产生自动偏转而改变行驶方向，此时，驾驶员

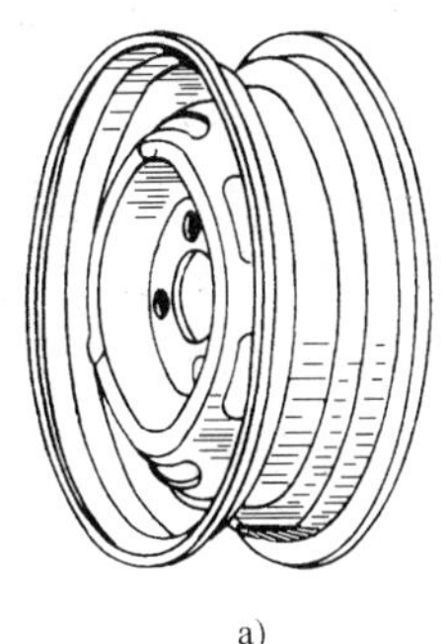
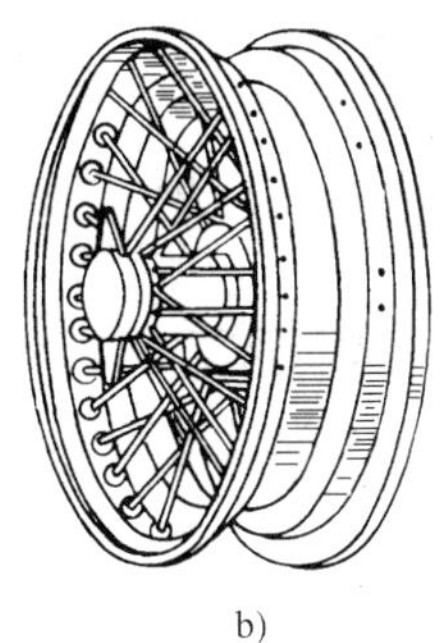
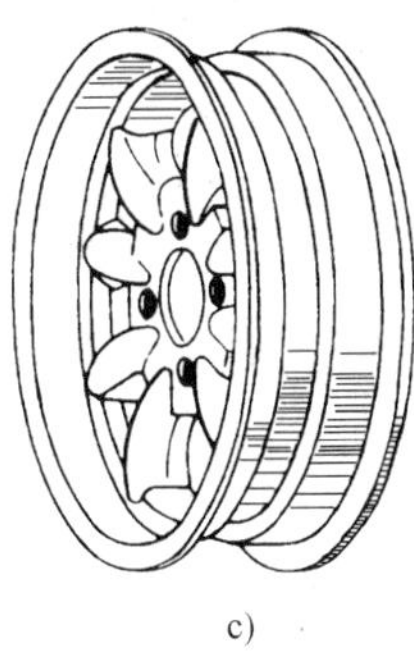

a)　　b)　　c)

图 2-70　三种形式的车轮

a）压制钢盘车轮　b）钢丝辐条车轮　c）轻合金铸造车轮

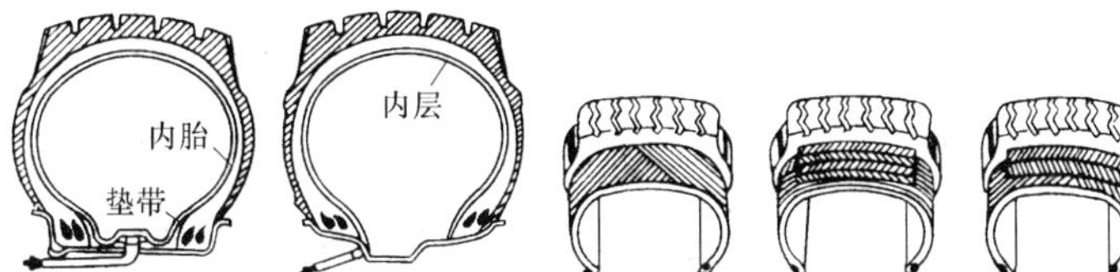

图 2-71　轮胎示例图

a）普通轮胎　b）无内胎轮胎　c）斜交线轮胎　d）子午线轮胎　e）带束斜交轮胎

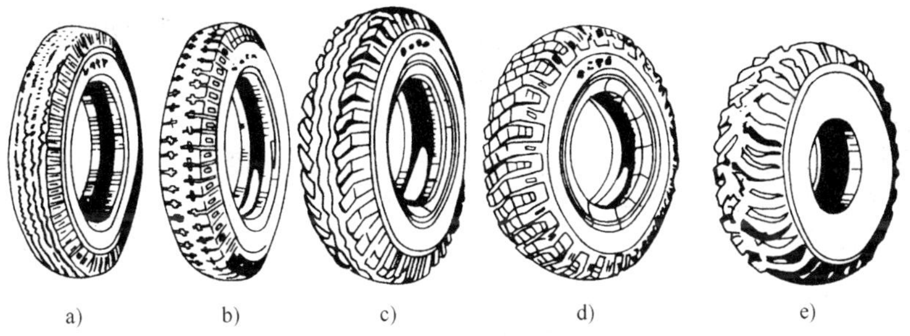

图 2-72　轮胎花纹示例图

a)、b）普通花纹　c）混合花纹　d)、e）越野花纹

也可利用转向系使转向轮反方向偏转，从而使汽车恢复原来的行驶方向。

转向系可按转向能源的不同分为机械转向系和动力转向系两大类。前者以驾驶员体力作转向能源，其中所有的传力件都是机械的；而后者则同时利用驾驶员体力和发动机动力为转向能源，且正常情况下，大部分转向力是由发动机通过转向助力装置提供的。动力转向系在转向助力装置失效时，一般都可由驾驶员独立完成转向任务，因此它是在机械转向系的基础上加装一套转向助力装置构成的。动力转向系的助力装置过去常用液压助力装置，后来较多地采用电控液压助力装置，现在则有扩大应用电动助力装置的趋势，因为后者容易实现助力随车速、转向角等参数的变化而变化的要求，也可以通过主动转向控制防止横摆加速度过大造成车辆失控。

机械转向系由转向器和转向传动装置组成。转向器将驾驶员操纵转向盘的旋转力矩和旋转位移通过机械传动关系，传给转向传动机构，使车轮偏转。例如在图2-73中，转向盘1转动时，转向轴2和蜗杆3也随之转动，蜗杆带动与之啮合的扇形齿轮4转动，使转向垂臂5作前后摆动，从而推动转向纵拉杆6和转向节臂7作前后运动，使左转向节及装于其上的左转向轮绕主销8偏转。与此同时，左梯形臂经转向横拉杆10和右梯形臂，使右转向节和右转向轮向同一方向偏转。在这里，零件1~4构成转向器，其他的则组成转向传动装置。

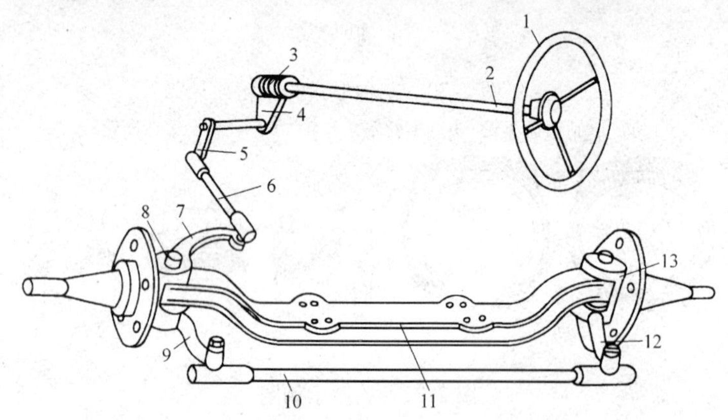

图2-73　汽车转向系示意图

1—转向盘　2—转向轴　3—蜗杆　4—扇形齿轮　5—转向垂臂　6—转向纵拉杆
7—转向节臂　8—主销　9、12—梯形臂　10—转向横拉杆　11—前轴　13—转向节

1. 转向器

转向器需满足下述基本要求：首先，转向力的大小应适度，以使操作轻便，为此转向器有一个减速比，一般轿车转向器减速比为12~21；其次，转向过程中保持转向盘不动时所需的力应与转向盘转角有一定关系，并被驾驶员明显感到；此外，驾驶员松开转向盘后，转向盘应能自动回正，保持作直线行驶；最后，当转向轮承受路面冲击时应当有适度反力传给转向盘，使驾驶员能感受到。以上几条要求决定了转向器机构应是可逆的，或是极限可逆的。转向器按其基本形式有球面蜗杆滚轮式、蜗杆蜗轮式、蜗杆曲柄销式、循环球式和齿轮齿条式。现代轿车广泛采用齿轮齿条式，它结构简单、传动可逆，为防止路面冲击时的反力传动过大，常在齿轮和转向盘轴之间采用弹性体作中间联轴节。对于中、高档轿车，一般采用带转向助力器的齿轮齿条式转向器，以弥补这种转向器传动比较小的缺点（见图2-74）。

2. 转向传动机构

转向传动机构是根据前桥悬架布置的特点和空间条件，用不同方法来保证转向器到转向轮的转向传动以及左、右转向轮的转角关系。例如图2-73中的梯形臂、转向横拉杆所组成的梯形机构，就是为了保证左、右转向轮有一个协调的转角关系，以使转向时各车轮有同一个转向中心点（见图2-75）。转向轮的定位参数［主销后倾角（一般小于3°）、主销内倾角（一般小于8°）］用来保证转向轮的自动回正。

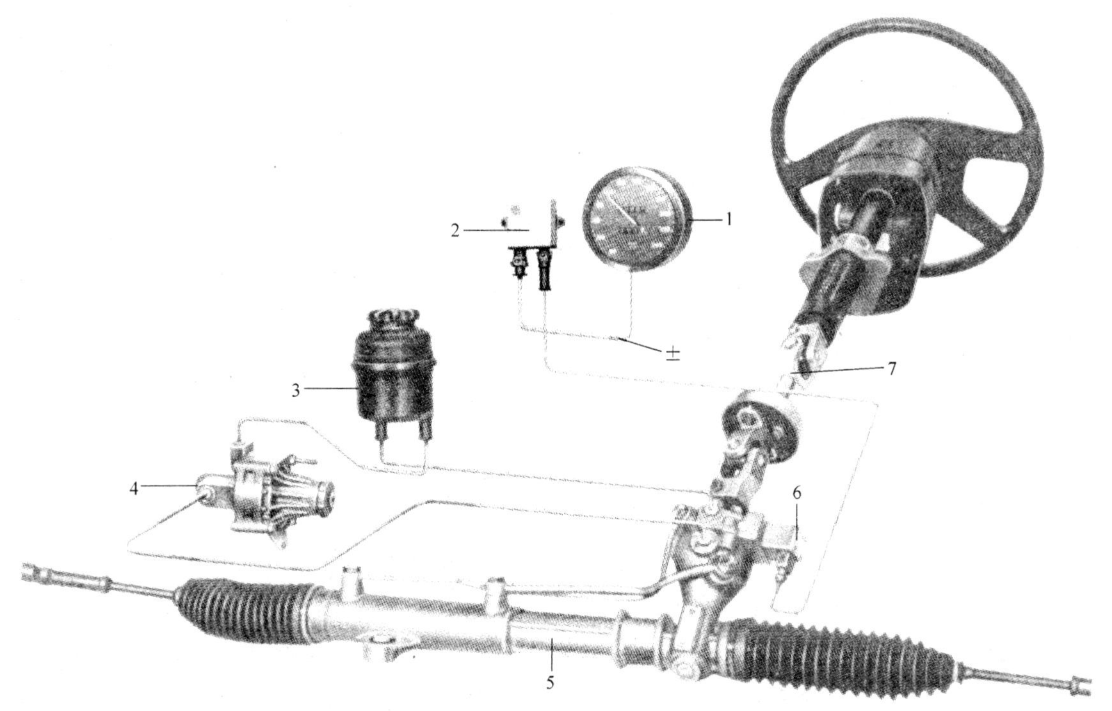

图 2-74 带转向助力器的齿轮齿条式转向器

1—车速表 2—电控装置 3—储油罐 4—机油泵 5—齿轮齿条式转向机

6—电液传感器 7—带缓冲器的万向轴

顺便指出，转向轮定位还有所谓车轮外倾角和车轮前束，前者主要设计意图是使轮胎接地点向内缩，以减小横向偏距，从而改进制动时的方向稳定性和转向轻便性；后者则用于消除或减轻由于车轮外倾所造成的边滚边滑现象。图 2-76 表示了上述四种转向轮定位参数。

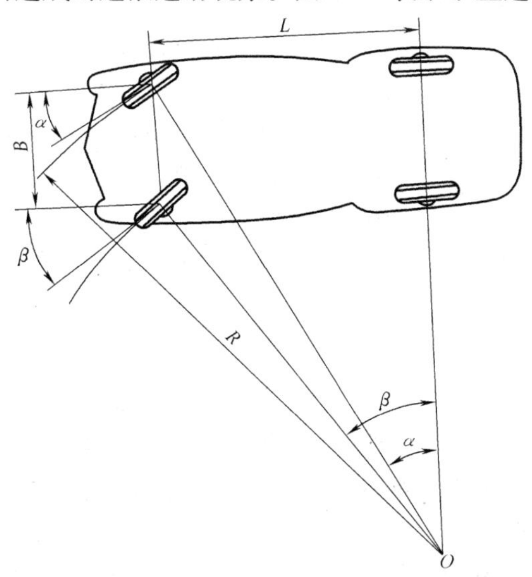

图 2-75 转向传动保证左、右转向轮的转角关系

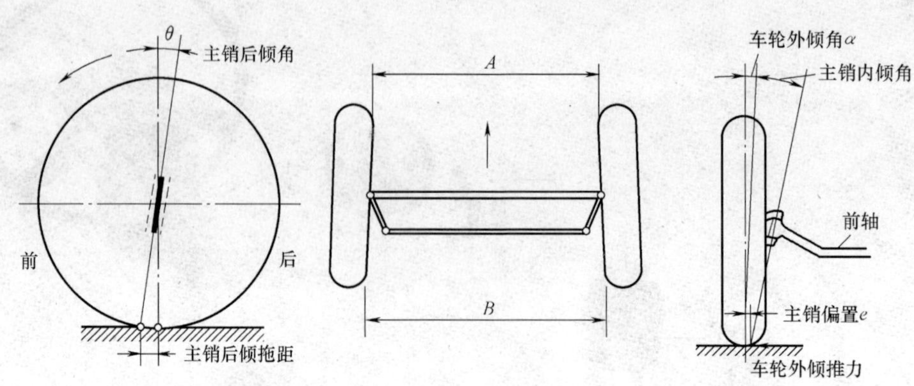

图 2-76　转向轮定位参数

（四）制动系

汽车在行驶过程中，必然有车速由快到慢，或由慢到停等情况，这时就需要对车轮施加制动阻力，它靠行车制动装置来实现。汽车在停放，尤其是在坡道上停放时，需要防止汽车移动；这依靠驻车制动装置来实现。在汽车特别是重型汽车满载下长坡时，若完全依靠行车制动装置来保持下坡时的稳定车速，势必使制动器承受很大的热负荷，驾驶员操作也很紧张，因此常配备各种辅助制动装置，如发动机排气制动、电涡流缓速、液力缓速等。此外，有些车辆为防止制动气压不足等故障情况造成重大安全事故，设置了应急制动装置。通常，在汽车上起码装有行车制动和驻车制动两种装置。应急制动装置常常与驻车制动装置结合在一起，而辅助制动装置只在必要时采用。

各种制动装置一般由制动器和制动控制机构组成。制动器按其构造分为盘式、蹄式（或鼓式）和带式（或箍式），制动控制机构按其操纵传动方式有机械式、液压式、气压式等。驻车制动装置通常又称手制动器，它是机械式的制动系统。这种制动装置作用在变速器后的传动轴上时，称中央制动式手制动器；安装在车轮上与车轮制动器一体时，则称为车轮制动式手制动器。图 2-77 所示是常用的中央制动器的结构图。它是一个盘式制动器，制动时，手制动杆 3 向后拉，使拉杆 9 前移，驱动臂 11 逆时针摆动，推动前制动蹄 12 后移，同时，通过制动蹄臂传动杆 16 和后制动蹄臂 21，使后制动蹄 22 前移。这样，两个制动蹄片便夹紧制动盘 19 而产生制动作用。锁扣 8 与齿板 5 的啮合使手制动杆锁止在保持制动的位置上。解除制动时，先要按下锁扣按扭 1 使锁扣脱离齿板，再将手制动杆推回原位。

行车制动装置以液压式和气压式应用最广泛，前者多用于轿车和轻型车，后者多用于中型以上的客车和货车。为了保证制动的可靠性，无论是气压或液压式的多采用双管路制动系统，如前、后轮分开的双管路系统和对角线（左前轮、右后轮一条管线，右前轮、左后轮一条管线）交叉的双管路系统。图 2-78 所示是液压式双管路制动系的布置示例。为了加强制动效能，减轻驾驶员的踏板力，许多轿车广泛采用液压加真空助力器的复合式制动控制装置。

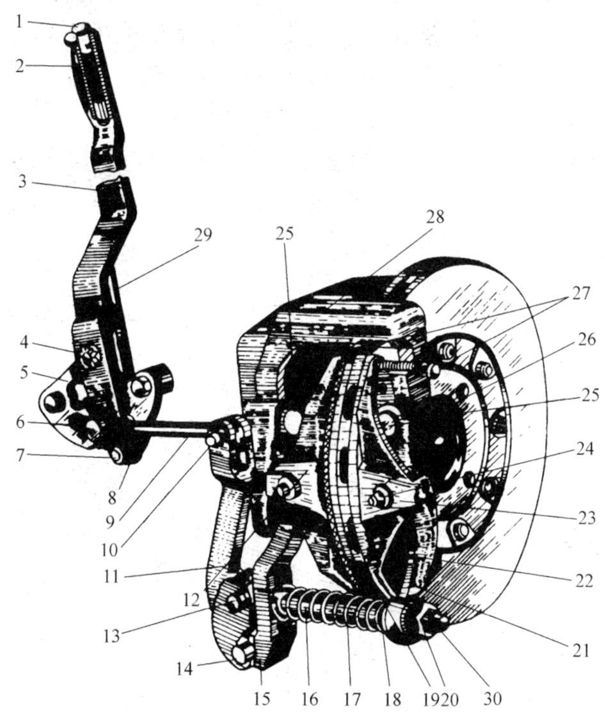

图 2-77　常用的中央制动器的结构图

1—锁扣按钮　2—拉杆弹簧　3—手制动杆　4—螺栓及螺母　5—齿板　6—销轴　7—锁扣轴　8—锁扣　9—拉杆　10、13、14—销子　11—驱动臂　12—前制动蹄　15—前制动蹄臂　16—制动蹄臂传动杆　17—制动蹄臂拉杆弹簧　18—制动蹄拉紧弹簧　19—制动盘　20—调整螺母　21—后制动蹄臂　22—后制动蹄　23—制动蹄销锁片　24—制动蹄销　25—制动蹄臂销　26—制动蹄臂销止动螺钉　27—制动蹄调整螺钉　28—手制动器支架　29—锁扣拉杆　30—锁止螺母

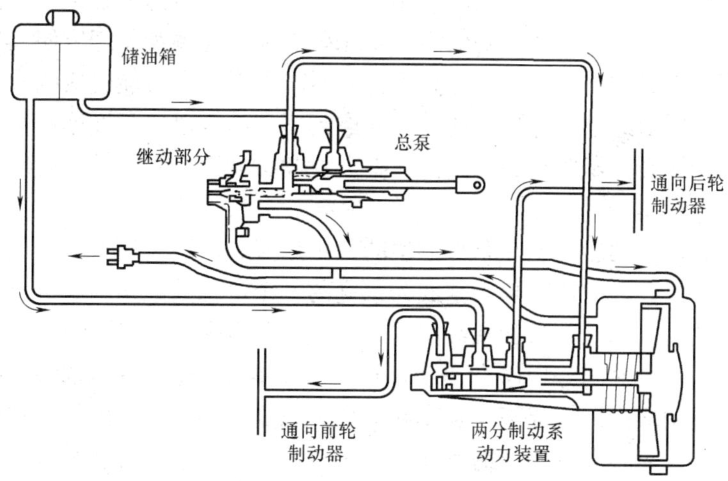

图 2-78　双管路制动系布置示例

目前行车制动装置用的制动器，货车用蹄式的为多，轿车用盘式的为多，特别是轿车的前轮制动器几乎都是盘式的。这是因为盘式制动器制动效能虽不如蹄式的高，但制动效能的稳定性好，例如它几乎不发生蹄式制动器所具有的自动增力作用，它在高速制动和反复制动时也很少发生衰减作用。此外，制动盘左右两侧制动作用的不平衡现象极少，于是汽车能保持良好的方向稳定性。图 2-79 给出了未包括驻车制动在内的典型的轿车制动系统。目前，这类制动系统又常增加了电子防抱死控制，以增加其行车安全性。

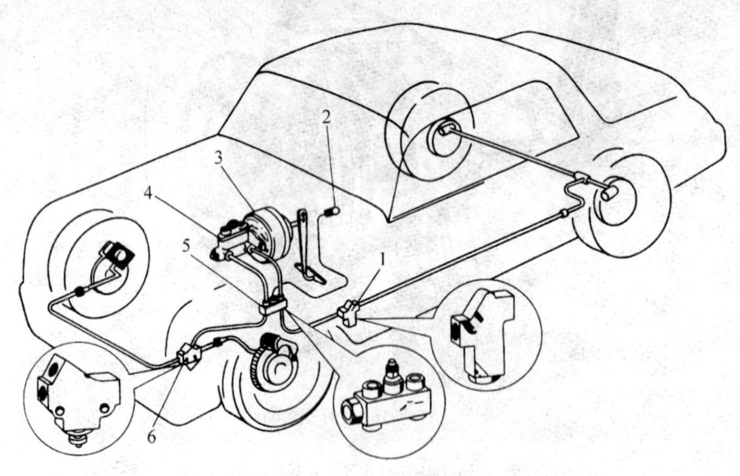

图 2-79 典型轿车的制动系统

1—配压阀 2—报警灯 3—动力单元 4—总泵（主液压缸） 5—报警阀 6—流量阀

三、车身及其附件

作为汽车三大部分之一的汽车车身，既具有结构性功能，又具有装饰性功能。首先，车身要造就一个对驾驶员安全、便利的工作环境，以及对乘员舒适的乘坐条件。对于货车和专用汽车来说，车身结构和装备要保障货物完好无损地运输和装卸方便。其次，为了减少车身迎风面积所造成的空气阻力以及高速行驶时车身形状所可能造成的升力，车身应具有符合空气动力学要求的合理外形。此外，考虑到车身结构对底盘性能和发动机性能的影响，车身应有助于提高汽车的行驶稳定性、安全性和有助于发动机的进气冷却、隔振和隔声。

汽车车身的装饰性功能反映在车身造型的艺术形象、内外装璜、色彩质感等方面，这对轿车来说尤为重要，因为轿车越来越成为家庭的一个可移动的房间。

早期的车身结构由木制骨架和硬红木的板材组成。在硬红木板材由冲压钢板替代后，木制骨架还持续了一段时间。1912 年首次制成了全金属车身，车身的重要部位采用槽钢，而钣金件或铆或焊构成一体，提高了强度和寿命，减少了结构松动的毛病和行车时产生的恼人的噪声。现在，对于大量生产的汽车车身来说，钢仍是最便宜和最有效的材料。铝虽然比钢贵，但比较轻，且不会生锈，较易以手工或简易的机械来制造，为规模较小的制造商们所青睐，铝的最大缺点是刚度比钢差。模压的塑料车身现在也日趋普遍，但塑料不能像钢那样受碰撞时塌陷，因此容易使乘客受伤，有些塑料还容易着火。塑料车身目前局限于低档车上应用，但车身某些部件采用塑料则十分普遍。

货车、轿车和客车的车身特点有所不同。通常货车的车身结构是由分别制造好的车架、驾驶室、车箱直接连接或通过弹性元件连接而成，只有轻型厢式货车或低底板轻便运输车有采用轿车中才有的承载式车身结构。各种不同车箱形式的货车车身如图 2-80 所示，实际上各种改装的特种汽车五花八门，不可能在此一一例举。

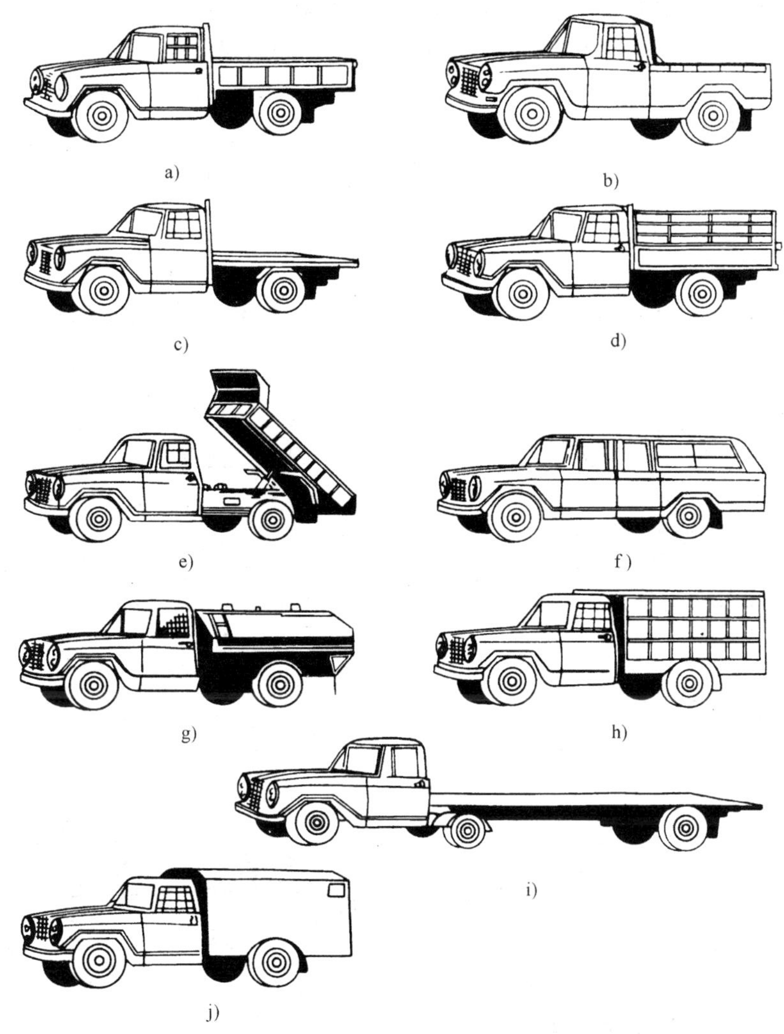

图 2-80　不同车箱形式的货车车身

a）三开式　b）一开式　c）平板车　d）高栏板车　e）翻斗车　f）轻型篷车　g）油罐车　h）瓶装货物车　i）平板拖车　j）篷车

轿车车身主要分承载式结构和非承载式结构两大类，就目前情况看，欧洲和日本轿车采用承载式结构的较多，但美国轿车多采用独立的底盘结构加非承载式车身。轿车的车身形状由根据用途而定的座椅数量和布置、车门数量和布置、顶盖、车室和窗玻璃等结构而分类。图2-81所示为轿车车身的一般分类。图2-81a、b通常称为轿式轿车，是轿车中最普通的形式，具有两门或四门，两排座位，闭式车身，可乘4～6人；图2-81c、d称双门轿车，一般只用于经济型或微型轿车，两门，前排为两个单独的座椅，可乘2～4人；图2-81e、f为硬顶轿车，其外形新颖，与轿式轿车相似，但没有中支柱，有的车顶盖可以拆卸；图2-81g称旅行车，它的前半部与轿式车相似，顶盖延伸到行李箱的后上方，后部可乘人或堆放行李，后部也设有车门；图2-81h是高级轿车，4门，两排座位并带辅助座位，可乘4～9人，后座十分宽敞豪华，并在驾驶座和后排座席间用隔声玻璃隔开；图2-81i是活顶轿车，它是典型的开式车身，顶盖是可折叠的篷布，车门玻璃也可上下滑动，一般为双门车；图2-81j是与活顶轿车相似的双门敞篷轿车，其特点是室内不能密封，车篷较简单，车窗可拆卸，通常它是双门双座的运动车；图2-81k是赛车，主要用于竞赛。

图2-81　轿车车身的一般分类

车身常见的分块组合示于图2-82。目前特别强调细部形状对空气动力学性能的影响，注意全方位撞车时的人员安全性。

车身带有各种附件和装备以满足各种要求，小的如门锁、门铰链、玻璃升降器、风窗

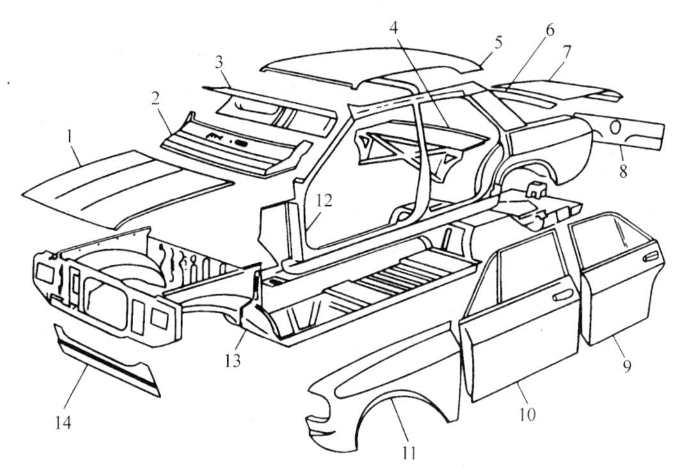

图 2-82　轿车车身分块组合方式
1—发动机罩　2—前围上盖板　3—仪表板　4—杂物搁板　5—顶盖
6—后围上盖板　7—行李箱盖　8—后尾板　9—后车门　10—前车门
11—前翼子板　12—侧框架　13—底板　14—保险杠安装板

刮水器、风窗洗涤器、遮阳板、后视镜、扶手、点烟器、烟灰盒、各种密封件等，大的如座椅、空调装置、音响和通风装置等。为使汽车具有赏心悦目的外观和优雅舒适的乘坐条件，车身还有许多外部装饰件和内部装饰件。外部装饰件有车身装饰条、车轮装饰罩、散热器面罩、保险杠、灯饰、手把、标志牌和浮雕式商标等，其中保险杠主要作为车外防护件；内部装饰件包括仪表板、顶篷、侧壁、座椅等的表面覆盖饰物以及窗帘、地毯等。车身附件随着安全性和舒适性等要求的提高会有所增加，如目前普遍装设的座椅安全带、头枕和安全气囊都是近几十年逐步增加的。图 2-83 所示是福特概念轿车的内部装饰。

图 2-83　福特概念轿车的内部装饰

四、电气设备

电气设备是汽车的重要组成部分，随着技术的发展和对汽车越来越高的要求，汽车上所用的电气设备越来越多、越来越先进和完善。电气设备一般由电源、配电设备、用电设备三部分组成，按其主要功能可分为供电系统、起动系统、点火系统、照明系统、检查系统、保障舒适及安全运行和最佳工作过程的系统。汽车的供电系统以直流低电压为特征，由发电机、电压调节器、蓄电池和保护电器组成。发电机是汽车的主要电源之一，它由内燃机带动，使机械能转化为电能，用于汽车的用电设备，多余的则充入蓄电池内，以补充蓄电池放电时的消耗。过去，汽车上通常用直流发电机发电，所发的电经过调节器实现限

流和调压，以保证汽车用电器具的正常工作。现在，极大多数的汽车采用硅整流交流发电机。通常，汽油机汽车采用12V电压，柴油机汽车采用24V电压，因此，用于汽油机汽车的发电机的输出电压（即给蓄电池充电的充电电压）为14V，用于柴油机汽车的发电机的输出电压为28V。蓄电池是汽车供电系统的重要组成部分，它在充电时将电能转变为化学能储存起来，当需要它放电时又把化学能转变为电能输出。一般当内燃机高速运转时，发电机供给的电力足够汽车用电器具的消耗，还有剩余电能储存到蓄电池中，但在内燃机低速或停转时，汽车用电器具主要靠蓄电池供电。蓄电池主要为发动机起动电机、照明和点火系供电，所以也称为SLI电池。现在，铅酸蓄电池仍是SLI电池的主流，并大多采用全密封免维护的形式。用电器具与电源间通常并联连接，而且多采用单线制，即电源与用电器具间只用一根导线，另一根是利用金属车体导电，称为搭铁。搭铁有正极和负极搭铁之分，采用硅整流发电机的汽车必须是负极搭铁，即金属车体是电源的负极。

起动系统包括直流电动机、传动机构和控制机构。点火系统已在发动机结构中作了介绍。照明系统的用途是汽车的外部和内部照明。外部照明有大灯（双丝灯泡，以便在会车时由远光灯变换为近光灯）、尾灯、侧灯、车尾牌照灯、防雾灯等；内部照明则有仪表板灯、顶灯、后座照明灯等。汽车照明灯经历了由白炽灯到卤钨灯到高压气体放电灯的演变，使其效率更高、使用寿命更长。但与上述灯具相比，新型的发光二极管（LED）具有更高的效率和极长的寿命（可达10万小时），而且因为它是固体的电子器件，使其设计的变通性更大。现在随着高亮度白光LED的性能不断提高，价格不断下降，LED已不单作为高位制动灯，转向指示灯等使用，也开始进入前照灯应用。保障汽车安全行驶的用电设备有音响和灯光信号设备，音响信号指电动喇叭，灯光信号有制动信号灯、转向指示灯和倒车指示灯等。为了把汽车最重要的系统和部件的状态信息传送给驾驶员，检查系统包括各种电气和电子仪表，它们醒目地装在仪表板上。

近二十年来，越来越多的电气和电子系统被应用于汽车，使汽车电能的消耗增加了一倍。汽车电压的原有电压等级已难以满足诸如电动转向、电控悬架、电动空调等不断提高的功率需求。为此，上世纪90年代以来，国际上已制定了42V电源的相关标准，要求将12V、24V电池逐步过渡为36V电池配42V交流发电机。42V电源系统有利于降低相应用电器具和电源线中的电流，从而节约材料、降低自重，还有利于采用一体化的发电机启动机/发电机系统，实现发动机的快速启动/关闭功能，使发动机无怠速工况，并可以提供制动能量的部分回收。

第三章 汽车设计与试验

第一节　汽车的设计要求

对于汽车这样一种复杂的机械产品，其设计要求是多方面、多层次、互相关联、互相制约的。为了设计出市场竞争力强的汽车，设计人员除了不断创新，将各种新概念、新结构、新材料科学地结合进去外，更需要全面均衡地、有层次地处理各种不同的要求，务使整车的设计在技术、经济、艺术诸方面达到最佳折衷。

汽车设计要求大体可归纳为功能性、工艺性、使用经济性、可回收性、艺术性等五个方面，现分述如下。

一、功能性

功能性要求是为满足汽车用途和社会约束而提出的性能要求，即第二章所述的动力性、经济性、机动性、安全性、环保性和舒适性。设计人员在确定性能的设计目标时，应根据国情、使用条件等规定优先次序。例如，高级轿车的动力性、舒适性和安全性是首要的，其他性能则次之；对微型汽车而言，经济性和机动性是首要的，再兼顾其他性能；对于军用越野车来说，机动性就成为设计的首要目标。由于汽车的使用条件复杂多变，在设计汽车时，要考虑到不同道路、气候等条件对汽车性能的影响，要尽可能使汽车在不同使用条件下都满足其功能性要求，这便是经常说的汽车适应性。可以通过精心设计，使同一辆汽车对复杂多变的使用条件有良好的适应性，也可以通过选装不同的部件使同一型号的汽车满足不同用户的需要。一般来说，后一种方式对用户可能更经济。随着汽车向个性化发展，满足用户的特殊功能要求将成为设计者需要考虑的一个重要问题。为此，汽车设计要具有更大的灵活性和变通性，以便在同一生产线上可以装配出定制要求不同的汽车。

二、工艺性

汽车产品在设计时考虑到生产工艺的要求是一项十分重要的任务。一个好的设计不仅应使产品的性能优异，而且应使产品成本低，达到同类产品中最好的性价比。这种产品结构设计时所考虑的制造、维修的可行性和经济性称为结构工艺性。零件的机械加工工艺性和零部件的装配工艺性是结构工艺性的重要内容，其中特别要提到标准化、通用化和产品系列化的意义。产品系列化是把产品合理分档，组成系列，并考虑各种变型，如发动机可按气缸数分为直列4缸、6缸或V6、V8、V12缸，分自然吸气、增压、增压中冷等几个品种，这样就可以较少的基本型满足广泛的需要。产品系列化给部件通用化创造了条件。

所谓通用化是在总质量相近或同一系列的一些车型上尽可能采用同样结构和尺寸的部件，使不同车型上的部件类型大为减少，从而因部件生产批量的增加而提高工效、降低制造成本。零件的标准化或零件结构要素的标准化对大量生产的汽车来说也十分重要，它们不仅简化了设计工作，而且使零件在机械加工中可使用标准的或通用的工艺装备，并减少了工艺装备的规格，这些都有利于缩短零件的生产准备周期和降低生产成本。

产品设计的结构工艺性是随生产类型（主要是生产批量）、生产条件、技术发展的变化而变化的。例如，在高生产率的高精度加工中，铸件的精度适应不了对定位一致性的要求而向型材、冲压、烧结、压铸件等转化，这时，有关零件的结构设计便要考虑所采用的工艺方式。又如发动机的气缸体，国外由于铝的供应充足并采用压力铸造等先进技术，单件重量降低，尺寸精度高，表面光洁，生产效率很高，成本也低。我国曾有一段时间铝的供应不足而普遍采用铸铁缸体，在这种情况下，缸体的壁厚、未加工表面的表面粗糙度和尺寸精度就要适应铸铁铸造工艺所能达到的要求。随着先进技术的应用，有些过去加工过程很复杂，材料消耗大的零件变得加工简单、材料消耗低。比如球笼式万向节头的大端有一个内含6个形状复杂、尺寸精度高的偏心球面槽的碗形体，过去靠机械加工困难很大，质量也不易保证，现在通过冷挤压工序使这6个偏心球面槽成形后不需再进行磨削加工。

除考虑机械加工工艺性外，设计者在设计汽车产品时，要充分考虑其装配工艺性。这包括按零件→合件→组件→部件→产品考虑装配单元的划分和装配次序，考虑正确的装配基准和装配空间，尽可能采用完全互换装配法和在不能采用上述方法时合理安排尺寸补偿环节，注意焊装、涂装、胶粘装配等工艺对产品设计的影响等。

三、使用经济性

汽车的功能性要求中已有燃油经济性一项，而使用经济性是包括燃油经济性在内的更广泛的一项要求，它包括燃料、润滑油、轮胎、易损件等的消耗，还包括维修、保养等方面的费用开支。因此，要提高汽车的使用经济性，不仅需要在汽车设计中注意提高发动机的热效率、降低泵气和摩擦损失、减少附件的功率消耗、减少行驶阻力、降低机油消耗、减少轮胎磨损、注意汽车的轻量化等，而且需要减少维修和保养的工作量，提高汽车零部件的耐久性和可靠性。例如，20世纪70年代以前，国产车的大修里程一般规定为10万km；现在，国产轿车和轻型货车的大修里程为20万km左右，中吨位货车的大修里程为25万km左右，重型货车大修里程为40万km左右。大修里程的延长反映了汽车耐久性和可靠性的提高，从而大大降低了汽车的运行费用。

四、可回收性

为了节省资源，减少给环境造成污染的各种废弃物，汽车部件所用材料的可回收性日益受到重视。一些对环境有害的材料已被限时停止使用，制动器摩擦片用的石棉、汽油添加剂四乙酸铅等，都已有了新的替代物。为电动汽车发展的高性能镍镉电池，也因镉的毒性而从重点发展的项目中被剔除出来。对于汽车用塑料件，优先考虑使用那些可以回收后再生的材料品种。

五、艺术性

汽车既是代步工具，有实用价值，又是对产品的外观造型和内饰布置等十分讲究，具有艺术观赏价值的人类宠物。在车身设计中，艺术家的作用与工程师的作用同等重要。造型艺术家要使车型具有时代感、创新风格以及与环境的适配性。而在色彩的设计上，要考虑到包括社会倾向、时髦、爱好、安全、合理等要素，尤其是大众的审美观。在车内装饰方面，室内的美术设计要求需与汽车的等级和用户群的特点相一致，例如年轻人喜好的跑车需要轻快感的美术效果，而高级豪华车需要庄重感的美术效果。实际上，对于同一时期的汽车，其性能差异并不太大，而决定销售量的因素往往是其外形是否使人感到赏心悦目。从这一点看，艺术性对汽车特别是轿车来说至关重要。

第二节　汽车的现代设计方法

一、汽车设计方法的发展

与一般机械设计一样，汽车设计也经历了三个阶段。最早是经验设计阶段，所谓经验设计，是以设计人员积累前人和自己的实践经验作为新设计的依据的。通常，这些经验被归纳为某些统计规律、经验公式、设计准则等。设计人员为保证产品的可靠性，只能进行过于保守的设计，使设计的零件笨重，整车性能也往往顾此失彼。在经验设计这一发展阶段，人们尚不掌握许多科学计算方法，也不具备先进的测试技术，这就使设计试制过程反复大，一辆新车从设计到投产时间长。

第二次世界大战以后，世界经济与技术有了较快的发展，到20世纪50年代，无论是科学计算还是实验测试，都具有了相当基础。于是，汽车设计迈入以科学实验与技术分析为基础的阶段。那时总体设计仍以经验设计为主，但已开始对其力学性能等进行较为系统的分析计算，并对汽车各系统和各总成进行大量试验研究，以确保实现总体设计中为各系统和总成所确定的功能指标和主要结构参数。通常，所进行的试验研究包括发动机燃烧系统匹配试验；发动机单缸机性能试验、多缸机性能试验和冷起动试验；主要零部件的应力和应变测量、疲劳和寿命测定；车型风洞试验、制动系统制动效能试验和整车性能测试等等。显然，由于这一阶段设计的汽车建立在一定的科学基础上，无论在性能还是在生产成本、材料消耗、设计周期等方面都有所改善。

20世纪60年代以后，计算机辅助设计技术的发展十分迅速，美国通用汽车公司抓住机遇，自行开发了DAC/1系统，在大型计算机上率先发展了汽车设计的CAD应用软件。但当时的CAD系统价格昂贵，计算设备庞大，还不具备推广应用的条件。进入20世纪70年代后，计算机硬件价格不断下降，运算速度等性能迅速提高，CAD图形和计算分析软件的性能和品种增长很快，数据库的开发受到重视等，这些都十分有利于CAD在汽车设计中推广应用。从20世纪90年代开始，现代设计理论与产品数字化技术的全面结合使汽车设计走上了以理论指导为主，经验设计和实物验证为辅的道路。随着虚拟设计、平行设计、智能设计、绿色设计等新的设计思路和方法的提出以及设计过程的科学组织，在更强大的计算机硬件和大量可靠的高性能商用分析软件的支持下汽车设计进入了半自动设计和

自动设计的新阶段。

二、汽车设计的一般顺序

传统设计也好，现代设计也好，我们总可以把汽车设计分为设计规划、技术设计、施工设计和设计定型四个阶段。

设计规划来源于需求分析、市场战略制定和概念构想。各大汽车公司均十分重视用户调查和用户需求分析，通过调查分析，摸清市场所需的汽车品种、质量要求、成本水平、利润预估、需求数量和时间等，并经与其他公司产品性能、价格、销量的对比，制定自身的经营策略。有了经营策略，便可制定设计规划，它包括制定开发方案、编制宏观开发计划、进行可行性评审和编制开发品种与系列的规划。设计规划的编制必须考虑到基础技术的预研、技术改造的能力、投资是否充足以及社会环境的法规约束等。

技术设计又称基本设计。在过去的传统设计时期，基本设计阶段主要通过收集和分析国内外同类车的结构、性能、参数、产品系列、技术发展趋势等，确定整车的总体设想。通过对选定若干参考样车的全面试验，使总体设计的技术性能参数更有依据。最后通过必要的参数分析和计算，以及若干种方案的总布置比较（有时包括模型的制作），确定进一步详细设计的具体方案。在现代设计中，技术设计通常是图面设计前的理论设计阶段，或称总体研究阶段，整个汽车被作为一个大系统和若干个子系统进行研究分析。分析用计算机进行，主要包括模拟分析、故障预测、成本分析等内容。

产品的详细设计通常称为施工设计，它包括正式总体设计图的绘制和评审、各子系统和总成的任务分配和零部件图样的具体绘制；施工设计还包括工艺设计在内，它包括模具、量具、工装等设计及工艺路线的确定等。总之，施工设计后紧接着就是试制和质量考核。通过质量考核，再次评定汽车的性能、工艺性、制造成本等，并将评定结果再反馈到总体设计中，最后，修改总图和零部件图，形成用于批量生产的图样，即所谓设计定型。上述试制和质量考核通常不是一次就能完成的，从新车设计开始到定型投产，一般要经过二次或三次试制、试验考核和修改图样。

图 3-1 所示是日本丰田汽车公司 20 世纪 90 年代初的新车开发日程，其中，设计规划和技术设计约占 18 个月，施工设计和设计定型占 30 个月，中间经过三次样车试制、一次小批量试制。当时，日本汽车厂家总共 4 年的开发周期比欧洲汽车厂要短得多，例如，德国奔驰公司的开发周期长达 7 年左右。激烈的市场竞争和数字化设计，数字化制造，并行开发流程等先进技术的应用使汽车的开发周期大为缩短，到 2005 年，主要汽车企业的汽车开发周期已缩短到 24 ~ 28 个月，并争取在不久的将来达到 18 个月左右的目标。

由于车身造形设计对轿车产品的销量十分重要，因此在设计规划阶段要进行新车造形的概念构想。一般先用美术的手法探索新车造型，形成效果图；然后根据效果图绘出新车车型，并做成缩小比例的模型进行初步评审。在技术设计阶段，车身造型工作进入 1:1 油泥模型制作阶段，通过三维坐标测量和数据光顺处理，形成车身的数字模型。设计人员可以在电脑前进行任意的修改和不同角度的观察，并从结构性、气动性、工艺性方面进行分析和审核。图 3-2 所示表明了汽车造型设计的基本流程，图 3-3 所示是在数控加工机床上制作汽车模型。

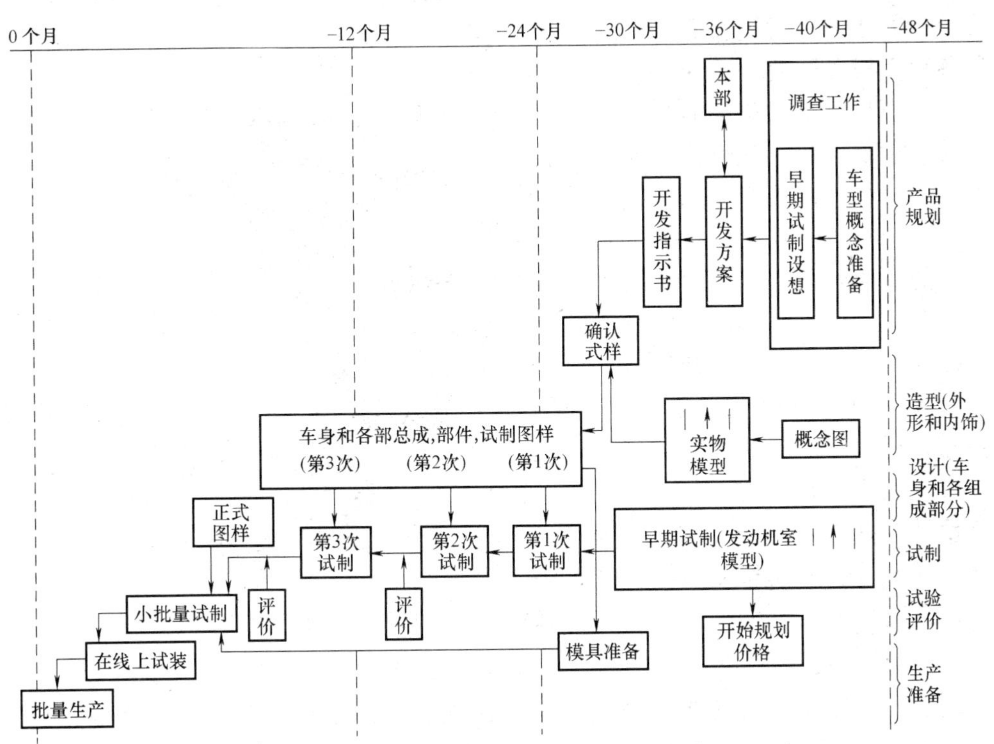

图 3-1 20 世纪 90 年代初日本丰田汽车公司的新车开发日程

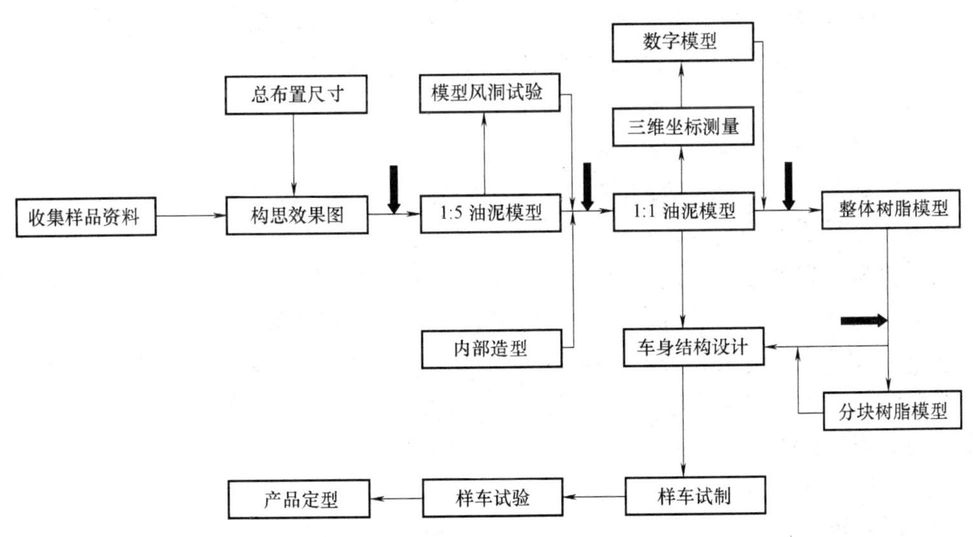

图 3-2 汽车造型设计的基本流程

三、现代设计方法概述

汽车设计的现代理论和方法正在不断地发展之中，很难给它下一个确切的定义。

一般来说，汽车的现代设计理论为汽车设计的创造性过程建立各种数学模型，而其现代设计方法则针对这些数学模型进行求解，或者为设计师实施创造性的设计过程提供各种手段。因此，采用现代设计理论和方法，汽车设计就成为一种理论指导为主，经验设计和实物验证为辅的先进设计技术。其特色是以数字化产品模型为基础，以计算机分析技术为核心，通过网络化的资讯共享和CAD/CAPP/CAM/CAE一体化，使得在汽车的设计阶段就能全面预估产品的功能性、工艺性、可靠性等。从而缩短设计周期，提高设计质量，降低开发成本。在汽车设计中所采用的现代设计方法择其要者有：有限元分析和评价技术、优化设计、系统工程方法、人工智能和专家系统、并行设计、绿色设计、疲劳和可靠性设计、价值工程、反求工程、人机工程和虚拟样机技术等。现代设计方法是近代数学物理方法与计算机技术相结合的结果。但这并不是说有了现代设计方法就可以完全不要试验了。实际上，无论是现代设计方法的发展还是其应用，都仍然需要各种试验技术，而且对试验技术提出了更高的要求，以便为精确的物理模型提供机理方面的依据，为具有高的空间分辨率和时间分辨率的计算结果提供试验验证，为各种计算提供边界条件、经验常数、基本统计数据等。以下就有限元分析、优化设计、系统工程方法、可靠性设计、反求工程、人机工程、并行设计、绿色设计、虚拟样机技术这几种现代设计方法在汽车设计中的应用作一简要介绍。

图3-3　在数控加工机床上制作汽车模型

1. 有限元分析

有限元法是古典变分方法的一种变种，它直接把所需分析的结构离散化，使用最小位能原理或虚位移原理等力学基本原理，列出计算式，用电子计算机求解。有限元法在结构离散化时可采用各种单元形式，以适应不同的问题，网格的加密也很方便，边界易贴合。有限元分析的算法无论对弹性或弹塑性问题均较成熟，对流体和传热问题也有一定的长处。在汽车设计中，有限元分析除应用于车身、车架等板梁结构外，还用来对各种零部件、组合结构等进行强度、刚度、热强度、振动模态、稳定性等各种计算分析。图3-4所示是车身有限元计算的单元划分，图3-5所示是汽车以14.8m/s的速度正面碰撞刚性墙后60ms时模拟计算得到的应力分布情况。

国内外有许多商用的有限元分析软件，如ANSYS、I-DEAS、ADINA、NASTRAN、ALGOR、LS-DYNA3D等，一般都有较强的前、后处理功能。但通用的有限元分析软件有时不利于在优化设计中多次调用，因此各厂家也自己开发一些针对特定对象的专用有限元分析软件，以提高运算速度，减少解题时间。

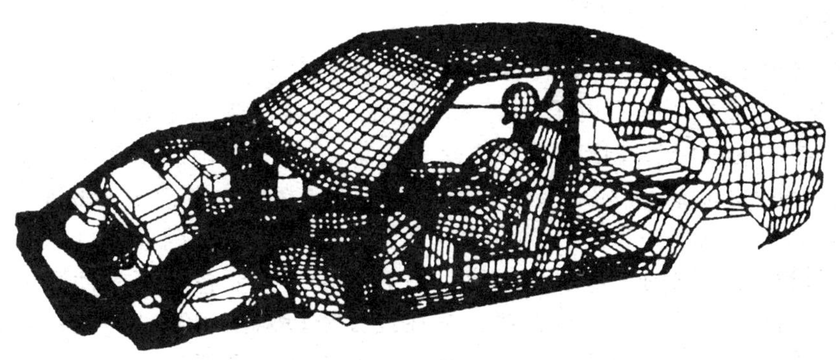

图 3-4　车身有限元计算的单元划分

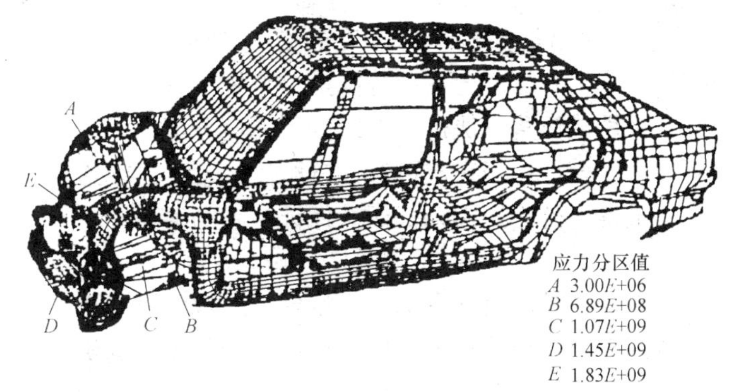

图 3-5　碰撞发生 60ms 时的车身变形及应力分布图

2. 优化设计

无论是总体设计，还是零部件设计，人们总是力求从各种可行方案中选择最优方案，这就是优化设计的基本任务。过去工程设计中尽管没有“优化”这一词汇，但在实际设计过程中往往通过直觉判断、试验比较，对产品进行优胜劣汰。随着科学的进步，实际工程问题可以通过数学模型来描述，并又发展了最优化数值方法求解所确定的数学模型，这就为优化设计提供了科学工具。目前，有许多优化算法可供选用，其优劣随所解问题的特征而异。优化设计首先要确定设计变量、优化准则、优化目标函数和约束条件，它们由设计要求而定。例如，在汽车发动机与传动系统的匹配计算中，可以以给定工况谱条件下的最低百公里油耗为目标函数，也可以最低排放指标或多种指标的加权平均值为优化目标。在零件的结构优化中，不仅可以进行尺寸优化，还可以进行形状优化和拓朴优化。

3. 系统工程方法

对于像车辆整体这样一个复杂系统，无法简单地定义为一个最优化设计问题。这时，为了能在设计阶段进行较为准确的定性和定量分析，需要采用系统工程方法，其中主要内容为系统分析。汽车的系统分析除研究汽车系统结构、系统行为外，也要研究汽车系统的受控方式，研究怎样使汽车系统演化才能达到设计者所期望的目标。用系统分析的方法，可以预先研究系统结构及其相关性，可以通过建模和仿真进行模拟研究，所以它能在设计阶段事前处理所发现的问题，提高了设计开发过程的质量和效率。

4. 可靠性设计

可靠性理论是以产品的寿命特征作为主要研究对象的一门综合性科学。20 世纪 60 年代以来，可靠性研究由电子、航空、宇航、核能等尖端工业部门，扩展到大批量生产的汽车工业部门，并取得可喜成果。例如，1959 年国际市场上轿车的保用期为 90 天或 4000mile，而到 20 世纪 70 年代初，则提高到 5 年或 5 万 mile。当今，提高产品的可靠性已成为提高产品质量、增强竞争力的关键。因此，可靠性设计已成为汽车现代设计方法中的一项重要内容。可靠性设计主要包括可靠性预测和可靠性分配等。可靠性预测是一种预报方法，它在设计阶段从所得到的失效率数据，预报零部件和系统实际可能达到的可靠度，预报这些零部件和系统在规定时间、规定条件下完成规定功能的概率。在汽车设计初期，通过可靠性预报可以了解汽车中各零部件可靠度的相互关系，找出提高汽车可靠度的有效途径。

如何将系统规定的允许失效概率合理地分配给该系统的各零部件，是可靠性分配的任务。在可靠性设计中，采用最优化方法进行系统的可靠性分配，是当前可靠性研究的重要方向之一，称为可靠性优化设计。当完成可靠性分配后，就可以在给定可靠度下确定零部件尺寸，使零部件的质量得到恰当地减轻，而又保证足够的寿命。

5. 反求工程

反求工程又称反求设计，是以设计方法学为指导，以现代设计理论、方法和技术为基础，运用专业设计人员的知识、经验和创造性，对已有产品进行剖析和再设计的过程。因此，反求工程在本质上是从已知事物的有关信息（如国外样车的数据资料及实物）去寻求这些信息的科学性、技术性、经济性以及具体实施的途径，并经再创造达到设计目标。图 3-6 所示是反求设计的概略框图。应当指出，反求不是简单地模仿，只有消化再创造，才能融汇参照物的先进技术，而变成既有自己特色，又无知识侵权的具有竞争力的新产品。在我国汽车设计的现阶段，推广反求工程，提高设计能力和水平是重要的，但最终不能全靠反求，创造性设计才是永恒的目标。

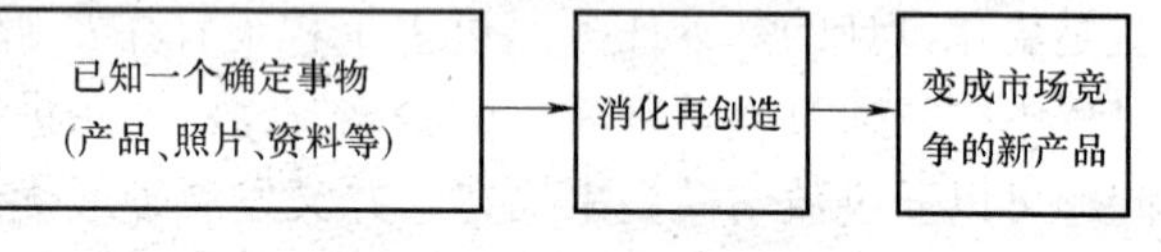

图 3-6　反求设计的概略框图

6. 人机工程

人机工程又称人体工程学，是 20 世纪 50 年代前后迅速发展起来的一门新兴学科。它以工程设计中与人体有关的问题为研究对象，目的在于使设计更好地适应人体的各种要求，从而提高人机系统，亦即人与他所操纵的机构在内的整个系统的工作效能。与人们日常生活息息相关的汽车，其车身及其附件与人的关系很密切，例如，设计中要考虑人的最小活动空间、手伸界限；考虑能适应不同人体的座椅及其可调装置；考虑人在车内如何减少车外视野中的盲区以提高安全性；考虑人体最敏感的频率范围，使悬架设计避开这一频率区；考虑仪表指示和报警信息如何使人最易觉察又不致干扰其他操作和不引起疲劳；考虑车体在事故碰撞中如何保护人体不受或减少伤害等。人机工程涉及到人体尺寸、心理学、心理生理学、运动生理学、生物工程和医学等许多复杂课题，属于跨学科的边缘科学领域。图 3-7 所示是在车身设计中用以确定车身实际 H 点（即人体身躯与大腿交接的胯点——Hip Point）位置的 H 点人体模型。

7. 并行工程

并行工程的应用代表了产品开发模式的一种根本性变革，它用以解决传统的串行工程所带来的长开发周期和高开发成本的问题。并行工程这一名词是 20 世纪 80 年代末才正式使用的，它被定义为一种集成地、并行地设计产品及其相关过程（包括制造和后勤支持）的系统化方法，它要求产品开发人员从设计一开始就考虑产品生命周期中从概念设计到产品报废的多种因素，包括质量、成本、生产计划和用户需求。因此，并行工程需要组织跨部门、多学科的开发团队，对产品设计、工艺、制造等上下游各方面进行同时考虑和并行搭接设计，及时交流信息，使各种问题尽早暴露，尽早解决，从而缩短产品的开发周期，改善开发质量和成本。图 3-8 所示表明了传统的串行开发过程与根据平行工程概念构造的并行搭接开发过程的差别。

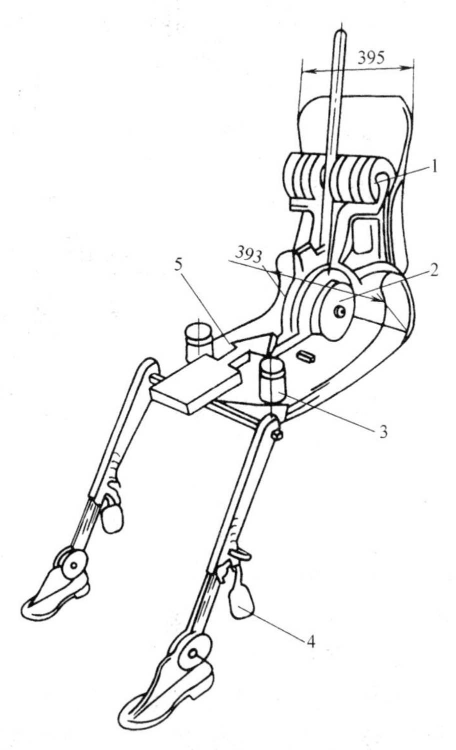

图 3-7 H 点人体模型

1—上躯干重块 2—臀部重块 3—大腿重块 4—小腿重块 5—加载方向

汽车开发涉及到整车企业、总成或模块制造企业和一系列零部件供应商，其开发过程的管理显得尤为重要，为了支持这样的并行协同开发，已出现了不少基于网络的异地分布式协同开发管理工具，用于提供并行协同工作的环境和集成工具，提供可视化工具来查阅和操作产品模型，实现需求协同、项目管理和产品数据管理。

8. 绿色设计

绿色设计又称生态设计或产品全生命周期设计。绿色设计要求所设计的产品不仅满足用户需求和企业赢利，而且在其整个生命周期中力求将其对环境和资源的负面影响降至最低程度。所以，绿色设计追求的是产品功能性、经济性与环境性三者的统一。绿色设计将绿色思维贯穿于整个设计过程中，例如在产品设计阶段，绿色思维将充分考虑产品结构的易折装性、可维修性、可回收性，可重复利用性以及产品的持续适用性；在材料的选择时，绿色思维要避免使用枯竭或稀有材料，充分考虑使用对人体和环境无害的材料，尽可能使用可回收再生或可降解的材料等；在考虑产品的制造、使用时，绿色思维要考虑采用先进的节能、无公害生产手段，应用使产品使用能耗低、环境污染小的技术。在建立节能型、环境友好型社会中，汽车的绿色设计意义重大，为此，各国竞相开发用于汽车绿色设计的绿色数据库和绿色评价系统，例如美国能源部主持开发的运输燃料生命周期模型 GREET 就是从油井到轮子（From Well To Wheel）对车用燃料及相关应用技术进行评估的绿色评价系统。

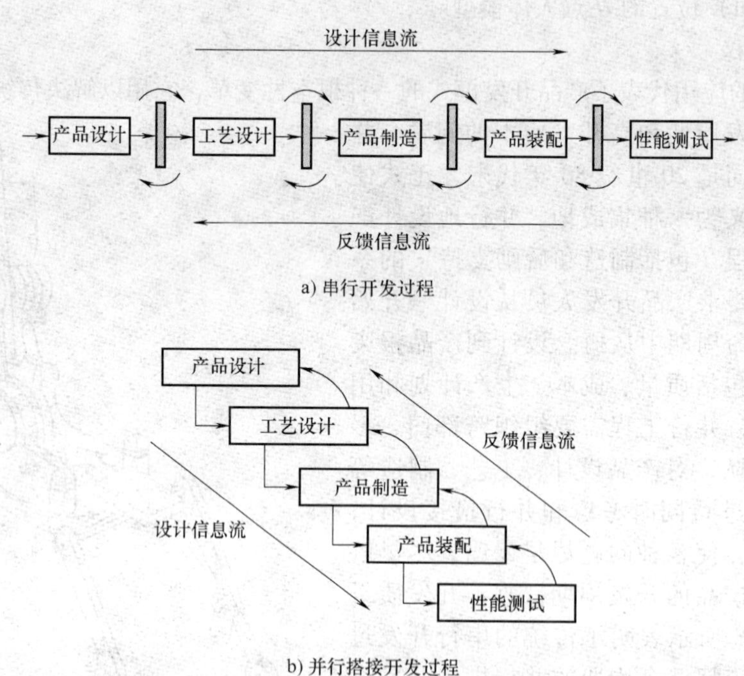

图 3-8　串行开发过程与并行搭接开发过程

9. *虚拟样机技术*

在传统的复杂产品设计和制造过程中，一般先进行概念设计和方案论证，然后进行技术设计、绘制图纸，依据图纸生产出物理样机，对物理样机进行实验和测试，发现问题后改进设计，再生产第二台物理样机，直至符合产品要求，再进行产品定型和正式生产。上述设计方法耗时、费钱，且质量难以保证，更不用谈对市场的灵活反应了。为了适应新的市场环境要求，人们提出了用虚拟样机来代替物理样机的想法，并在 CAD/CAM/CAE 技术、多体系统动力学技术、多领域物理系统建模与仿真等技术的基础上，建立了虚拟样机技术。应用这一技术，设计者通过对物理样机的数学化，开展基于系统功能的优化设计，并通过虚拟试验快速、精确地预测产品的整机性能。目前，汽车设计中使用虚拟样机技术着重于两类问题：一类是基于多体动力学/有限元理论的功能化虚拟样机，着重解决汽车的动力学、变形、强度、寿命等问题；另一类是基于多领域物理系统的功能化虚拟样机，着重解决汽车的能量转换和传递，整车动力性、经济性和排放性能，信号的检测、传递和控制等问题。面向 21 世纪，虚拟样机技术不仅会有更高的集成度，使设计人员、决策层、用户等可以全方位地观察和研究产品，而且势必成为将来汽车产品研发的主流。

第三节　汽车的试验

汽车技术的发展离不开理论研究和试验研究这相辅相成的两个方面。在汽车的设计、制造、使用过程中，都贯穿着试验这条线。首先，设计思想和理论计算来源于试验所提供的依据和经验积累。在初步设计完成后，常需进行几个方案的比较试验、模型试验等。技术设计中，对一些重要零部件要进行试验研究；样车试制出来后，更需作一系列的性能测试和寿命试验，其中包括国家颁发的强制性标准检测和经国家认定的定型试验单位在国家授权的试验场地内按定型试验规程所进行的整车定型试验。汽车定型后，在进行大批量生产中还伴随着作为质量控制用的抽样试验以及装配调整后的总成试验、试车等。最后，当客户购买了汽车并使用时，车辆交通管理部门还要定期对车况进行测试，以便保证行车安全性和环保性能达标。

除了某些研究性试验外，汽车产品试验均需遵循一定的规范。规范对试验条件、试验方法、测试仪器和精度、结果评价等进行限定，以确保试验结果的复现性和可对比性。不同国家甚至不同厂家的试验规范可能不同，因此在查看某种产品的试验数据时，必须弄清试验所依据的规程或标准。

在这一节中，先介绍汽车性能试验的主要项目，接着就一些大型试验设施作简单描述，然后例举一些重要的零部件试验。

一、汽车性能试验

为了测定汽车的动力性能，对常用的三个动力性指标进行实际试验测定，即对汽车作最高车速试验、加速试验和爬坡试验。最高车速试验的目的是测定汽车通过测试区间所能达到的最高车速。我国规定的测试区间是 1.6km 试验路段的最后 500m。加速试验一般包括起步加速和高速挡或次高速挡从给定初速加速到给定车速两项试验内容，试验通常用图 3-9所示的无接触式汽车性能试验仪进行。爬坡试验包括最大爬坡度试验与爬长坡试验两项，最好在坡度均匀、测量区间长 20m 以上的人造坡道上进行。如果人造坡道的坡度对所测车不合适（例如坡道过大或过小），可采用增、减载荷或变换排挡的办法作试验，再折算出最大爬坡度。爬长坡试验主要用来检查汽车能否通过坡度为 7% ~10%、长 10km 以上的连续长坡，试验中不仅要记录爬坡过程中的换挡次数、各挡使用时间和爬坡总时间，还要观察发动机冷却系有无过热，供油系统有无气阻或渗漏等现象。

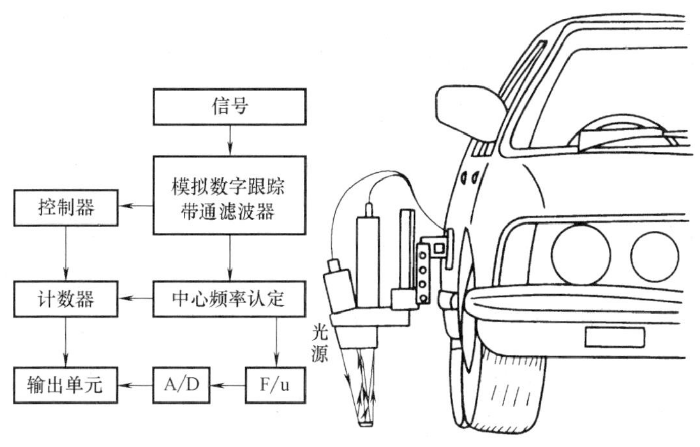

图 3-9 无接触式汽车性能试验仪简图

燃油经济性试验可以作路上试验，亦可作汽车测功器（亦即转鼓试验台）试验，后者能控制大部分的使用因素，重复性好，能模拟实际行驶的复杂情况，能采用各种测量油耗的方法，还能同时进行废气比排放率测量。图 3-10 所示为转鼓试验台的主要构成。其中，转鼓模拟道路路面，飞轮模拟汽车当量惯性，增速箱使飞轮和加载装置不至过大，加载装置模拟汽车行驶阻力，轮胎冷却鼓风机防止轮胎过热，发动机冷却鼓风机用来冷却发动机，测量系统测量汽车驱动力、垂直力、车速、燃油经济性以及排放等参数，而控制系统用于对试验工况进行控制。

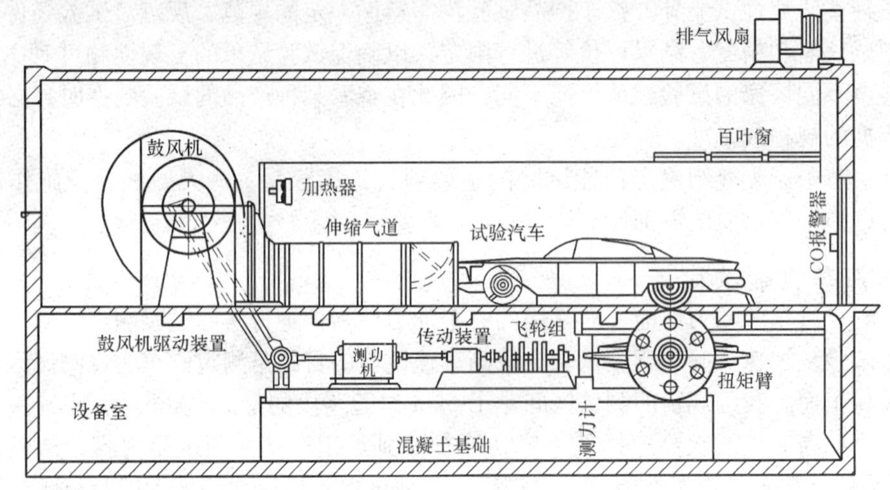

图 3-10　汽车转鼓试验台

通过性试验一般在汽车试验场和专用路段上进行，路段上包括凸起、凹坑、垂直障碍物、壕沟、涉水池、沙漠地和泥泞地等。高机动性的军用车辆还要进行一些特定的专门试验。

安全性试验项目很多，而且通常耗资巨大。特别是撞车安全试验，除正面撞车试验外还有侧面碰撞、后面碰撞和翻滚碰撞试验。当然除了进行实车撞车试验外，也可以进行模拟试验或撞车模拟计算。但不少国家或厂家规定必须经过实车撞车试验，以验证其撞车安全性。在撞车试验中需用假人（又称人体模型）进行试验，美国等国为假人规格制定了标准。

对假人要求其质量、尺寸分布、骨骼主要关节动作等尽量逼近真人，又要容易测定各部位的加速度、载荷和变形；假人价格较高，因此也要求具有高的耐用性。我国 2000 年将正面碰撞检测列入强制性检测项目中，2006 年正式发布了侧面碰撞和后面碰撞的安全标准，并规定乘用车与轻型商用车除满足正面碰撞强制性规定外，还必须满足侧碰的强制性规定，乘用车还需满足后碰的强制性规定。今后我国还将制定翻滚碰撞方面的试验标准，使撞车安全性试验与国际接轨。图 3-11 所示为整车撞车试验的情况，其中 a）是正面下方冲撞，b）是侧向冲撞。当进行车内装置（如安全带、座椅、转向盘、仪表板等）抗冲撞能力试验时，为节省开支常用撞车模拟装置进行，它以一装有人体模型的平台车代替实车，模拟以一定初速运动的汽车撞击固定壁后所研究部件的减速度特性，从而研究冲击能量的吸收情况。

a)

b)

图 3-11 整车撞车试验

为考核汽车的制动性能，常进行制动距离试验、制动效能试验（测制动踏板力和制动减速度关系曲线）、热衰退和恢复试验、浸水后制动效能衰退和恢复试验等。

属于操纵稳定性方面的试验类型较多，如用转弯制动试验评价汽车在弯道行驶制动时的行驶方向稳定性；用转向轻便性试验来评价汽车的转向力是否适度；用蛇形行驶试验来评价汽车转向时的随从性、收敛性、转向力大小、侧倾程度和避免事故的能力；用侧向风敏感性试验来考察汽车在侧向风情况下直线行驶状态的保持性；用抗侧翻试验考察汽车在为避免交通事故而急剧打转向盘时汽车是否有侧翻危险；用路面不平度敏感性试验来检查汽车高速行驶时承受路面干扰而保持直线行驶的能力；用汽车稳态回转试验确定汽车稳态转向特性等。

舒适性方面的试验主要测定行驶平顺性，典型的有汽车平顺性随机输入行驶试验和汽车平顺性单脉冲输入行驶试验，前者用以测定汽车在随机不平的路面上行驶时，其振动对

乘员或货物的影响，后者用以评价汽车行驶中遇到大的突起物或凹坑时冲击振动下的平顺性。

二、大型试验设施

汽车试验场和汽车风洞是汽车试验的两种大型试验设施。试验场按其服务目的分商用试验场和专用试验场。前者对社会开放，侧重于安全、公害、商检等法规性试验，产品定型试验和第三方认证试验；后者则是各汽车公司为本公司新产品开发、质量控制等提供试验手段。试验场按其用途分综合试验场、特种试验场、军用汽车试验场三类。特种试验场如沙漠试验场、热带试验场、寒地试验场等；军用汽车试验场往往增加高越野性能和车载军用装备方面的试验设施。试验场是汽车行业特有的综合试验设施，可全面进行汽车结构的强度、寿命、可靠性和整车基本使用性能的测试，并提高了试验结果的可比性和试验过程的安全性。此外，通过强化试验，还大大缩短了试验周期。试验场占地面积很大，以构成各种室外道路，如高速环行道、高速直线道、耐久性试验路、爬坡试验路、噪声发生器、比利时路、搓板路、随机波形路、扭曲路、越野路、涉水路等，还有专用于操纵稳定性试验和撞车试验的场地。试验场中也常包括一些室内试验设施，如整车参数测定室、发动机试验室、部件试验室、轮胎试验室、材料试验室、噪声与振动试验室、环境试验室等。图 3-12 所示是日本汽车研究所的试车场。我国最早建立的汽车试车场是长春汽车研究所的海南汽车试验场，它位于海南岛东部，试车场占地 67 万 m^2。我国目前最大的汽车试验场是交通部北京通县汽车试验场，占地 242 万 m^2，其次是总后在安徽定远的军用汽车试验场，占地 239 万 m^2。东汽集团的襄樊试验场、上海大众公司在上海安亭的汽车试验场也都具有相当的规模。

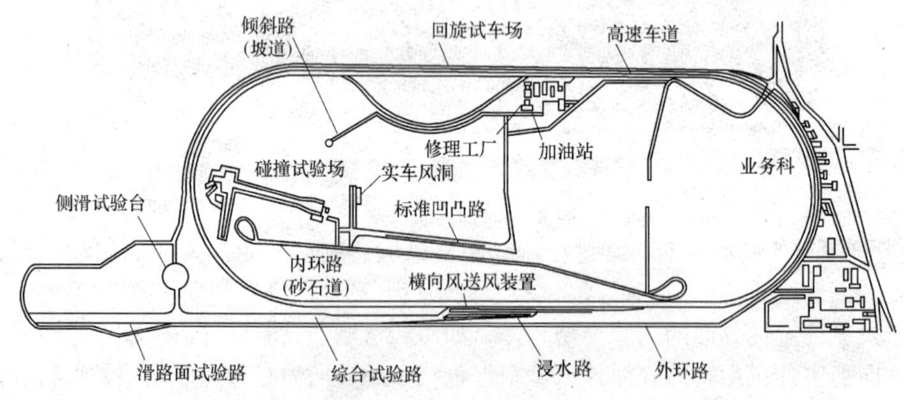

图 3-12　日本汽车研究所的试车场

风洞是用来研究汽车空气动力学的一种大型试验设施。它对发展新车型、提高汽车动力性、改善汽车的空气动力稳定性和燃油经济性、减小汽车噪声和改进车内通风等都有重要作用。根据相似原理，风洞不一定是全尺寸的整车风洞，也可以采用缩小比例的模型风洞。风洞试验中主要通过空气动力天平测出作用在试验汽车上三个相互垂直的力和绕三个相互垂直的轴的三个力矩，以便得到空气阻力系数、升力、侧向力等。风洞中还可设噪声测量装置以研究气流噪声，设测压装置以确定车体表面的压力分布，在车身表面粘上纤维并通过摄影装置记录气流在车身表面的流谱等。

过去风洞试验中车轮是不转的，实际上转动的车轮对空气阻力系数也有一定影响，因此为测量正确，近来不少风洞安装转鼓以便能更好地模拟行驶状态。带有转鼓测功器的全天候整车风洞功能较多，它除可对汽车的空气动力学性能进行评价外，还可对严寒、高温、潮湿等条件下的汽车性能进行测定。图 3-13 所示是整车试验风洞的一般布置。汽车被固定在天平平台 12 上，通过空气动力天平 10 测定试验风速下的六个气动力分量（阻力、升力、侧向力、俯仰力矩、侧倾力矩和横摆力矩）。附面层吸缝 11 用于消除来流造成的地面附面层对试验结果的影响。图中转鼓试验台 9 可在模拟环境条件下作汽车性能试验。

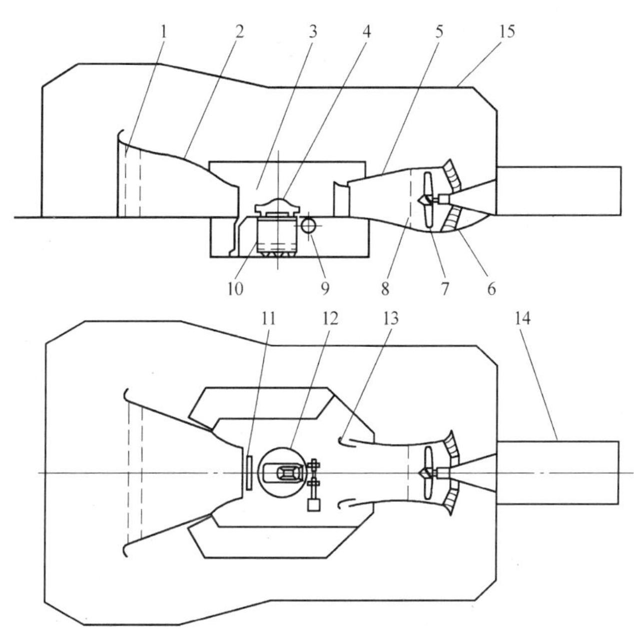

图 3-13 整车风洞示意

1—阻尼网 2—收缩段 3—试验段 4—试验汽车 5—扩散段 6—螺旋扩散片 7—风扇叶片 8—安全网 9—转鼓试验台 10—空气动力天平 11—附面层吸缝 12—天平平台 13—导流器 14—动力与传动装置 15—建筑物

三、汽车零部件试验

汽车零部件种类繁多，各种试验也不胜枚举。从类型来看，零部件试验无非涉及性能、强度、耐久性等内容。发动机是汽车中最重要的总成，以发动机为例，性能试验主要有功率试验、怠速试验、空转特性试验、负荷特性试验、调速特性试验、起动试验、机械效率试验、多缸工作均匀性试验、排放和噪声试验等。强度试验一般对发动机的重要零部件进行，如曲轴、连杆、活塞等运动件和缸盖、缸体等固定件。发动机耐久性试验常常涉及重要部件和整机。重要部件的耐久性可在专门的部件试验台上进行，图 3-14 所示是用

一个专门的散热器疲劳试验机测定发动机散热器的耐久性。整机的耐久性试验则在发动机台架上进行。为了缩短试验时间，常强化试验条件，如在额定工况、全负荷最大转矩工况、超负荷超转速工况下运转。耐久性试验前后要全面测量尺寸和性能，以便评价磨损情况和动力性、经济性、排放等指标的稳定程度。图 3-15 所示是一个全自动的发动机试验台架。许多汽车承载系统的寿命都与道路—汽车系统产生的随机振动特性有关，因此可以按载荷谱提供激振力（或位移）的电子液压振动试验台，成了许多零部件试验中不可缺少的加载工作台。图 3-16 所示是用激振设备进行的整车试验研究。图 3-17所示是用激振设备做后桥耐久性试验。

图 3-14　散热器疲劳试验台

图 3-15　全自动的发动机试验台

图 3-16　用电子液压伺服激振设备进行整车试验

图 3-17　用电子液压伺服激振设备做后桥耐久性试验

第四章 汽车制造、贸易与服务

第一节　现代汽车工业的特点

汽车工业这一术语通常适用于包括发动机、车身等各种零部件制造在内的汽车制造业所涉及的所有企业与企业活动，但不包括轮胎、电池和燃料工业。汽车工业的主要产品是轿车。客车和货车尽管也很重要，但就汽车工业整体而言，属于第二位的产品。汽车发源于欧洲，然而汽车工业却首先在美国形成，以后又扩展到欧洲、日本直至世界各国。

汽车是复杂的产品，又具有大批量、多品种的特点，这就决定了它的生产是高度发展的大工业生产。现代汽车工业的特点集中了现代大工业生产的特点，可从技术方面和社会方面来说明。

一、技术特点

1. 高度分工的专业化生产

在汽车工业兴起的头30年，主要趋势是扩大工厂规模、高度综合化，也就是“大而全”。最典型的是福特公司在20世纪20年代末建成的露奇河厂（River Rouge Plant）。这个厂占地面积444万m^2，厂房面积88.6万m^2，有自备码头，用船从密歇根运来煤和铁，自己炼焦、炼铁、炼钢、轧板、锻、铸、加工、装配，日产汽车约4000辆。炼焦炉和高炉的煤气作为工业热源，用炉渣制造水泥，焦油全部回收，综合利用，全厂不排放废料。厂中还有玻璃车间、轮胎车间，还自制塑料和钻头。这样大而全的汽车厂有很高的生产效率，节约能源和运输力，综合利用能力强，排污少，独立生存能力也强。后来苏联的高尔基汽车城乃至我国的第一汽车厂也是按这种模式建立的，只是没有那样大而全。

但是随着世界汽车工业的发展，大而全的缺点也暴露出来了。首先，不能适应产品快速改型换代的要求，露奇河厂20世纪30年代初从B型改产V8型停产了一年多；其次，每个局部还是比专业厂的规模小，竞争能力也不强，如露奇河厂的两座1000m^3的炼铁高炉，在20世纪30年代还是很先进的，到20世纪50年代以后就落后了；第三，由于机构过于庞大，难以管理，领导对次要环节无暇顾及，妨碍了它们的自主发展和进步。因此，后来汽车厂趋向于分工细化。露奇河厂的体制也发生了变化，分成若干个专业厂。我国一汽也在厂区划分了若干专业厂。

汽车的生产过程是先由若干零件组成合件或部件，由小的合件或部件组成大的部件或总成，再由总成构成系统，若干系统组装在一起构成了汽车。从零件到汽车有几个界限明显的层次，这样就可以进行生产分工，一个生产单位生产某一具有独特功能和相对完整性的部件或总成，并对这个部件或总成的功能和质量负责。

汽车的零部件除了金属制品外，还有非金属制品，如橡胶、玻璃、塑料、石棉、纺织品等，这些产品只能由专业厂生产。即使是金属制品，有些也以由专业厂生产为宜，如电机、仪表、轴承、标准件等。汽车生产的分工首先是不同的专业生产厂的分工。

由零部件专业厂组成的汽车零部件工业在发达国家是很强大的，它们有“小型巨人”之称。它们拥有很强的技术开发力量和先进的生产手段，进行多品种、系列化、大批量、专业化生产，因而质优价廉，面向全世界的汽车制造厂和用户，有很强的竞争力。在具有这样的零部件供应的条件下，汽车厂可以减少自己开发和生产新产品所需的人力和资金，加快产品的改型换代。汽车厂可以根据自己的条件和需要，选择从大部分重要零部件自制直到全部零部件外购，自己只搞整车装配的各种生产方式。选择的主要依据是成本，其次是质量的稳定性、供应的可靠性、应变能力等。一般来说，对于小型汽车厂，拿不出大量的人力、物力、财力来搞零部件，只好以装配为主；而大型汽车厂对外协件的依赖性少些。然而，随着现代汽车工业的发展，汽车厂减少自制件的数量已成大趋势。一般现代汽车厂，除车架、覆盖件、发动机由本厂制造外，其余零件都采取由专业厂配套供应的生产方式，有的汽车厂的发动机也由专门的发动机厂配套。我国的上海大众、东风、解放等汽车厂，都在本地区乃至全国有一批零部件配套厂。世界汽车工业中，跨国配套的事例也屡见不鲜。

总而言之，汽车工业分工协作的程度越来越高，发展大批量、专业化的汽车零部件生产是当代世界汽车工业的一大特点，也是我国汽车工业的发展方向之一。

汽车工业的高度分工，不但表现在汽车厂与各专业厂之间的专业化生产，即使在汽车厂或专业厂内部，其车间、工段、小组也按产品及其加工工序分工，每台设备承担一定的加工工序，操作设备的工人也随之进行了分工。这种分工使每个工序的技术简化，工人重复从事同一工序的操作，很容易熟练；其缺点是工作单调、使人厌烦。另一方面，由于分工，对于复杂的生产过程进行统一规划、详细分割、协调配合，组成一个流畅而完整的生产过程就变得十分重要。这样，生产技术和质量控制就从许多手艺工人身上集中到少数从事生产管理和技术工作的人员身上，这也是高度分工给现代化大工业带来的主要特征之一。

2. 互换制

在大工业出现之前，机械零件之间的配合是由钳工用手工方法完成的。零件在加工时须留装配余量，钳工用试装、红铅油对研等方法找出应去掉的部位和数量，然后用锉、刮、研磨等方法加工配合的双方或一方，达到所要求的配合。这种装配方法主要依靠工人的技艺保证装配质量，费工费时，对装配工人技术要求高，而且生产出来的产品中的零部件是固定配对的，不能互换。这样不能互换的固定配对，对于机械的修理维护非常不便，使生产规模受到限制。19 世纪末，美国的惠特莱（Eli Whitney）首先在步枪制造中使用互换制，使任何一支枪栓能装于任何一支枪上。这种互换制逐渐推广到各种机械工业，尤其在汽车工业中广泛应用，并逐步发展完善。

互换制的基础是零件的公差。在零件设计时必须考虑具体的配合要求，根据它规定各有关部位的名义尺寸及极限偏差，即公差。凡是在公差范围内的零件，装配时都可以不经任何加工而达到预定的配合。这样，互换制就可以大大简化装配过程，提高了生产率，而且在需要更换零件时也非常简便。

互换制的推行还为零部件的专业化生产创造了条件。许多机械零件都已标准化了，如各种紧固件、连接件、轴承等，任何一家工厂生产的都可以互相通用。这就使专业化生产成为可能。

为了实行互换制，在生产中要采取一系列保证措施：

1）依靠工艺装备保证加工精度，而不是依靠工人对每个零件进行调整。

2）使用专用量具检查每个零件是否符合公差要求，而不是使用万能量具。

3）对量具进行定期检查维修，以保证量具准确可靠。

4）制定各级计量标准以及标准的递进方法，使各企业有共同的计量标准，避免发生混乱。

对于各种机械零件的公差配合，各国都有国家标准，国际标准化组织（ISO）也有详细的规定，在汽车设计中广泛采用这些标准，用以保证零件的互换性。

3. 流水作业

流水作业是一种生产组织形式，是汽车工业首创发展起来为大批量生产服务的。汽车生产与其他产品生产一样，在生产过程中涉及到三要素，即劳动者、生产手段和生产对象的相互运动。最初，汽车生产采取定点装配的形式，每台车占一个工位，劳动者携带工具围着汽车转。这种方式给零部件的储运供应带来困难，无论是一次配齐发料还是陆续领料，大量的总成和零部件集中到一个装配点来，造成了拥挤和混乱，各种运输工具往来穿梭于各装配点和仓库之间也造成混乱与不安全。因此，迫切需要采取一种更合理的生产组织形式。

1910年前后，美国福特汽车厂在产量增加的压力下，开始采用移动式装配。他们在汽车总装车间铺上钢轨，把汽车底盘放在钢轨上，各工位完成其工序后，在哨音的统一指挥下由工人把汽车底盘推给下一个工位；后来他们在钢轨后装了一个推动机构，把木块塞在各底盘之间，用机械代替人力推动。有一次前面的车子卡住了，后面一推，中间的各辆车被推出钢轨把墙撞破，发生了大事故。但是他们并没有否定这个新生事物，而是对它进行改进，改推为拉，并在钢轨上装设小车以放置汽车底盘，又配备了各种夹具，这样，逐渐形成了现在常见的汽车总装流水生产线。

由于总装采用了流水作业，大大加快了生产速度，使各分装工序和其前的加工工序不得不采取同样的措施以加快进度，于是输送各种零部件的输送带、输送链被广泛采用，整个厂的生产逐步转移到流水作业方式上来了，生产过程变得协调顺畅，生产效率大大提高。

流水作业的特点是：

1）工位按工序顺序排列，生产对象沿排列好的工位向前移动，这样排列的工位形成一条流水作业生产线。

2）除了生产线的两头有少量生产对象积存外，各工位之间只有在生产线输送装置上的工件而无积存的工件。

3）采用连成一线的机械化输送装置，以保证生产对象运动的一致性，输送装置可以是连续运动式的，也可以是间歇运动式的。这不但节省了运输力量，而且把整条生产线连成一体，构成生产管理上的一个单位。为保证生产连续性所需的一定数量的生产对象储备，可以全部保存在输送装置上。

4）每条生产线有一定的生产节奏（即完成一个工位工作所需的时间），整条生产线上各工位的生产节奏是一致的。这种一致性是保证均衡生产的重要因素。

现在，流水作业在轿车生产中得到充分的发展。轿车的总装生产线从车身的焊接开始，经过喷漆、烘干、内饰、机械安装、附件安装、加油加水、调整试车，最后检查到新车下线，整条总装生产线由若干段空中、地面、地下的输送带组成。沿线设置各工位所需零部件的周转库，并用输送带与大件分装线相连接，就像支流汇入主流一样。这样复杂、庞大的机电一体化系统，是现代科学技术的伟大成就之一。

汽车零件的机械加工基本上采用流水作业方式。铸造的流水作业最彻底，从造型、浇铸、冷却到出铸件、空箱返回、再造型……组成一条环形铸造生产线。锻造和冲压一般为若干零件轮番生产的短流水线，在压力机上设置快速换模装置。

4. 生产过程自动化

汽车产量的增加促使汽车生产过程自动化，自动化不但提高了生产速度，降低了生产成本，而且能保证产品质量稳定。

生产过程自动化是从工艺过程开始的，首先是加工机床的自动化和半自动化。在加工过程按流水作业方式组织起来之后，才开始用效率较高的专用机床取代低效的通用机床装备生产线。专用机床常有机械式的自动装置，使其能在开动后自动完成一个工作循环，然后自动停止。工人的操作只是上料、下料、起动机床，用量具检查工件尺寸。这种机床也称为半自动机床。

多刀多轴机床是半自动机床的进一步发展。20 世纪 40 年代，大批装备汽车厂的多轴立式卡盘车床是这一发展的代表，多轴钻床基本上取代了立钻和摇臂钻床。

专用机床的品种规格增多之后，为了使机床制造简便、合理，出现了组合机床。人们把床身、工作台、动力头、进给机构等设计成标准化的积木块，用多种形式加以组合，并配以专门设计的多轴头和夹具，组成适用于特定工序要求的半自动机床。这种组合机床首先用于钻、镗类加工箱体式零件，以后逐渐推广到其他加工工序。

生产自动化的另一种发展趋势是采用程序控制和数字控制，在机床上安装电子或液压控制系统，按设定程序对工件进行加工。它比专用机床更加灵活，可以通过改变设定程序来加工各种形状和尺寸的工件，适应多品种加工的要求。

二战前后，有不少工厂转产，机床工业趁此机会把若干台组合机床紧密地连接在一起，用带夹具的传送机构把工件从一个工位输送到下一个工位，若干个工位连成一条流水作业线，并用电气或液压系统对整条生产线进行控制，实现了一个零件的全部加工过程自动化，这就是机械加工自动线。这种自动线可长可短，可以分段，在两工位之间加入必要的自动检测（在生产线上检测，简称在线检测）。这种自动线大大提高了产量和质量，降低了生产成本。

20 世纪 60 年代出现了加工中心机床，它可以在一台机床上用多种刀具进行多工位加工，起到一条生产线的作用。它不仅省去了传送带，使结构更加紧凑，效率更高，而且避免了多次装夹带来的加工误差，更能保证产品的加工精度。

把计算机技术应用于汽车制造，可使汽车制造技术面目一新。有了计算机辅助制造技术（简称 CAM（Computer Aided Manufacturing）），人们只要把零件的形状、尺寸要求等信息输入计算机，就可以由计算机控制机床自动加工出合格的产品。

现在，CAM 技术进一步发展为 CIMS 技术。CIMS（Computer Integrated Manufacturing System）就是计算机集成制造系统，它是信息时代出现的一种利用计算机硬件、软件、网络、数据库等现代化高技术，将企业的经营、管理、计划、产品设计、加工制造、销售服务等环节和人力、物力、财务、设备等资源集成起来，使之一方面能发挥自动化的高效率、高质量，另一方面又具有充分的灵活性，以利于经营、管理及工程技术人员发挥智能，根据激烈变化的市场需要及企业的经营环境，灵活及时地改变企业的产品结构及人、财、物等生产要素的配置，实现全面优化，从而提高企业在激烈竞争中的生存、竞争能力，并赢得稳定的高效益的系统。因此，CIMS 已成为世界各主要工业国家竞相发展的一项具有战略意义的高技术，是现代制造企业和工厂自动化的一种最新模式和发展方向。

除机械加工外，计算机应用也使铸、锻、焊、冲压、热处理、喷漆等工艺的自动化程度大幅度提高。通过各种仪表，用计算机控制热处理过程已相当普遍，尤其是焊接和喷漆工序采用机器人，改善了工人的劳动条件，同时也提高了效率和质量。

流水作业和自动化明显提高了汽车生产的效率。20 世纪 50 年代，轿车厂的全员生产率为 5 辆/（人·年）；到 20 世纪 80 年代初，美国超过 20 辆/（人·年），日本更达到 40 辆/（人·年）。

二、社会特征

1. 汽车生产的社会化

由于生产规模的扩大和竞争的日益激烈，像福特公司的露奇河厂那样从矿石进来到汽车出厂的大而全的生产方式已不复存在。汽车厂与广大的汽车零部件厂开展了广泛的配套协作，甚至跨出国门与国际汽车行业进行协作。然而，汽车生产在社会经济生活中所涉及的内容远不止此，还涉及其他诸多方面的联系。

汽车工业与其他工业有密切的联系。首先是钢铁工业，钢铁是汽车工业的主要原材料，没有钢铁工业的发展，汽车工业的发展是不可能的。汽车制造业是机械制造业的一部分，它的装备必须由机械制造业提供。其他如有色金属工业、橡胶工业、轻工业、纺织工业、电子工业等，都与汽车工业有密切关系，特别是随着汽车电子化的发展，电子工业与汽车工业的关系越来越密切了。

汽车是世界第一商品，各大公司的汽车销售网遍布世界各地。汽车工业与汽车商业的结合，再加上处理用户分期付款的银行业务，就形成了一个社会集团，其影响远远超出单纯工业生产的范围。

另一方面，汽车生产与汽车使用相结合，又形成一个更广的范畴。公路主要供汽车行驶，汽车的广泛使用促进了公路建设，发展了交通事业，公路的建设和维护管理是国家和地方重要的公用事业。沿公路的停车场、加油站、汽车维修站、餐馆、旅店等服务设施也都不可缺少。

在复杂的汽车生产协作、销售、使用、服务等社会活动中，汽车生产占中心位置。汽车生产受到整个社会的影响，又反过来深刻地影响着整个社会。因此，我们在考虑汽车工业的发展的时候，不但要考虑它对与之相关的工业、建筑业、金融、商业、服务业、交通运输业的带动作用，而且要考虑这些相关的工业和服务设施等是否能适应汽车工业的发展，还要考虑它对社会各方面造成的危害，如汽车对环境的污染，由于建设公路造成耕地绿化面积减少等。

2. 汽车生产的规模经济性

汽车生产的规模经济性，是指汽车生产的经济效益与其规模有密切的关系。希尔·巴斯顿对工业生产规模与经济性的关系作了大量的研究，综合各项研究成果，从当代生产技术出发，得出各种工艺的最佳生产规模如下：

（1）铸造　提高生产线的机械化、自动化程度，气缸体铸件的产量可达 100 台/h；生产线有相当的通用性，不局限于生产单一品种的产品，其最佳规模是 30 ~ 40 万件/年。

（2）锻造　考虑到压力机锻造生产周期，专用生产线生产率为 50 ~ 100 万件/年。这种设备的通用性高，且锻模寿命极短，小批量多品种生产也合算，其最佳生产规模为 15 万台/年以上。

（3）机械加工　考虑到连续自动机床的生产周期，气缸体产量可达 20 ~ 50 万件/年；由于自动化、专用化的程度高，这类机床价格昂贵，产量过低是不合算的，其最佳生产规模约为 25 万件/年。

（4）汽车覆盖件冲压　冲压设备与冲模费用大，生产周期短，以连续生产为宜，产量可达 100 万件/年以上；设备具有通用性，若采用可移动模座来缩短换模时间，可降低生产成本，其最佳生产规模为 50 ~ 100 万件/年。

（5）汽车装配　汽车装配线的通用性高，当车型改变时所受限制小，装配工艺比较复杂，生产周期较长，其最佳生产规模为 10 ~ 20 万台/年。

最佳生产规模随设备投资多少、设备通用程度、工艺的不同而不同，还随技术的发展而改变。从技术的观点看，当产量超过一定界限（最佳生产规模的上限）时，成本反趋上升。以发动机机械加工为例，每台成本指数与生产规模的关系如图 4-1 所示。图中 1、2、3 分别为小批量、中批量、大批量生产规模所对应的关系曲线。图中还给出了包络线，从中可找到最

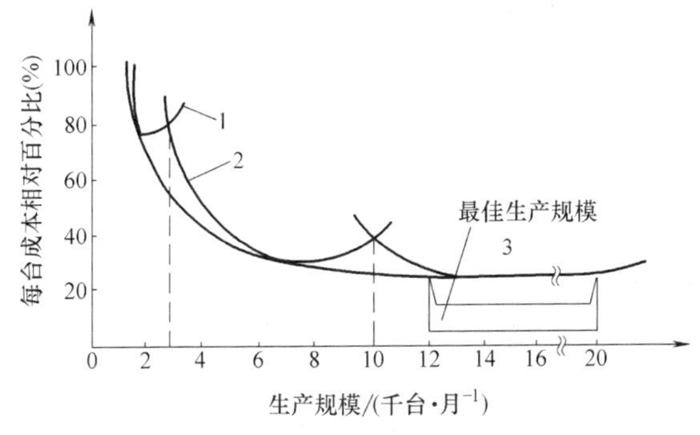

图 4-1　发动机每台成本指数与生产规模的关系

佳生产规模的区段。

关于整个汽车厂的生产成本与生产规模之间的关系，著名经济学家马克西和西尔伯斯通过大量计算分析，绘出一条马克西—西尔伯斯曲线，表明一种车型的年产量与成本有如下关系：年产量由1000辆增至5万辆时，成本降低40%；年产量由5万辆增至10万辆时，成本降低15%；年产量由10万辆增至20万辆时，成本降低10%；年产量由20万辆增至40万辆时，成本降低5%；年产量超过40万辆后，成本降低小于5%；年产量超过100万辆之后，成本降低不明显。

计算分析得出的结论是：一条汽车生产线的最小有效经济规模是6万~10万辆/年，一条发动机生产线的最小有效经济规模是50万台/年，一条汽车覆盖件冲压生产线的最小有效经济规模是100万件/年。为了最大限度地发挥大批量生产的优越性，最好是一条生产线生产单一品种的汽车产品。但是为了适应用户对车型多样化的要求，当前又有多品种大批量或多品种小批量生产的倾向。为此，要求汽车生产线具有相当的通用性，生产线的程序要容易变换，并能进行多种车型的混合生产，这就是柔性生产线。

汽车生产只有达到一定批量才能采用先进技术、降低成本、提高质量，产品方有竞争力，但是生产规模过大也会带来初投资大、产品积压、开工不足等问题，这要视具体情况而定。目前我国的汽车企业，特别是零部件企业主要存在生产规模太小、达不到经济规模的问题，而不是规模过大的问题。

汽车生产的规模经济性是汽车工业的一大特点，因此规模太小的汽车企业在竞争中是注定要失败的。在国门敞开之后，我国汽车工业面临国际汽车工业的竞争，只有发展大规模汽车生产，我国汽车工业方有出路。

3. 汽车工业新陈代谢快

现代科学技术的三大支柱是材料、能源和信息。随着材料、能源和信息科学的快速发展，汽车工业的技术基础也在加快新陈代谢。这不但表现在汽车产品的更新换代上，而且表现在生产方法和生产手段的进步上。

轿车和轻型车的生产寿命较短，一般不超过10年。中型和重型货车的生产寿命较长。一种牌号的车，在生产期间也应随着技术进步或市场、用户的需求有所更新，不断提高其性能，改进其外观。要提高汽车产品的竞争力，必须加快更新换代。像我国的解放牌汽车，从1956年开始生产直到1986年才更新换代，30年一换代，这是由于闭关自守，我国汽车工业不发达而造成的，如有竞争对手，那种老式的解放牌汽车早就被淘汰了。

在汽车产品换型时，生产工艺和设备一般也被大量更换，因为设备的磨损和老化已相当严重，不宜在新的生产线上继续使用。产品换型是更新工艺和设备的良机。在还不到产品换型的时机，又需要扩大产量的时候，如果旧设备已没有潜力可挖，合理的办法是以更高效的新工艺和新设备取代旧工艺、旧设备，让落后的老设备提前退役，作为二手设备低价转让或报废，只有在不得已的情况下才重复添置老设备。这种重复添置的设备与原有设备协调配合也有问题。因此，国际上二手设备的价格是很低廉的。

汽车工业采用的新技术往往不是汽车工业本身开发的。例如机器人是电子工业的创造，但现在用得最广的是汽车生产线上的点焊机器人和喷漆机器人。无论是新原理、新工艺、新材料、新设备、新工具乃至新的管理方法，汽车工业往往是最早应用的场所。因此可以说，汽车工业的技术进步往往反映了整个社会的技术进步。

第二节 汽车制造工艺与材料

汽车工业是在许多相关联的工业和有关技术的基础上发展起来的综合性工业。一般来说，汽车的发动机、变速器、车桥、车身等主要总成由汽车厂自己制造，而轮胎、玻璃、电机、电器、仪表、车身内饰件和其他小型零部件多靠协作厂生产或从市场采购。外协、外购件的制造和选购往往涉及许多特殊的制造工艺和技术。仅就汽车制造厂本身来说，它所用的原材料过去主要是钢铁，现在铝合金正越来越多地被采用，非金属材料特别是塑料和陶瓷的使用不断增加。汽车制造厂所采用的工艺，从毛坯制造到整车装配，可分为铸造、锻造、冲压、热处理、机械加工、焊接、涂漆、电镀和装配工艺等许多种。

汽车制造工艺过程的编制通常以总装为核心。为了提高效率，汽车制造尽量采用流水线的生产方式。整个汽车厂的流水线生产方式，要求同时进行各种零部件的制造、加工，然后装配成大部件或总成，最后汇总到总装配线装配成整车出厂。各条流水线之间必须互相协调，其中的一个环节出了问题都可能影响整个汽车厂的生产。典型的汽车制造工艺流程如图 4-2 所示。

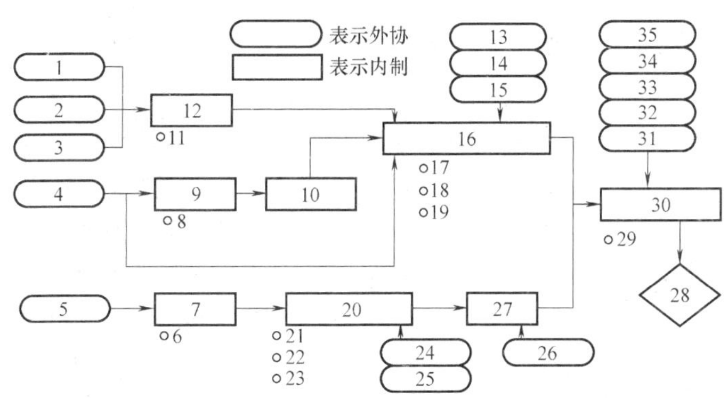

图 4-2 典型的汽车制造工艺流程

1—铸铁 2—铝合金 3—辅助材料 4—钢材 5—钢板 6—车身 7—冲压 8—轴、曲轴、连杆等 9—锻造 10—热处理 11—气缸体、气缸盖 12—铸造 13—电器 14—轴承 15、25、31—其他零件 16—机械加工、装配 17—发动机 18—变速器 19—车桥 20—焊接装配 21—车身 22—车架 23—轮轴 24—车身面板 26—涂料 27—涂漆 28—试品车 29—车辆 30—装配、试验 32—玻璃 33—轮胎 34—内饰件 35—辅助部件

一、汽车制造工艺和设备

现代汽车制造企业都是大规模生产，其生产方式就整体而言是流水作业方式，但对于不同的工艺，其程度有些差异。铸造、锻造、冲压等工艺的生产周期短，采用容易变换程

序进行批量生产的通用生产线比采用专用生产线更为有利。机械加工与焊接工艺过程，宜采用专用生产线进行流水作业。涂漆与装配工艺，一般都采用流水作业。随着科学技术的发展，新技术、新工艺、新材料层出不穷，汽车工业的生产工艺和设备发生了很大的变化。

1. 铸造工艺

在铸造工艺方面，原始的手工造型根本不能适应工业化大生产的要求，现代汽车厂都采用各种铸造自动线，开发了振动造型、金属型铸造、气化模铸造、树脂砂铸造、压力铸造、低压铸造等新技术。

金属型铸造是用铸铁、钢材等制作铸型以浇注各种铸件的工艺方法，其型芯可采用金属型芯或砂芯。与砂型铸造相比，这种工艺铸件质量稳定，废品率低，铸件的力学性能提高，有较高的尺寸精度（12～16级，GB 1800—1979）和良好的表面粗糙度（达 R_a 3.2μm）。金属型铸造的劳动生产率较高，且便于机械化、自动化。近年来，金属型铸造多采用多工位转盘式浇注机，带有液压、电气和温度控制系统，配置有型芯装配及放置、型具清理和上涂料、浇注机械手等装置。

轿车生产中大量采用的铝合金铸件一般以压铸生产率为最高，成本也最低。此外，压铸工艺还具有铸件力学性能高、尺寸精度高（11～12级）、表面粗糙度值小（R_a 值为3.2～0.4μm）等优点。目前，压铸自动化水平有了较大发展，普遍实现自动定量浇注、自动取件、自动喷涂、自动温控、压射活塞自动润滑、自动切边等自动化操作。模具寿命已接近10万次。

图4-3给出了压铸和金属型铸造常见的生产过程。

2. 锻造工艺

汽车上的锻件毛坯较多，就一般轿车来说，锻件计50多种，而且通常这些锻件的形状复杂、精度高。为了提高锻造生产的生产率和毛坯质量，汽车锻件生产除采用普通的模锻工艺外，还大量采用精锻、热挤、冷挤、热镦、轧制等工艺。如变速箱同步器齿环采用精锻工艺后，齿形可不再作机械加工；等速万向节壳采用锻造→机加工→冷挤压工艺后，使得这一形状复杂、精度高、尺寸大的工件在冷挤压后，基本上不需再作机加工便可直接装车。一些直径小、法兰大的零件可采用热挤，花键、齿轮等齿形件可采用冷、热成形轧制工艺，轴类零件可用楔横轧工艺……总之，锻件生产已出现各种特种工艺、专用设备纷呈的局面，有效地提高了锻件质量和生产率。

图4-4所示为连杆锻造自动线的示意图，其生产节拍为3s出一根连杆。

随着汽车工业中专业化分工越来越广泛的发展，汽车公司把一些普通铸锻件转让给其他专业铸锻厂生产，而把那些与保证汽车产品质量有关的重要铸锻件留给自己生产，以有利于降低成本，提高生产率和实现自动化。通常，汽车公司自己生产的铸件如发动机缸体、缸盖、变速器壳体等；锻件如连杆、曲轴、转向节、重要齿轮等。铸锻件是否外协还要考虑到供应是否稳定，经济上是否合算等。例如，日本的汽车行业认为，当生产批量在1～5万件时，外协比自制合算；当批量超过5万件时，自制在经济上是合算的。

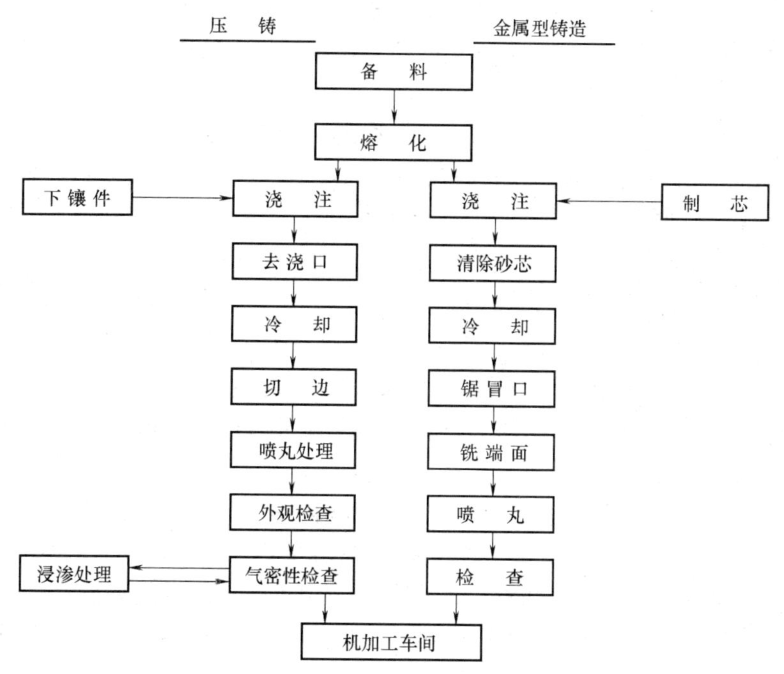

图 4-3　压铸和金属型铸造常见的生产过程

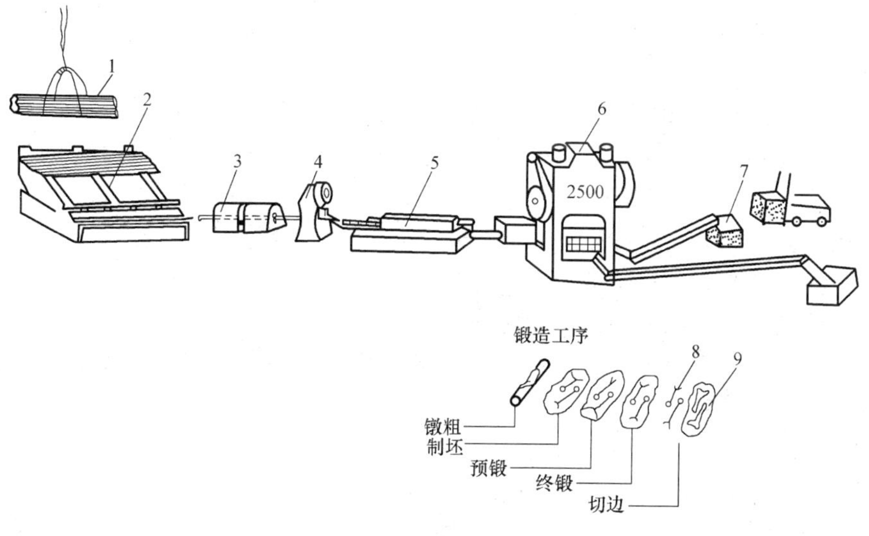

图 4-4　连杆锻造自动线的示意图

1—棒料　2—装料台架　3—预热器　4—250t 钢坯剪切机

5—感应加热炉　6—2500t 自动锻压机　7—飞边箱　8—锻件　9—飞边

3. 冲压工艺

汽车特别是轿车车身绝大部分是冲压件，有很高的质量要求。这些冲压件曲面形状复

杂，并要求较高的尺寸精度和较小的表面粗糙度值。通常，货车冲压件的型面公差和轮廓公差为 ±1mm，而轿车则要求 ±0.5mm。因此，轿车冲压件的模具制造水平同货车相比要相应提高。

汽车冲压件生产是大批量生产，而且品种繁多，如顶盖、挡泥板、车身侧护板、地板、发动机罩、车门内外板、行李箱盖板、中门柱、前门柱、保险杠等。例如德国奔驰汽车公司辛德尔芬根厂冲压车间日产冲压件 1000t，年产 30 万 t，6000 余种。因此，为提高生产率，必须采用机械化、半自动化或全自动化流水生产。

冲压生产线通常有两种形式，一种是单机联线，另一种是采用多工位压床生产线。单机联线就是将多台压床按工序贯通排列，其间采用机械手、转动装置或机器人完成上、下料和零件传送工作。这种生产线有独立同步式和全自动同步式两种，前者压床的运转各自独立，输送带控制生产节拍，设有柔性中间存储装置使各压床组形成独立同步机组。这种作业线的性能比较灵活。后者给料作业、压床运转等均同步连续进行，工作效率高。如瑞典沃尔沃公司一个轿车车身零件制造厂，其冲压车间有 18 条冲压生产线，其中有 4 条线为全自动化线，每条线装 5 ~6 台压机，工作节拍为 6 ~10s。

近年来，汽车冲压件生产出现多工位压床代替单工位压床的趋势。多工位压床是目前最先进、自动化程度最高的冲压设备，其工位数有 5 工位、6 工位、8 工位等。多工位压床占地面积小，电力消耗低，生产效率高，因此其作业成本比一般压床流水线低得多。先进的多工位压床使用微处理机控制的可编程序控制装置，使自动化程度更高。例如，日本本田公司装备一台 4800t 的多工位压床，生产效率比原自动线提高一倍，由 7 ~8 件/min 提高到 14 ~15 件/min。

4. 机械加工工艺

以大批量生产为特征的汽车零件的机加工，走过了从普通机床到专用机床和组合机床，再到数控机床、加工自动线、加工中心这样一条道路。现在，汽车零件的机加工自动化水平相当高，绝大部分都采用计算机控制的全自动生产线，少量采用单机生产的设备也都是数控机床，只有少量辅助工序由人工操作。

汽车零件的机加工工艺有如下特点：

1）粗、精加工一次即达到工序的精度要求。

2）在一个工位上完成尽可能多的工序内容，广泛采用多面加工、多件加工或多工位加工，以实现工序集中。

3）用无屑加工代替切削加工工艺。

4）采用大流量切削液，以满足高效切削的需要，切削液和铁屑采用集中处理。

5）尽可能使用高效加工工艺，如以铣代车、以磨代车等。

6）广泛使用不重磨刀片、高速钢层涂刀具、超硬刀具等，可调刀具在线外调刀，更换刀具迅速。

7）大量使用主动测量系统，大部分生产过程实现在线检测，并采用自动补偿技术。

8）当某一工位发生故障时，立即发出报警信号，并使全线停止运转。

图 4-5 所示是用车拉机床加工曲轴主轴颈的示意图，加工时工件高速旋转，刀具装在

鼓轮上缓慢旋转，鼓轮旋转完一周即完成全部主轴颈的加工。

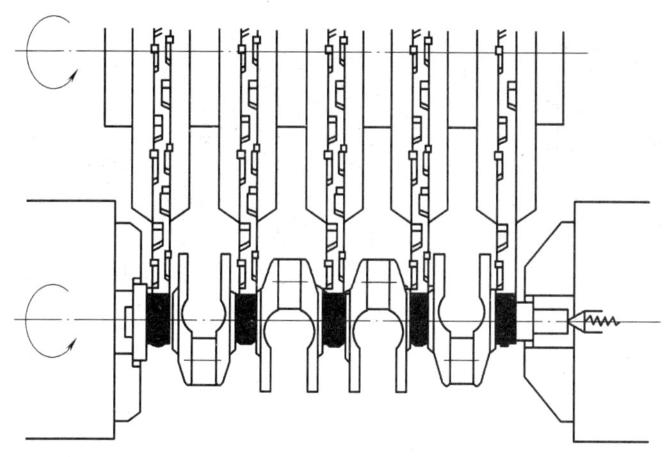

图 4-5 车拉机床加工曲轴主轴颈的示意图

国外从 20 世纪 90 年代起陆续在缸盖、缸体、变速箱体等加工自动线上应用高速加工设备，其主要优势具有：高生产率、高精度和低的表面粗糙度，干切削而减少污染和成本，因小的切削力和低的切削温度而延长了机床的刀具寿命，减少了加工变形，有利于将粗、精加工合为一体，减少工序和装卡次数。

5. 焊接工艺

车身焊接通常称焊装，是将车身冲压零件组装和焊接成符合产品设计要求的白车身（即未经油漆的车身）。下面以轿车车身为例，说明现代汽车车身焊装工艺和特点。

图 4-6 所示是焊装工艺流程图。从图中可以看到，在车身焊装的过程中，先将整个车身分成几个大的总成进行分装焊接，如地板总成、发动机仓总成、左侧围总成、右侧围总成、后围总成、顶盖总成、左车门总成、右车门总成、发动机罩总成、行李箱盖总成、左右翼子板总成等；然后再将这几个大的总成焊装成白车身。车身上的小分总成一般在单机上进行焊装，各大总成的焊装和车身焊装则在流水生产线上完成。因此，通常要为车身焊装建立十几条生产线。生产线上配备各种焊接设备和工具、定位和夹紧工装、机械化运输系统、生产过程控制和质量检测与控制系统、安全防护设施等。生产线之间的运输通常用悬架式输送机和搬运机械手等完成。车身焊装所用的焊接方法以电阻焊居多，一般占焊接总量的 90% 以上，主要是点焊和凸焊，其生产率高、成本低。所用的设备有悬架式点焊机、固定点焊机、多点焊机、螺柱焊机、焊接机器人等。焊接机器人被越来越广泛地采用，并出现了机器人焊装线和无人操作机器人焊装车间。采用焊接机器人可使焊接质量稳定，但投资较大。目前激光焊接技术正迅速发展。点焊逆变电源变压器正扩大应用，它使焊接变压器的体积大大缩小，进一步推进自动化焊接技术的发展。

为了在同一条焊装线上组织生产几种不同品种而工艺相似的车身，已出现了所谓混流生产的柔性焊装线，它通常用机器人点焊和更换夹具来实现。

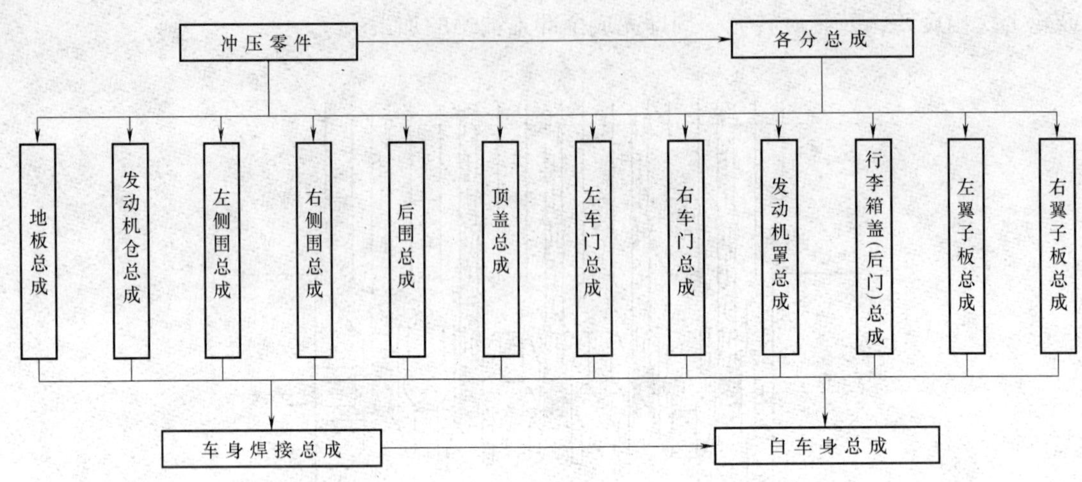

图 4-6　焊装工艺流程图

在车身焊装过程中，各大总成和白车身在焊装完后均要进行严格的质量检验。例如，在生产线上设自动检测机检查装配、焊接质量和尺寸要求，在白车身完成后用三坐标测量机进行抽检。图 4-7 所示是用焊接机器人进行轿车的焊装，它使车身的产量和质量大大提高。

图 4-7　用焊接机器人进行轿车的焊装

6. 涂漆工艺

轿车、客车车身和货车驾驶室的涂漆不仅装饰性要求高，而且还要求高的抗蚀性。装饰性要求包括涂层光亮、平滑、丰满、美感强；抗蚀性要求包括外观锈蚀、穿孔腐蚀、损坏结构腐蚀出现的使用时间。例如，加拿大规定这三种腐蚀出现的使用时间应分别保证5年、10年和20年。

为保证喷漆质量，车间厂房及其环境要求非常干净，并注意将产尘区与喷漆工作区分开。喷漆之前需进行预处理。预处理质量的优劣对整车的耐蚀性有重要影响。货车预处理一般设有7~8道工序，而轿车的预处理则多达12~13道工序。预处理的目的是使金属车身脱脂清洗后通过中温低锌磷化，生成一层磷化膜，并经钝化进一步增强其耐蚀性。涂漆有好几道，先经电泳底漆，后喷中间涂料，最后作面漆施工，面漆施工是决定车身美观的最后一关，面漆类型有氨基醇酸类、聚脂类、丙烯酸类等。通常用高速旋转静电喷杯来喷涂，其厚度单色面漆为30~35μm，金属闪光漆为15μm，要求得到较高的光泽和鲜映度。

为了高质量、快节奏，涂漆生产较多地采用往复式喷涂机、喷漆机器人等装备，构成自动化程度较高的生产线。考虑到轿车面漆的返修率较高，一般在车间设计中安排一条较大的返修生产线，供正常返修使用。

7. 总装工艺

汽车总装配是将汽车各零部件总成根据技术条件装配成一辆完整合格的汽车的生产过程，也是汽车生产的最后一道工序。总装过程客观上对零件起了最终检查的作用，因为装配工人发现变形、损坏、碰伤、不合规格的零件均会将其剔除。在总装配的出口处，汽车要进行严格的检查、调整和整车检测，其中包括发动机综合测试、废气排放测试、灯光测试、前轮定位测试、密封性测试和电器检验等。对一定比例的整车还要在试车跑道上进行抽检。质量保证部门每天从当天总装线上生产出来的车辆中抽出1~2辆车进行全面检验，以此考核各部件质量和总装质量，并反馈给生产管理部门和技术部门，以便采取措施，不断提高产品质量。

总装配生产线由一系列输送设备构成“立体装配”，并设置许多装配台架和电动、风动工具。根据投资强度和生产批量，总装配生产线上安装一定数量的自动化设备，如不少汽车厂安装仪表板、前后风挡玻璃、座椅、车轮、发动机、车桥等时实现自动化装配，但与焊装相比，总装配线上仍有不少环节需靠人工进行。

二、汽车材料

1. 汽车材料的特点

由于汽车生产是大规模工业生产，汽车材料必须具有严格的质量均一性，材料的化学成分、力学性能、热处理淬透性以及材料尺寸等的波动应当尽可能小，而材料的价格应低廉，来源充足。

2. 对汽车材料的高质量要求

用于制造汽车的材料应该是优质材料，材料在力学性能、可加工性能、可锻性、热处理性能等方面，都要能保证产品的质量。

以切削加工为主的材料，要求有高的切削系数，就是要容易被切削加工。为此，各国历来使用加硫或加铅的钢，以改善其可加工性能。使用易切削材料可以缩短加工时间、延长刀具寿命、保证加工精度和表面粗糙度要求。

在汽车零件中，有不少是不进行全部表面加工而局部保留锻造或铸造黑皮的。因此，锻造用的原材料型钢的表面不容许有缺陷，钢厂不能忽略对钢锭表面去除氧化皮和钢板的酸洗作业。汽车零部件的损坏，有很大部分是因为材料缺陷造成的，因此要特别注意选用合格的材料。

热处理性能也很重要，在同样条件下用流水作业方式逐次加工出来的零件，经过同样的热处理工艺，应具有相同的硬度和金相组织。对于表面渗碳用的钢，则应选择不产生淬火软点的材料。

汽车制造用材除了要确保质量之外，还要注意降低成本，要在保证质量的情况下尽量避免采用合金钢，多用符合上述加工条件的优质碳素钢。

3. 汽车材料的选用

上述对汽车材料的要求只是一般的要求，在设计时，对于不同零件还有许多不同的要求，如有些零件要求材料在高温下不变形，有的零件要求耐磨性好，有的要求抗疲劳强度大，有的要求焊接性好，有的要求在燃烧或腐蚀性气氛中不被烧损或侵蚀等等。设计人员应该熟悉材料知识，明确零件的工作条件及其对材料的要求，根据这些要求和零部件的负荷计算来选用材料。为了确切了解零部件的工作条件，必须对零部件进行静态和动态试验。在设计和选材时，还应该考虑应力集中的问题，考虑由于表面脱碳、表面状况不良等造成的强度下降，为此必须掌握实际试验资料。

产品的成本不仅包括材料费用，而且包括一切加工费用，如机械加工、锻造、铸造、热处理、焊接、电镀、涂装等费用。在考虑成本时必须全面考虑，选用最合适的材料，同时要考虑采取费用最低的加工工艺。

4. 材料标准、检验与采购

由于汽车用材的特点，对材料的要求较高，一般工业标准已不能满足要求，应使用汽车工业特有的标准。

对汽车用材料的检验就是检验它是否符合汽车工业特有的标准。为了保证产品的质量，汽车生产企业必须对材料进行严格的检验，把好材料质量关。检验方式有对全部材料进行检验和抽样检验两种。为了将材料按其符合标准的程度分等级加以使用，就必须对材料全部进行检验。对于没有必要进行全部检验的材料，应该进行抽样检验。汽车生产企业需要积累有关材料检验的数据，如平均值 X、范围 R、不合格率等质量管理参数的统计资料图表，以保证全部产品质量的稳定性。此外，制定严格合理而简明的检验规程，对降低汽车造价、提高产品质量有重要意义。

设计、试验研究和采购部门之间的关系和职责要明确。试验研究部门要根据从实测或资料获得的有关材料的全部数据，对不同规格的材料加以编号并制成文件；设计部门应把关于对材料性质的要求告知试验研究部门，并征询其对材料规格和牌号的意见；然后由采购部门根据确定了的规格牌号等向供应厂家采购，检验部门则负责检验所采购的材料是否合乎要求。

如果充分掌握了材料质量管理的资料，就可根据数据和图表挑选材料供应厂家，并可免去检验手续，这是最理想的采购办法。汽车制造厂在选定了质量信得过的材料来源之后，不宜经常变更材料供应厂家，以保证材料性能的稳定可靠。

5. 汽车材料的发展

汽车最初采用铁木结构，以后便主要采用钢铁。近年来，新材料在汽车上的应用层出不穷，但对大部分汽车而言，钢材仍占最高比例。例如，法国雪铁龙 AX 系列轿车，其所用钢材占车重的 64.5%，其中结构钢占 10%，弹簧钢 1.5%，钢板（主要是各种镀层板）占 53%。在品种上，主要采用性价比高的低合金高强度钢。汽车用材中铸铁比例不断下降，其主要原因是为了使汽车轻量化，许多铸铁件向铝件、镁件和工程塑料件转化。例如变速箱壳体、气缸盖甚至气缸体往往采用铸铝合金件或铸镁合金件，进气支管开始采用铝或聚乙烯、强化玻璃纤维树脂等工程塑料。另外，铸件材料本身性能的提高使铸件的重量减轻。为了适应高生产率，原有的铸铁件向型材、冲压、烧结、压铸件等转化，这也使铸铁用料的比例下降。

铝、镁合金由于具有密度小、比强度较高、熔点较低、易于大批量生产和再生利用等特点而被愈采愈多地在汽车上应用。目前，国际上轿车材料的用铝量，一般占车重 5% ~ 7%，个别型号已超过 10%，如日本本田的 NSX 车采用全铝车身，德国波尔舍 926 型高级轿车用铝量高达 236kg。20 世纪 80 年代中期开始在生产工艺上取得突破的泡沫铝合金是一种大有前途的汽车材料，它的密度仅为铝的 1/10，有很高的吸收冲击能的能力，并能消声降噪。泡沫铝在汽车中应用时多采用三明治夹板结构，即芯层为泡沫铝合金，两侧为铝板或其他金属薄板。据测算，汽车车身构件有 20%，可用泡沫铝材制造。为汽车轻量化作出贡献的除铝、镁外，树脂材料功不可没。美国通用汽车公司在其 20 世纪 90 年代推出的 Saturn 车上引人注目地使用了大量的树脂材料，如用热可塑树脂（聚苯醚、ABS 材料等）喷射成形的挡泥板、车门外板、小柜板、后围、仪表板等，用聚丙烯发泡工艺生产的前保险杠，用蜂窝结构聚乙烯材料制成的后保险杠，用高密度聚乙烯材料经氟树脂处理后制成的燃油箱等。日产公司在 Neox 车上采用有三层树脂结构的传动轴，丰田公司在 4500GT 车上采用树脂复合材料的扭力杆、离合器踏板和进气歧管。

树脂材料性能的不断改善使全塑车身的设想变成了现实，近年来，已发展了不需喷漆、循环使用、可降解，环保性好的树脂材料（ASA 经改性而成），并具有高的强度和抗冲击性，有高的性价比和良好的耐候性。在工艺上，它们可以挤出片材再热压成型，也可以注塑或吹塑，很适合个性化、小批量生产的车身，如电动汽车、小型车辆等。奔驰的 Smart、雷诺的 Espace、莲花的 Elise 都采用了塑料车身。戴-克公司 1998 年推出的 CCV 概念车采用四块热塑车身板，加上板材连接件，其白色车身板总重仅 95kg，开创了全热塑车身的里程碑。

以氮化硅、碳化硅、氧化铝和二氧化铅为主要成份的陶瓷材料因其高强度、高耐蚀和耐热性、高耐磨性、低膨胀系数和低密度等特点而受到重视，用于制造发动机气门、挺杆、轴承和涡轮增压器转子等零件。例如用氮化硅代替 Ni 基耐热合金制造涡轮增压器转子，可使转子的惯性矩减小 45%，使增压器从起动到 10 万 r/min 的加速时间从 0.6s 缩短到0.4s。

汽车上还大量使用橡胶、玻璃等材料。汽车应用的橡胶品种有天然橡胶（NR）、三元乙丙橡胶（EPDM）、丁腈橡胶（NBR）、丙烯酸酯橡胶（ACM）和硅橡胶等。橡胶材料也存在轻量化和废物再生利用的要求，为此，正在研究低密度、不加硫、省能源并有优良物化性能的新型材料——聚酯系热塑弹性体。

汽车上玻璃品种较多，都属于安全玻璃，如钢化玻璃、层压玻璃。为了减轻车重提高安全性和降低生产成本，目前，光学塑料正在取代汽车用玻璃，所用的材料主要是聚丙烯和聚碳酸酯。

一些高性能复合材料也正在获得应用，如在铝合金中加人大量超细粉末陶瓷的金属基底复合材料，用它制成发动机连杆，重量比钢制的轻30%，这对降低发动机燃油消耗率、改善振动和噪声有明显效果。高强度纤维复合材料是一类以聚合物为基底的复合材料，特别是碳纤维复合材料是目前已知的最轻的汽车结构材料，可使汽车车身和底盘零件减重67%之多，随着低成本碳纤维生产技术的发展，这种新型结构材料将会获得越来越多的应用。

除结构性材料外，各种新型的功能性材料在汽车上有广泛的应用前景，如光纤材料、传感材料、催化剂金属、形状记忆合金、导电玻璃、光致变色材料等。

第三节　汽车生产的组织与实施

一、汽车厂的厂址选择和工厂的生产体制

1. 汽车厂的厂址选择

根据汽车生产是大规模生产、汽车生产与社会各方面联系比较密切等特点，汽车厂的厂址选择必须满足下列条件：

1）有宽阔而集中的一块场地，以供建厂之需要。场地的大小除了按现计划规模建厂的需要外，还要考虑扩建的可能以及考虑在附近建设协作厂之可能。

2）原料和协作件供应方便。

3）靠近产品消费市场。

4）容易从附近招募劳动力。

5）水、电供应有保障，交通和通讯方便。

6）三废容易处理。虽然汽车厂不像化工厂那样难以治理污染，但还是要充分考虑环境保护问题。

新建一家汽车厂在选择厂址时还要考虑生产规模的经济性、现有工厂的情况、协作分工、投资计划等诸多因素，然后作出综合性结论。

2. 汽车厂的生产体制

一般汽车厂的生产体制是在厂内分设毛坯、零部件制造和整车装配等专业化车间。零部件制造的产量大、集中程度高；而整车装配车间的产量相对较小，趋向分散设置。有的汽车厂把毛坯生产、零部件制造、总成装配、整车装配等若干条生产线连成一条龙的庞大生产线，实现高度自动化。这种生产体制当然有许多优点，但要求投资大、技术水平高，

如果有一条分生产线出现故障会影响整个厂的生产。究竟采用哪种生产体制，要视各企业的历史发展过程和现实情况而定。当然，从发展趋势来看，随着汽车生产的全球化和激烈竞争，为降低成本，汽车整车企业已从大规模生产转为大规模定制生产，将更多的部件、模块通过外包定制转移给零部件供应商，从而通过减少库存和降低总成本来提高利润。

二、汽车厂的厂区布置和厂房建筑

汽车厂的厂区布置应符合工艺流程的顺序，避免不必要的运输，除此之外还要考虑工厂的发展前景，便于扩建。汽车厂的厂内布置，一般以道路为基准，大致可分为主厂房区、经营管理和生活福利区、生产服务区（包括配电间、动力车间、空压机站、废料处理场等）。生活福利区要尽量避免污染（包括三废和噪声、振动等），提供较舒适的生活环境。厂区内还应考虑有一定的绿化面积。具体厂区布置还应考虑地理、地质、交通、气象等诸多因素，是相当重要而又复杂的问题。现仅举汽车总装车间布置的典型方式为例子，如图 4-8 所示。

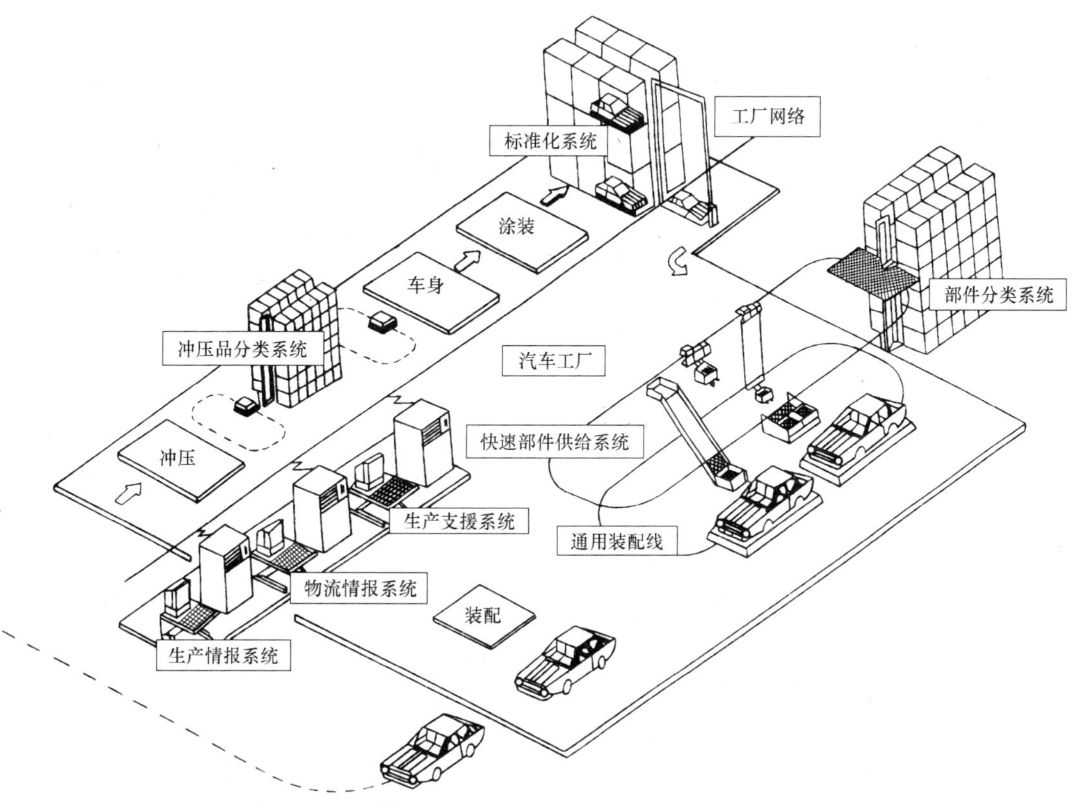

图 4-8　汽车总装车间布置方式举例

汽车厂厂房的建筑，一般倾向采用钢筋混凝土预制板单层建筑、按工艺隔开、柱间距离为 15 ~ 20m 的大跨度结构。如果场地受限制，装配和涂漆车间可以采用两层建筑。对于安装大型设备和振动设备的车间，在地基和厂房的抗振结构方面要满足设备安装的要求。

三、汽车厂的自制和外协分工计划

根据汽车厂在生产准备阶段制定的长期生产计划，考虑本厂准备采用的生产体制与内外加工顺序，对汽车厂的生产工序与设备计划进行周密的分析，着手制定自制与外协的分工计划。在制定自制、外协分工方案时，不仅要考虑产品的成本，还应考虑产品质量的稳定性、投资计划、保密问题，对协作企业的扶植等许多方面。

汽车生产以总装为核心，凡是与总装关系密切、生产周期短的零部件一般都由本厂制造，以保证生产的连续性，如车架、车身、汽车覆盖件等；对于生产周期长、工艺较复杂，尤其是需要特殊工艺制造的零部件或总成、标准件、原材料、坯料等，应该充分发挥专业厂的特长，采取外协加工，如轮胎、玻璃、电机、电器、仪表、空压机、活塞、气门、弹簧、轴承、离合器、散热器、空调、密封件、塑料、内外饰件、钢铁和有色金属原材料或坯料等，一般都由专业厂制造，这样可以充分发挥专业厂的作用，减轻汽车厂的负担。无所不包的大而全的汽车生产模式已经过时，发展汽车的专业化生产适应多层次的供应商体系，是现代汽车工业的发展趋势。

还有些汽车零部件或总成，可以采取外协方式，也可以由汽车厂自制，如座椅、油箱、轮毂、制动装置、转向器、飞轮、大的电镀件等。为了发展专业化生产，这些零部件和总成现在也趋向由外协制造。有的汽车厂，零部件和总成全部依靠外协，实际上它只是一个总装厂。究竟自制与外协如何分工，如前所述要根据具体情况，考虑诸多因素，周密分析，慎重抉择。这是汽车生产的大计，只有这个大计定下来了，才能进行厂区布置、厂房建设，制定生产工艺与设备计划、生产作业计划等。生产体制与分工方案是互相紧密关联的，应放在一起来考虑。在考虑采用哪种生产体制时，就应当考虑哪些零部件和总成由本厂自制，哪些由外协获得，如外协来源不可靠，还得考虑由本厂自制。

四、汽车生产的工艺与设备

根据汽车厂的生产规模、生产体制与自制外协分工计划，制定汽车厂的生产计划；再根据生产计划所确定的生产节拍，选定各种生产工艺和设备。在选择生产工艺和设备时，应考虑的基本问题是：

1）通过对各工序的分解或合并，采取适当的工艺与设备，尽量使各工序的生产节奏与生产计划确定的生产节奏相吻合，以形成一条各工序同步的和谐协调的生产线，然后加上生产管理（零部件供应方式与库存安排）和质量管理（质量控制方式与设备，检测点等）的内容，就形成了一条具有综合机能的生产线。

2）应注意减少总装配量（适当分组装配或由供应商完成组装模块），减少调整作业量，减少工序的数目，并保持工艺过程的连贯性，以提高大批量生产线运行的平稳性和生产节奏。

3）参照最佳节拍时间，确定生产线的数量和流动方式。一般大量生产的机械加工生产线的最佳节拍时间为0.7～2.0min，装配生产线为1.0～2.0min。若单一品种加工数量达不到生产线的经济批量时，一条生产线上可流动生产两种产品，它们的产量相互配合以达到经济批量。

4）选择加工方法时，应根据产量进行经济核算。选择能保证加工质量又最经济的加

工方法。在大量生产线上应优先采用先进的加工方法，如无切屑加工法，自动化、高速化、同步化、多方位同时进行的加工和装配法等。

5）考虑到将来可能的生产变化，应选用能适应生产变化的设备，例如，采用通用性高的专用生产线，当汽车改型时，通过程序调整和更换少量工艺装备就可以生产变型车。对于机械加工生产线，希望刀具的配置和加工条件等方面保留适当的变动余地，以适应产品的变动，对此，加工中心机床有较大的灵活性。

6）要采用可靠而高效的工模夹具，宜采用一次夹紧，多方位同时加工的夹具和自动夹紧装置，这不但提高了生产效率，而且避免了多次装夹带来的加工误差，保证了产品质量，这也是加工中心机床的优点。

生产线上各种设备的布置要合理，要能保证工件流程通畅，使生产线上的各台设备组成一个有机的整体。为了便于搬运、维护和管理，一般要求设备布置单一化、直线化。在每条生产线的各工序之间，生产线与生产线之间，应配备调节储存装置，以适应工具更换、设备暂时停顿、作业时间波动、换班贻误等情况。这种补充装置应与输送机相结合，即在输送机上允许少许储存量。在装配线上，采用输送机、线侧装置或流动台车供给多品种的大量零部件，以保证协调供应。

在选择好工艺和设备之后，就可以据此确定各工序、各类操作的定额，进而确定工人数量。尤其是装配生产线，应注意平衡每个工人的操作时间，避免劳逸不均，这样才能提高生产率。

汽车厂的生产一般采取两班制，每天生产14～16h，以降低设备折旧费，较充分地利用设备。在集体劳动程度高的装配车间，也有采取一班制的。对于生产周期长、热损失大的工段，如热处理工段，必须实行轮班连续作业的制度。

根据上述各项计划，包括自制与外协、工艺、设备、工艺装备、设备布置、工时定额等，制定工艺流程表、操作程序表、工具表、工时定额表等技术标准文件，在生产准备阶段发给有关部门，据此进行各项生产准备工作。

五、汽车厂的生产准备工作

任何生产都需要一定的物质和人为条件，这些条件必须在生产过程开始之前齐备，并在生产过程中作必要的补充。创造这些条件的工作，称为生产准备工作。采用流水作业方式的汽车生产，要特别重视生产准备工作。技术工作对生产的作用也主要体现在生产准备阶段，投产的成败，关键也在于此。为此，企业须动员全部技术力量，严格按计划进行生产准备工作，其内容大致如下：

1）产品设计部门提供产品的生产准备用图和资料。

2）工艺部门编制零部件、总成生产直到总装的工艺路线，决定自制与外协的分工。

3）有关单位编制具体加工工艺、选定设备及工艺装备、制定加工余量和毛坯图，制定工时定额。

4）设备订货。

5）工艺装备的设计与制造。

6）车间平面布置。

7）建筑设计与施工。

8）水、电、公用设施的设计与施工。

9）设备安装。

10）调整试生产，解决出现的问题。

11）投料试生产，下线第一批产品试验和鉴定。

生产准备头绪繁多，一种型号的车通常有2000多种零件需要加工，订购的专门设备达数百项，工装设计制造有上万项，稍有不周就会出现脱节与漏洞，影响整个厂的生产。因此，必须有强有力的领导机构进行计划、调度和检查，发挥企业各部门和单位的积极性，把工作做好。

六、汽车厂管理概要

汽车生产除了要投入必要的劳动力、设备和材料之外，还必须进行严格的生产管理和技术管理，方能达到预期的产量、质量和经济效益。现代汽车生产规模大、环节多、部门多，生产管理和技术管理是非常复杂的，任何一个部门、任何一个环节出现了问题，都将影响整个厂的产量和汽车产品的质量。现代化汽车厂的管理必须建立在企业信息平台的基础上，通过PDM/CAD系统进行产品数据管理；通过ERP/MES系统进行企业资源信息管理；通过MPM系统进行制造过程的流程管理。图4-9概略地表示了汽车厂各类管理的相互关系。

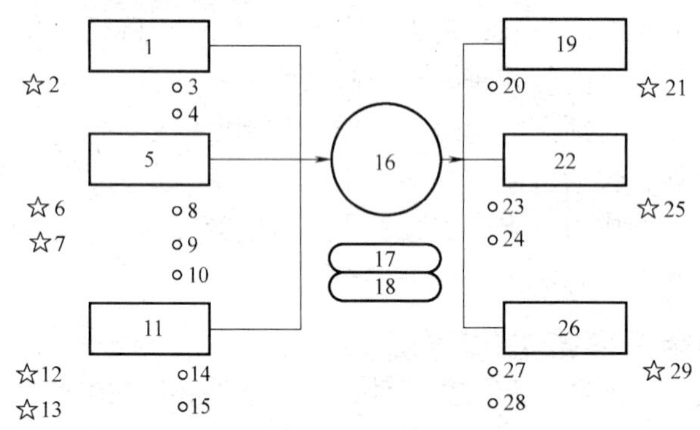

图4-9　汽车厂的管理关系

1—劳动　2—工时计划　3—劳动管理　4—安全管理　5—设备　6—工艺计划　7—设备计划　8—设备管理　9—工具管理　10—环境管理　11—资料　12—产品规划　13—内外协作计划　14—派工管理　15—供应管理　16—生产　17—工程　18—管理　19—质量　20—质量管理　21—质量计划　22—生产周期　23—生产管理　24—进度管理　25—生产计划　26—成本　27—成本管理　28—效率管理　29—合理化计划

汽车厂的管理可有生产管理、零部件管理、工时管理、质量管理、设备管理、生产率管理、安全管理和环境管理等。

1. 生产管理

在预定的生产形态下，生产管理可分为两个管理系统：

1）从销售计划到生产计划的产量管理。

2）从产品规格到零部件派工的规格管理。

这两个系统相互结合，形成零部件供应与生产的完整的管理体系。

生产计划是进行汽车生产的依据，必须在其他计划之前制定。生产计划可分为长期生产计划、短期生产计划和实施计划。

（1）长期生产计划　长期生产计划根据市场调查需求预测和本厂的实际情况等制定。它包括数年内的生产计划、年度生产计划和分期生产计划。计划内容有长期经营管理方针、汽车生产的品种和数量，它们是制定生产体制计划的基础。生产体制计划包括材料供应、外协件供应、设备、人员、资金等内容。长期生产计划还包括如何进行各种经营管理活动的计划。

（2）短期生产计划　短期生产计划即三个月内的生产计划，它根据长期生产计划、生产销售的情况、库存动向和生产体制等制定。它确定三个月内各种车型、各总成、零部件的生产数量，作为制造计划、外协件供应计划的基准。

（3）实施计划　实施计划是10天以内的生产计划，根据订货情况和各种汽车产品的库存情况制定。它确定每旬及每日产品按日下线的计划，决定制造顺序、制造规格和零部件供应同步化等各种细节。

2. 工时管理

汽车厂需要分析研究完成生产计划所需要的人员和设备体制，制定长期与短期用工计划，并在此基础上进行工时管理。长期用工计划包括人员的录用和训练的长期计划、缩短工时计划、设备能力分析及设备购置计划、设备更新计划等；短期用工计划包括人员调整分配计划、考勤制度、工作时间调整、劳动组织计划等。为了经常保持为满足高效率生产所需的适当数量的工人，必须根据每台设备的标准工时，按月算出各车间、各条生产线、各工种所需人数。

工时定额是工时管理的依据，而且是工效管理、成本管理、设备能力管理等多种计划与管理工作的基本数据，是管理工作的重要资料。工时定额的测定，是将不同工序的操作分解为完成这一工序的各种主要动作，测定完成这些动作需要的时间，把它们相加并加入适当的时间裕量而求得该工序的工时定额。即使是同一工序的工时定额，也会因设备情况、操作条件不同而异。

工时管理一般由劳动人事部门和生产管理部门负责。

3. 质量管理

汽车制造是大规模生产，要保证产品质量和性能稳定，在很大程度上有赖于标准化和规范化。此外，逐渐引进许多质量管理技术也起到了提高质量的作用。企业的质量管理观念和技术，经历了四个发展阶段：最初是采取抽查产品的办法，以检查加工件的质量为中心来保证全厂的质量；进而为统计的质量管理（SQC），以工艺为中心来保证；后来提高到质量改进计划，以制造中心的职责来保证和提高产品的性能；现已发展成为全面质量管理（TQC），通过开展计划、实行、检查、处理（PDCA）的循环活动，对全公司的产品设计、生产、销售等系统进行全面质量管理。

（1）质量保证的组织与活动　通常在公司一级设立质量管理部门，在工厂一级设立质量检查部门，以这些机构为中心，将设计、生产、经营等部门有机地结合起来，开展经常性的提高产品质量活动。主要活动内容包括：向发生问题或质量缺陷的单位迅速反映情况，制定解决方案，解决出现的问题；制定质量标准，规划检查方式，使质量管理制度化、系统化、标准化；质量管理观念与技术的普及与推广，如质量管理技术培训、开展质量月活动等。

（2）质量保证计划　在大量生产的情况下，必须实行质量保证计划，否则可能生产出大量不合格产品。质量保证计划的要点是，在计划中彻底分析影响质量的各种因素，使一切能够预料到的影响质量的情况都受到严格的控制。

在产品规划设计、试制阶段，就应把用户对质量的要求和工厂的加工能力结合起来，进行周密的分析，在产品设计时应留有余地，保证在工厂的加工条件下生产出来的产品达到设计要求。

加工工艺应保证产品质量。在生产之前的工艺计划阶段，就应制定质量保证计划，这对大量生产方式有着重大意义。在生产线的适当工位应设置检验工序，检验工序的时间应与生产线的生产节拍相适应，尽量采用自动检测、在线检测和自动筛选分类装置、使全部产品都受到检查。

零部件的尺寸是否符合公差要求，用样板与量规进行检验。为了适应大量生产的需要，广泛使用卡规、塞规等极限量规（无刻度量具）和新型的非接触式检测量具。各种量具必须进行严格管理并经常校验和作必要的修正。

在大量生产的情况下，质量状况必须迅速及时地反映，发现问题立即通知有关部门采取必要的措施，遏制废品增加。为此，应建立异常情况报告制度、质量情报网和调整系统。在机械加工等车间内，应设有不合格产品自动报警装置；在总装线的各部位，应设有电子计算机在线指示系统。

4. 设备管理

汽车厂的设备与工装是汽车生产的手段。随着生产规模的扩大和技术的进步，汽车厂的设备与工装的投资急剧增长，品种也日益增多，趋向大型化、复杂化、高效化、自动化，设备管理的重要性也更显突出。

设备管理包括从设备设计、购进至安装、试运行的计划实施业务和以设备检修为中心，以提高生产性能为目的的维修业务。现代汽车厂的设备日益复杂、精密、使用频繁，容易发生故障。在大量生产和流水作业的情况下，如果设备发生问题将给生产带来重大损失。设备开动率低会降低投资效果，增加产品成本。

设备检修管理的观念也经历了一些演变过程，如表4-1所示。

表4-1　设备检修观念的演变过程

检修观念		内　容
演变过程	事后检验（BM）	故障发生后进行修理
	预防检验（PM）	未发生故障也按计划检修

（续）

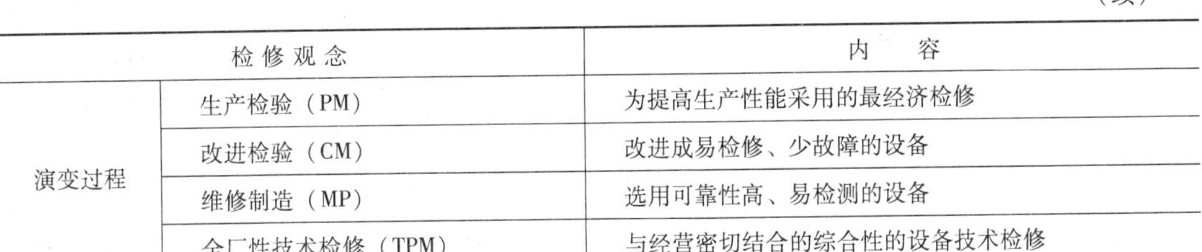

检修观念		内　　容
演变过程	生产检验（PM）	为提高生产性能采用的最经济检修
	改进检验（CM）	改进成易检修、少故障的设备
	维修制造（MP）	选用可靠性高、易检测的设备
	全厂性技术检修（TPM）	与经营密切结合的综合性的设备技术检修

为了保持设备的良好性能，应将加油、检查等定为日常维护工作。为了及早发现可能出现的故障，防止设备性能下降，对重点设备实行定期检查制度。根据检查结果、设备档案、检修费用、使用年限、产品质量管理图等资料，制定设备修理和更新计划。设备检修时应作详细记录，包括故障原因、故障部位、故障状态、修理日期、修理工时、修理费用、修理后的设备状况等项，这是设备管理的重要资料。无论如何，也不能完全避免设备的突发事故。当突发事故发生时要迅速修理，以免严重影响生产。为此必须配备适当数量的技术熟练的检修人员，研制或引进故障检测装置，开展检修作业标准化工作，加强检修用品和备件管理。

设备管理还包括工具、模具、夹具、刀具等的管理，简称工具管理。在汽车产品改型或工艺变动时，应与工艺计划、设备计划紧密配合，制定出详细的工具计划，并开展工具派工、购进、库存管理、制造、修补等日常管理活动。这就是工具管理的基本内容。

对于铸造、锻、冲压用的易损模具，应确定其使用的寿命标准，按计划进行补充。对于刀具，应根据制定的加工件数定额，定期更换和刃磨。对于夹具，应尽量采用市场供应的标准夹具或本公司生产的标准夹具，尽量少用价格昂贵的专用夹具。

5. 生产率管理

生产率管理包括成本管理和效率管理。降低成本的活动，包括降低材料费用，提高库存周转率，降低劳务费用，降低废品率，降低设备折旧费，降低能耗、修理费和管理费用等。效率管理旨在缩减工时。缩减工时的途径包括采用机械化、自动化的高效能设备，改进生产技术和改善操作条件，协调各生产线的生产节拍，保证正常生产要求的各种条件等。分析各种生产率指标，可以看出工厂的管理效率。评比各车间、工段、生产线的生产成绩，还可以作为制定生产活动合理化方案的依据。

6. 安全管理

建立安全管理制度，使全员树立安全生产观念，发现和消除隐患，减少以至消灭设备和人身事故，这是安全管理的主要内容。工厂一般设立安全管理专职部门，作为安全管理组织的核心，组织全厂的安全活动。通过设备计划、设备管理和操作标准的制定，尽最大努力采取安全措施。汽车工业是一种综合性工业，采用多种工艺，所以安全措施也是多方面的，然而基本是属于人与机器的系统，本质上要从人机学方面来保证安全，具体包括普遍设置安全装置和消除不安全因素等内容。同时还必须确立在特殊情况下发生设备故障和事故的处理程序，并加以贯彻。安全管理还包括改善劳动环境，防止噪声、粉尘和有害物质对人的危害。

7. 产业公害管理

汽车制造属于低公害工业，但由于汽车制造过程中环节多、工序多，故在环境保护方面需采取多方面的措施。例如，工厂各种燃烧炉要使用低硫燃料和低 NO 排放的燃烧器，以减少气体污染物，在铸造这类粉尘较多的生产部门要采用高性能收集装置。机加工、电镀、油漆的排水以及铸造、焊接、总装的冷却水，都需采用排水处理系统以减少水质污染；还要防止和减少工厂区域内的噪声、振动、臭气等感觉公害。此外，推进绿化也是产业公害管理中的一项内容。为推动这方面的工作，工厂设立环境管理部门，与设备、安全、生产、卫生福利等部门密切合作，共同实施环保监控和管理。

第四节　汽车的贸易和服务

一、汽车市场及其特点

汽车是世界第一商品，其销售额稳居世界商品销售之首。在 2006 年《财富》杂志评出的世界 500 强前 10 名中，除 5 家石油公司和 1 家零售商巨头沃尔玛外，其余 4 家均是汽车制造公司，它们是通用汽车公司、戴姆勒 - 克莱斯勒公司、丰田汽车公司和福特汽车公司。这 4 家汽车公司平均的每家公司营业额达 1850 亿美元。2005 年世界汽车年产量为 6650 万辆，而世界汽车保有量达 8 亿辆左右，可以想象，由此所形成的新车、二手车、汽车零部件及汽车服务业的市场有多大。图 4-10 给出了 2004 年世界汽车销量的区域分布，其中，美国、西欧和亚洲是可以容纳 1000 万辆以上销量的三大汽车市场，而在这三个市场中，美国和西欧的市场已接近饱和，而亚洲市场还有很大的发展潜力。在图 4-11 给出的 2004 年亚洲汽车销量区域分布（以世界汽车总销量为基数）中可以看到，中国汽车销售量已接近日本，由于日本的汽车市场也已饱和，而中国则是一个正在崛起的市场，2005 年以后，中国已成为亚洲的第一大汽车市场。

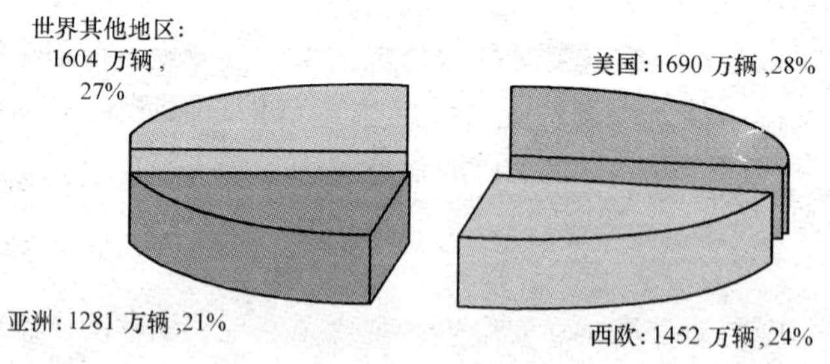

图 4-10　2004 年世界汽车销量的区域分布

世界汽车市场的特点除了上面所述的规模和地域分布之外，还可从销售品种、价格趋势、市场变化节奏、市场成熟度、市场延伸性、销售方式等方面来分析。从销售品种来看，汽车市场品种繁多，各式乘用车和商用车、小型车和大型车、民用车和军用车、轻型车和重型车、普通车和特种车、普及型车和豪华型车，林林总总，反映了市场的多样性和

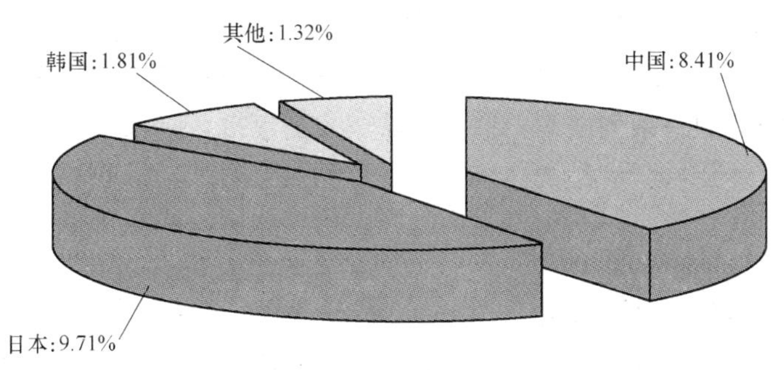

图 4-11 2004 年亚洲汽车销量的区域分布

购买者行为的差异性，形成了市场的细分特征。细分市场中比例最大的是经济型轿车，它占世界汽车交易量的 60% 以上。从价格趋势来看，汽车市场的激烈竞争使国际汽车市场的价格不断走低，汽车生产企业的利润空间很小，例如 2003 年，通用汽车公司 1850 亿美元的销售额，利润仅为 38 亿美元，而福特公司 1640 亿美元的销售额其利润仅 5 亿美元。

上述汽车销售价格走低的趋势现在已趋于平缓，今后有可能会走出谷底。从市场变化节奏看，汽车市场的变化节奏与多个国家的经济景气周期直接相关，形成了所谓的周期性波动。此外，汽车市场还受到季节性波动的短期影响、政策因素的偶然影响和市场规模长期发展趋势所给予的倾向性发展影响。汽车是一种传统商品，因而汽车市场从整体上来说是一个具有充分成熟度的市场，但对一些新兴市场来说，例如刚从计划经济转型到市场经济的国家来说，汽车市场正逐步走向成熟。此外，汽车产品不断推出新型号，对于具体的一种车型，它要经历从导入期、成长期、成熟期到衰退期，这样一个产品生命周期，需要针对不同的阶段采取不同的市场策略。从市场的延伸性看，汽车市场不仅包括新车销售，还包括汽车租赁、二手车销售、零配件市场、汽车信贷、维修市场、报废回收、汽车文化和服务等延伸市场，它们形成了一个汽车全生命周期的良好的消费服务环境，扩大了汽车的市场价值。从市场销售方式来看，汽车销售广泛采用总代理制、区域代理制、特许经销制、品牌专卖制等多种销售组织模式，加强文化营销、娱乐营销、信息化和服务营销等手段，实施品牌策略，以求提高已有客户的忠诚度和进一步扩大客户群。

我国在 1978 年之前是计划经济，汽车作为生产资料或计划控制的高档消费品被严格管制。1978 年宏观经济开始转轨，在中共中央《关于加快工业发展若干问题的决定》中提出，计划外的国产汽车由各省、市、自治区自行安排，这才在我国开启了一小块汽车贸易市场。此后，国家逐渐缩小指令性分配计划，增加投放市场的汽车在国产汽车中的比例，从 1982 年至 1989 年，国家指令性分配汽车的比重从 92% 减至 22%，我国汽车市场得以形成和发展。

为了适应汽车贸易发展的需要，1988 年国务院批准成立了中国汽车贸易总公司，下设八个地区分公司，1000 多家销售点，会同全国各省市地县机电公司，中国汽车工业总公司销售公司和主要汽车生产骨干企业，基本形成了一个全国性的大型汽车贸易网络。然而，这一时期我国的汽车市场与世界汽车市场有很大的区别，汽车消费群是社会集团，公

款购车占主导地位。如果不能使汽车进入家庭，就不可能把我国汽车工业建成国民经济的支柱产业，也不会有充分发展的汽车市场，为此，从1993年末至1994年初，国家陆续出台了有关汽车消费的一系列政策：取消小轿车控购审批，降低小轿车进口关税，取消小轿车特别消费税，开征汽车产品消费税，改变车辆购置附加费征收环节和征收标准，停止收取小轿车横向配套费等。轿车价格也由国家定价转为国家指导价格，各地区以各种名义收取的购买轿车附加费的规定停止执行。在1994年7月国务院发布的“汽车工业产业政策”中，提出国家鼓励个人购买汽车。其后，市场机制被充分尊重，国家对汽车产品除保留极少数的指令性计划外，汽车生产由市场需求决定，我国进入了汽车作为一种耐用消费品走入家庭的阶段。随着我国人均收入水平的不断提高，进入21世纪后，我国汽车市场的规模平均以年增100万辆的速度递增，到2006年，我国已成为世界第二大汽车市场。

纵观当前我国汽车市场，有如下发展特点：①产品由单一型向多元型转变。②新产品上市周期大大缩短。③价格不断下降，产品市场定位趋于合理。④以城市消费群体为主逐步向农村市场扩展。⑤市场进一步细分，消费者心理渐趋成熟，开始理性购买。⑥市场由分散式经营向品牌经营转变，由单纯的销售服务向以服务为中心的四位一体销售服务转变。我国汽车市场成为世界第一大汽车市场将是历史的必然。

二、汽车营销模式

汽车营销模式主要包括三个要素：营销理念、营销组织和营销手段，它们构成一个有机的整体。营销理念是指导整个市场营销活动的思想观念，是企业在开展营销活动中处理企业、顾客和社会三者利益方面所持的战略思维。最初，汽车曾经是短缺商品，汽车市场是卖方市场，那时，企业往往将主要精力放在生产上，以生产为中心；之后，汽车进入买方市场，汽车企业的思想开始从生产观念转变为销售观念，开始以大量的推销活动吸引消费者购买自己的产品；随着汽车市场竞争的进一步加剧，汽车产品更加丰富多彩，客户的需求愈来愈个性化，单纯的销售观念显示其局限性，人们发现要使汽车营销获得更大的发展，必须更新营销理念，树立起“以消费者需求为中心，服务带动销售”的观念。在这种理念指导下，企业关心的不仅是产品能否成功售出，更注重的是用户享受服务的全过程感受；就用户来说，他不仅购买了你的产品，同时也购买了你的服务，而这种良好的服务也提高了用户的忠诚度，有利于企业获得稳定的客户群。

营销组织是汽车制造商与经销商之间存在的组织关系，也可以理解为销售渠道的模式。现今，汽车营销组织的形式大体上有总代理制、区域代理制、特许经销制和品牌专卖制四类。总代理制采用厂商→总代理→区域代理→下级代理→最终用户的组织关系，进口汽车销售常采用这种方式。区域代理制是按厂商→区域总代理→下级代理→最终用户的组织关系进行销售活动，过去我国汽车制造商一般采用这一方式组织营销，后发现在区域代理制下难以对经销商的经销行为进行规范，转而纷纷采用特许经销制和品牌专卖制。我国商务部在2005年8月颁布了《汽车贸易政策》，要求自2006年12月1日起，除专用作业车外，所有汽车实行品牌销售和服务，这将使以三位一体（整车销售、零配件供应、售后服务）专卖店和四位一体（整车销售、零配件供应、售后服务、信息返馈）专卖店为表现形式的品牌专卖制成为今后我国汽车营销组织的主流。

在营销模式要素中，作为操作层的是营销手段。现代化汽车营销手段名目繁多，除了一般的文化营销、娱乐营销等手段外，信息化和服务营销日益成为新形势下汽车营销的重点。互联网的开放性使汽车消费者可以在网上选择、配置和订购汽车，随着互联网使用普及率的不断增加，电子商务在汽车营销手段中的比重将大幅度增加，车型选择、订单处理、资金往来、物流配送、配件供应、维修服务等都能够在网上实现或通过网络提供信息支持。汽车的服务营销是个性化、多层次和全方位地满足顾客需求的延伸服务，当顾客购买了一辆车时，这一服务才刚刚开始。其后，如汽车的改装和装饰美容，汽车的保养和维修，汽车的用车指导和技术升级，二手车评估和转让等等都是它的应有之义，真正体现了以客户为中心，销售和售后并重的营销理念。

三、汽车的服务

如前所述，汽车的营销已以服务为中心，事实上，汽车的销售只有第一辆是由销售人员卖掉的，以后的车则是靠出色的服务工作而卖出的。提起汽车服务，人们自然首先会联想到汽车的售后服务，尤其是汽车的维修服务。其实，汽车服务涵盖的工作内容非常广泛，单就狭义的汽车服务来说就包括了自新车出厂进入销售流通领域，到使用后回收报废中各个环节所涉及的全部技术的和非技术的服务及其支持性服务，如汽车的分销流通、物流配送、售后服务、维修检测、美容装饰、配件经营、智能交通、回收解体、金融保险、汽车租赁、旧车交易、驾驶培训、信息资讯、广告会展、交易服务、停车服务、故障救援、汽车运动、汽车文化及汽车俱乐部经营等。广义的汽车服务则还延伸至汽车生产领域的有关服务，如原材料供应、工厂保洁、产品外包设计、新产品测试、产品质量认证及新产品研发前的市场调研等，甚至延伸至汽车使用环节的其他特殊服务，如汽车运输服务、出租汽车运输服务等。在本节中主要就汽车技术服务中的车辆保养和维修，以及旧车的报废回收和利用作一简介。

1. 故障率曲线

在研究车辆发生故障的规律时，以时间 t 为横坐标，以故障率 $\lambda(t)$ 为纵坐标，作故障率曲线，如图 4-12 所示。故障率 $\lambda(t)$ 是从开始到 t 时刻为止尚未发生故障的条件下，在下一单位时间发生故障的条件概率。故障率曲线两端高，中段低平，形如浴盆，故又称浴盆曲线。它的前段为初期故障期，中段为偶然故障期，后段为耗损故障期。对于不同的总成和部件，由于其结构、材料和工作环境的不同，出现故障的规律也不一样，不一定都呈现三个故障期。如前桥、变速器总成在使用中只呈现偶然故障期和耗损故障期；油路和电路系统只有偶然故障期；紧固件只有初期故障期和偶然故障期。

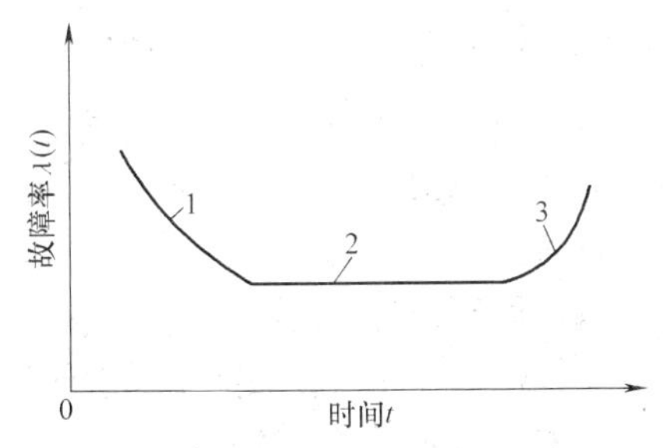

图 4-12 故障率曲线

1—初期故障期 2—偶然故障期 3—耗损故障期

运用可靠性理论研究机件的故障率曲线，可以掌握车辆故障规律的特点，控制影响车辆可靠性下降的各种因素，以便改进使用方法，有针对性地采取技术措施，科学地确定维修周期、维修规范，制订维修制度，确保车辆的可靠性，延长车辆机件的使用寿命，从而提高车辆维修的经济效益。

2. 车辆的保养和维修

为了确保汽车在使用过程中有良好的技术状况和延长使用寿命，必须对汽车进行保养和维修。汽车保养又称汽车维护，是为了减少车辆各部位的磨损，防止早期损坏和发生故障的预防性作业。正确执行汽车保养和维护，可使车辆经常处于良好的技术状况并保持外观的整洁，保证随时出车，安全可靠地发挥其效能，降低燃油、润滑油和轮胎消耗，延长大修间隔里程。汽车维护作业的性质可分为：外表养护、检查与紧固、检验与调整、电气作业、润滑作业、轮胎维护作业、加添燃料和冷却液等，其主要类别和作业内容如下。

1）定期维护。定期维护是按汽车技术文件规定的运行间隔期限实施的汽车维护，在整个汽车寿命期内按规定周期循环进行。按《汽车运输业车辆技术管理规定》中的汽车维修制度，汽车维护分为：例行维护、一级维护和二级维护。例行维护又称日常维护，是日常性的养护作业，每日由驾驶员出车前或收车后进行，中心内容是清洁、补给和安全检查等。一级维护要由专业维修工在维修车间或维修厂内进行，其间隔里程周期一般为1000~2000km，作业中心内容除日常维护作业内容外，以检查、润滑、紧固为主，并检查有关制动、转向等安全系统的部件。二级维护也由专业维修工在维修车间或专业维修厂内进行，其间隔里程一般为10000~15000km，作业内容除一级维护作业内容外，以检查调整为主，并拆检轮胎，进行轮胎换位。上述汽车定期维护的周期和作业内容只是一些原则，由于车型和运行条件不同，使用的燃料、润滑油和配件质量的差异，导致各级维护作业的内容和周期有很大差别。

2）季节性维护。为使汽车适应季节变化而实行的维护称为季节性维护。季节性维护一般在春、秋季末结合二级维护进行，其主要作业内容是更换润滑油，调整油路、电路和对冷却系统的检查维护等。

3）走合维护。走合维护是指新车或大修车在走合期所实施的维护。主要作业内容除注意做好例行维护外，要经常检查、紧固外露螺栓、螺母，注意各总成在运行中的声响和温度变化，及时进行适当的调整。走合期满，各总成应更换润滑油，并注意清洗，连接件要进行紧固，对各部间隙进行调整。

汽车修理是为了消除已出现的故障或已查明的隐患，使丧失工作能力的车辆、总成和零件恢复其技术性能，以保证车辆继续正常使用而进行的恢复性修理作业的总称。汽车修理按修理对象和作业深度划分有：汽车大修、总成修理、汽车小修、零件修理和视情修理。

1）汽车大修。汽车大修是通过修理或更换汽车任何零部件（包括基础件），恢复汽车的完好技术状况或完全（或接近完全）恢复汽车寿命的恢复性修理。汽车大修中要对整车进行解体，对所有零部件进行检验、修理或更换。汽车大修的期限与汽车产品质量、使用条件和平时维护状况有关。车辆技术管理部门通过对接近大修定额里程的车辆的状态监控，结合维护进行定期检测，并对照汽车大修的送修条件及时送修。

2）总成修理。总成修理是为恢复汽车某一总成的完好技术状况、工作能力和寿命而进行的作业。当总成在经过一定使用期后，其基础件和主要零部件破裂、磨损、老化时，就需

要将其拆散进行彻底修理，以恢复其技术状况。总成修理所涉及的主要总成包括发动机、车架、车身、变速器、后桥、前桥等。送修前需对其进行技术鉴定，达到送修条件才予送修。总成大修可使该总成与其他总成的工作期限趋于一致，从而延长整车的大修间隔里程。

3）汽车小修。汽车小修是用修理和更换个别零件的方法，保证或恢复车辆工作能力的运行性修理，用以消除车辆在运行过程中和维护作业中发生或发现的故障和隐患。

4）零件修理。零件修理是对因磨损、变形、损伤等不能继续使用的零件进行修复，以恢复其性能和寿命。它是节约原材料，降低维修费用的一个重要措施。当然，零件修理必须考虑到是否有修复价值和符合经济的原则。

5）视情修理。视情修理是指按技术文件的规定对汽车技术状况进行诊断或检测后，临时决定修理内容和修理时间的修理。也即根据鉴定结果来确定修理的级别和项目。

3. 汽车维护间隔里程

通常随着汽车维护间隔里程的增加，单位行驶里程的维护费用下降，而单位行驶里程的修理费用则增加，如将某一级维护间隔里程的此两项费用叠加，即得汽车维修总费用。汽车维修费用与维护间隔里程的关系如图 4-13 所示。曲线 1 为单位行驶里程的维护费用，曲线 2 为单位行驶里程的修理费用，曲线 3 为单位行驶里程的维修总费用。曲线 3 的最低点 B 即为总维修费用最少的点，L_{op} 即为最佳维护作业周期。

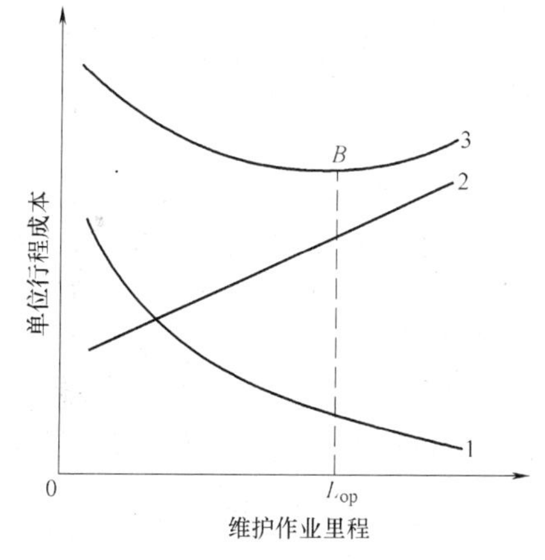

图 4-13　汽车维修费用与维护间隔里程的关系

4. 旧车的报废回收和利用

为保证高效低耗地行驶，汽车必须适时更新。汽车更新适用于下述两种情况：第一种情况是汽车因长期使用，性能退化，工作效率降低或汽车因主要零部件磨损变形超过一定的限度，经修理仍不能恢复其使用性能，或在技术上虽能修复，但从经济上考虑不合算；第二种情况是由于科技进步，出现了效率更高、性能更好的新车型，若继续使用旧车在技术上和经济上已不合理。

在我国，作为生产资料的汽车更新是一个考虑到汽车耐用性、可维修性、使用经济性、汽车维修工艺与水平以及国家设备更新政策等因素的综合决策问题。1983 年以后，我国对汽车更新的基本技术条件规定为：燃料消耗高于原生产厂规定的 20% 者，行驶 50 万 km 经三次大修者，一次大修费用达原值 1/2 者，车型陈旧并已无配件来源者，凡符合这四条规定之一者均可更新。至于私有汽车的更新，完全由车主的意愿而定，不在此限。

汽车更新指的是旧车换新车，但旧车不一定报废。汽车报废则是在汽车无法使用或失去使用价值时将其作为废品处理。我国在 1983 年规定，凡符合下列条件之一的汽车应予报废：

1）车型过老，性能低劣，主要零件残缺而无法补充，又无改造价值者。

2）车型特殊，同一车型辆数很少，又因经长期使用，主要零部件严重损坏，无法修复或补充，配件供应长期不能解决，同时又不适宜进行改造者。

3）因意外事故（如翻车、撞车、烧毁等），主要总成及零部件大部分严重损毁或因长期使用，在车架、车身、发动机、前桥、后桥、变速器六个主要总成中有四个以上总成严重损坏，确属不堪使用，亦无法修复或补充，或虽可修复、补充，但所需工料费用过高，不合经济原则者。

4）实行总成互换的客、货车，则以车身和车架的情况为主，即原车车身及车架严重损坏需要报废时，该车即可报废。

以2004年为例，全世界汽车保有量突破8.5亿辆，其年度汽车报废数大约有5000～6000万辆。单以美国而言，每年的汽车报废量约1000万辆，需要12000个拆车点和190多个破碎设施来进行拆卸、分类、破碎和回收。报废汽车当中含有多种重金属、化学液体、塑料等物质，不当的拆解会造成环境污染。汽车生产要使用数百种材料，消耗大量钢铁、塑料、橡胶、玻璃、纺织品、铝、铜、铅、铬、各种化工产品等等，消耗大量的资源，其中绝大部分是不可再生的，因此，汽车工业要可持续发展，就要解决材料的循环再生问题，这是本世纪对汽车工业发展提出的新的战略要求。

20世纪，欧盟、日本已经制定了汽车回收利用的法规，要求汽车制造商承担回收自己制造的汽车的责任，汽车制造所用的材料要有80%以上可以再次利用。美国三大汽车公司专门设立了一个“汽车再生利用合作组织”（Vehicle Recycling Partnership），研究汽车拆卸、分类、破碎和回收利用中的各种技术问题，加大材料和零件的回收利用比例，研究新型的可再生材料，设立共同的材料分类编号或标记等。我国的汽车保有量正在迅速增加，每年的报废量也随之增加，因此报废车的再生利用问题也越来越紧迫。

图4-14表明了美国目前报废车的拆卸过程和材料回收情况，而表4-2则是拆车点拆下的主要零件及其处置情况。

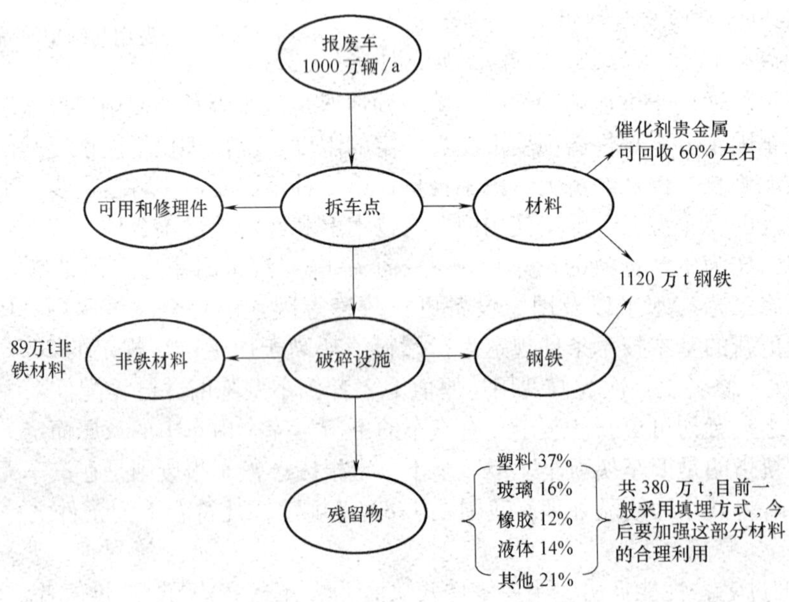

图4-14　美国报废车的拆卸过程和材料回收

表 4-2 拆车点拆下的主要零件及其目的

主要零件	拆卸目的
车身板件、保险杠、车轮、灯具等	经检查或修理后作维修替换件
发动机、变速器、水泵、收音机等	经修配复原后作维修替换件
散热器、催化器等	铝材和贵金属材料等回收
发动机油和变速器油	做取暖用燃料
其他各类专用液体	回收有价值的专用液体
蓄电池	为环保目的，将铅熔化、酸收集、聚丙烯回收
燃油箱	为安全起见而拆下
轮胎	一般经专门的分离破碎和处理

第五章

我国的汽车工业

第一节　我国汽车工业的历史

从20世纪初起，国外汽车开始进入我国，我国于是出现了汽车维修业，其后尽管多次筹划建立本国自己的汽车制造业，但终未成为事实。直到1956年建成第一汽车制造厂，中国才诞生了自己的汽车工业。此后，我国汽车工业从小到大，虽历经艰难曲折，仍不断发展壮大。当前，我国正处于从汽车制造大国向制造强国转变的关键时期，回顾汽车工业的发展历程，总结经验，研究发展战略，对于我国汽车工业持续高速健康发展具有重要意义。

一、1949年前——无汽车工业的历史

1901年上海进口了两辆汽车，这是我国使用汽车的开始。1908年，福特公司大量生产T型汽车，揭开了工业化生产汽车的帷幕，此后外国汽车源源不断地进入我国。1912年，我国汽车保有量达300辆，汽车维修业应运而生。1920年，全国汽车保有量达2279辆，上海已有汽车维修厂29家，天津也有20来家。上海宝昌机器厂和郑兴泰机器厂先后开始制造汽车维修所需的配件，浙江、湖南、江西、山西等地也出现了生产汽车易损件的小工厂。

随着进口汽车的不断增加，一些有识之士认识到汽车工业的重要，筹划发展我国自己的汽车工业。1927年，沈阳兵工厂在当地政府的支持下，聘请美国专家，集中有经验的技工300余人，以美国万国（International）牌载货汽车为样车，根据中国的道路条件进行改进设计，于1930年试制成一辆75型民生牌载货汽车，接着又试制100型民生牌货车，并进行了小批量生产。1931年“九·一八”事变，日本帝国主义入侵东三省，扼杀了中国汽车工业的萌芽。日本帝国主义却以此为基础，成立了同和汽车株式会社，1938年达到年产轿车3600辆，货车480辆的生产能力，到日本投降的1945年，已达年产5000辆的生产能力。1933年，山西省利用太原兵工厂的装备和技术，试制成两辆载货汽车。1936年，湖南省机械厂仿制美国道奇牌汽车发动机成功，并试制了两辆货车。后来都由于战乱等原因而夭折。

1936年，以中国银行为主，筹集资金160万元，成立官商合办的中国汽车制造公司，与德国奔驰公司签订合同，先以CKD方式组装柴油机货车，计划5年内达到全部国产化的目标。总厂设在株洲，1937年开始建厂时发生了“七·七”事变，后来该厂辗转迁至桂林、重庆，5年中只组装了一些飞鹏牌柴油货车和一些柴油机，后因无法维持而倒闭。

1939～1940 年，当时的中央资源委员会计划在昆明建立汽车制造厂，购买了美国一家汽车厂的图样和部分工装设备，所有的进口设备在运输途中被日军从越南劫走，汽车生产遂成泡影。

1937 年，我国汽车保有量达到 64635 辆。抗日战争爆发后，沿海港口被封锁，国外汽车配件难以进口，内地汽车配件制造业得以发展。在抗战时期，汽车配件厂达到 400 余家，其中最大的是重庆中央汽车配件厂，能生产汽车配件 100 多种。到抗战胜利后，由于美国汽车和配件的倾销，迫使许多汽车配件厂停产，到 1949 年，我国汽车配件厂只有 9 家还在生产。

由上可知，解放前我国没有真正的汽车工业，只有一些小型的汽车配件制造厂、汽车维修厂和客车改装厂。虽有一些仁人志士曾数次筹划发展中国的汽车工业，但是由于帝国主义的侵略、政府的腐败无能，都未能成为事实。

1948 年，中国汽车保有量为 69154 辆，由于石油供应不足，许多汽车都带上一个煤气发生炉或一个大气包。直到解放后我国石油工业的发展才改变了这种落后状态。

二、1949～1956——中国汽车工业的初创阶段

新中国成立后，建立自己的汽车工业被提到重要的议事日程上。就在 1950 年初，毛泽东主席和周恩来总理在莫斯科与斯大林会谈时，建设汽车制造厂便被作为第一个五年计划期间苏联援助中国的重要项目之一。1950 年 4 月，中央人民政府重工业部成立了汽车工业筹备组，确定在吉林省长春市建立第一汽车制造厂。1951 年批准初步设计方案，1952 年开始进行技术设计和施工设计。1953 年 6 月，中央指示力争 3 年建成第一汽车制造厂，同年 7 月 15 日正式破土动工，1956 年 7 月 14 日，第一批解放牌 CA10 型 4t 载货汽车出厂，当年生产了 1600 多辆。在苏联的援助下，第一汽车制造厂的建成投产标志着我国汽车工业的创始。该厂采取技术引进的方式，引进内容包括产品设计、制造工艺、工厂设计及关键的工装设备。

在建国初期，我国的军用和民用汽车主要是美、英、日等国生产的旧车，其配件进口受到美国的封锁。为了确保经济建设和军用运输，中央交通部门组织了汽车配件总公司，统筹组织汽车维修用配件和附件的生产，使解放前面临困境的汽车配件工业得以迅速发展。1956 年，我国汽车配件生产厂已发展到 86 家，汽车改装厂有 14 家。

三、1957～1966——中国汽车工业的奠基阶段

1958 年开始的“大跃进”，使全国各地出现了“第一次汽车热”。随后就是 3 年经济困难时期，汽车产量下降。经过调整，建成了几个地方汽车厂，形成了中国汽车生产体系的雏形。

1957 年，一汽稳步发展，生产了近 8000 辆汽车。1958 年，一汽试制成红旗牌高级轿车。全国一些较大的汽车修理厂在“破除迷信、解放思想”的号召下，投入制造汽车的热潮，全国试制成各种汽车达 200 余种。这种一哄而起的汽车热，对汽车生产的特点、规模经济效益、质量要求和技术指标等均考虑甚少，多数企业及其产品缺乏生命力，能够坚持下来的只有 5 家；南京汽车制配厂试制成跃进牌 NJ130 型 2.5t 货车，后改名南京汽车

制造厂；上海汽车装配厂先后试制成58—1型三轮汽车和上海牌SH750型中级轿车，后改名上海汽车厂；上海货车修理厂试制成交通牌SH140型4t货车，后改名上海重型汽车厂；济南汽车配件制造厂仿制捷克斯洛伐克的斯可达柴油车，后改名济南汽车制造厂，并于1960年试制成黄河牌8t柴油车；北京汽车配件厂从1958年起试制了9种车型，1963年研制成BJ212型越野吉普车，成为批量生产吉普车的北京汽车制造厂。这些厂不靠国家集中投资，从中、小型汽车修配厂通过开发汽车产品和专业化合作，建成了大、中型汽车制造厂。这有别于依靠国家集中投资建设的第一汽车制造厂，开创了我国汽车工业发展的另一模式。

“大跃进”之后，进入3年经济困难时期，汽车产量从1960年的2.2万多辆下降到1961年的3000多辆。中国汽车工业在逆境中谋求发展，到1963年又恢复到年产2万多辆，1965年一汽达到了年产3万辆的设计能力，其他一些汽车厂也达到年产数千辆的生产能力。

随着汽车制造业的发展，汽车配件工业也得到较大发展，为解放牌汽车配套的主要零部件生产厂有70余家，配套产品达500余种。

我国于1964年试办了中国汽车工业公司，组织和规划全国汽车工业的生产和发展。中国汽车工业公司下属各分公司有：以一汽为主体，生产解放牌汽车的长春汽车分公司；以南京汽车制造厂为主体，生产跃进牌汽车的南京汽车分公司；以济南汽车制造厂为主体，生产黄河牌重型汽车的济南汽车总厂；以北京汽车制造厂为主体，生产北京牌吉普车的北京汽车分公司；以四川汽车制造厂为主体，生产红岩牌重型越野车的重庆汽车分公司。此外，还有轴承制造分公司、汽车物资供应公司、汽车配件销售公司、武汉汽车制造总厂等。这样，中国汽车工业公司（汽车“托拉斯”）的成立，扭转了“大跃进”后我国汽车工业管理混乱的局面，在较短时间里取得了明显的成效，1966年全国产量上升到5.6万辆。

四、1967~1980——中国汽车工业的坚持发展阶段

1966年开始的“文化大革命”进行到1967年，把中国汽车工业公司当成资本主义办企业的方式而进行批判，中汽公司被解散。接着，全国省、市、自治区和10多个部门办起了汽车厂，有的省还办了八九个汽车厂，形成了品种重复、自成体系的“小而全”的生产格局，出现了多头领导、纵横分割、重复建设的混乱局面，大多数汽车厂的产品质量、生产效率和经济效益都上不去。这就是所谓的“第二次汽车热”。表面上看，汽车产业如雨后春笋般兴旺发达，实际上已造成财力、人力上的极大浪费，对汽车工业的发展弊多利少。

这一阶段最大的成绩是在“备战”方针下酝酿多年的第二汽车厂于1969年在湖北十堰动工兴建。全国500多家机床厂、大专院校和科研单位为二汽设计、制造了各种设备一万多台，以一汽为主的国内30多家工厂、企业包建二汽的各个分厂，从产品设计、工艺工装、人员培训直至调试生产完全是自力更生。1976午6月建成东风牌2.5t越野车生产基地。二汽的建成标志着我国已具备自己设计制造汽车和建设大型货车制造厂的能力。

除此之外，四川汽车制造厂于1974年正式生产红岩牌CQ260型军用6t越野车，1968

年开始建设的陕西汽车制造厂于1975年投产延安牌SX250型5t军用越野车。在大动乱的年代能够取得这样的发展是难能可贵的。到1978年，全国汽车生产企业达到2146家，产量达到15万辆。

五、1981～1996——中国汽车工业的转型改制阶段

党的十一届三中全会以后，我国实行改革开放，单一的计划经济模式被突破，国民经济的发展对汽车产生了迫切的需求，我国汽车工业以前所未有的速度发展，形成了一汽、二汽、重汽、南汽、北汽、天汽、上汽、沈汽等八大汽车生产基地。我国汽车产品“缺重、少轻、轿车几乎等于零”的局面被改变。1984年，中央明确提出把汽车工业作为发展国民经济的支柱产业。1987年，我国政府决定把轿车工业作为我国汽车工业发展的重点。在这一阶段，我国汽车产量持续、稳定、快速增长。以1994年国务院颁布《汽车工业产业政策》为标志，我国汽车工业开始进入一个新的腾飞阶段。

1976年结束了“文化大革命”，经过整顿、调整，国民经济得到较快的发展。中央十一届三中全会确定了改革开放的政策，加速了经济发展，提高了人民生活水平。汽车需求的激增对汽车工业提出了加快发展的要求。各省、市、自治区以及一些部门积极发展汽车工业。由于国际形势的缓和，一些大型军工企业也转产汽车，这些企业有资金、有设备、有技术，是我国汽车工业的一支生力军。这样就出现了我国的第三次汽车热。我国汽车工业在“全面开花”的同时，也经历了一定的调整，初步实现了集团化，为大发展奠定了基础。

在此阶段，我国汽车工业的产量有了前所未有的增长，由1978年的年产15万辆到1992年突破100万辆，达到年产108万辆；1993年达到128万辆，1996年达147.5万辆。

1982年5月，中国汽车工业公司再次成立；到1984年，先后组织了解放、东风、南京、上海、重型等汽车工业联营公司和汽车零部件工业联营公司。1984年，在“七五”计划中明确地把汽车工业列为发展国民经济的重要支柱产业。1986年，在改革中形成的解放、东风、重型三大汽车集团，经国务院批准同意计划单列，这是政府对汽车工业集团化的有力支持，对建立高水平、专业化、大批量的生产体系具有重要意义。这些集团以主企业为核心，不断吸收中、小型汽车企业，通过兼并、合资、联营等方式，扩大生产规模，提高生产效益。1987年，我国政府确定了在汽车工业中重点发展轿车工业的战略决策，这不仅对改变我国汽车工业“缺重、少轻、轿车几乎等于零”的产品结构有重要意义，更重要的是开启了中国汽车工业的腾飞之路。各省、市把发展汽车工业的注意力转向轿车和轻型车、微型车。其中最突出的是1985年上海汽车工业总公司与德国大众汽车公司合资成立了上海大众汽车有限公司，生产桑塔纳牌轿车，1993年该厂突破了年产10万辆大关，实现销售收入300亿元，利税33亿元，跃居全国500家大企业中汽车生产企业之首。其他如一汽与大众汽车公司合资生产的奥迪牌高级轿车，二汽（后改名东风汽车公司）与法国雪铁龙汽车公司合资建立的神龙汽车公司生产的富康牌轿车，天津汽车工业公司生产的夏利牌微型轿车，北京吉普车公司与美国汽车公司合资生产的北京切诺基吉普车、上海汽车工业总公司与美国通用汽车公司合资生产别克牌轿车等，都通过引进技术，建立合资企业，而对我国轿车工业的发展作出了贡献。从1979年到1997年的19年

间，我国汽车工业总产值由85亿元增加到接近2500亿元，平均每年以21%的速度增长，并基本上实现了生产和效益的同步增长。

19年来，汽车产品的品种与质量提高，品种增加，产品全面更新换代，如斯太尔、东风和奔驰重型车，依维柯、五十铃和一汽轻型车，大发、铃木微型车，桑塔纳、奥迪、切诺基、夏利轿车，康明斯发动机等产品，都达到国际20世纪70年代末和80年代初的水平；解放、东风、黄河、跃进等老产品经过消化、吸收和引进技术自行设计改造，产品全面更新换代，产品质量有了显著提高，基本上满足了市场多层次的需要。

19年来，经过调整，汽车产品构成和市场构成趋向合理。在重点引进的重型、轻型和微型车技术中，铃木、大发微型车形成了批量生产能力，轻型车基地建设全面铺开，重型斯太尔和东风重型车项目基本建成，轿车及其零部件工业有了实质性进展，到1997年，我国轿车+客车的产量已超过载货汽车的产量，私人车的保有量接近全国民用车保有量的三分之一。

由于采用多种方式引进国外先进产品和技术，我国汽车与国外发达国家汽车的差距得以缩短。据不完全统计，在20世纪80年代开始的10年中我国汽车工业共引进技术200项左右，提高了汽车工业的整体水平。特别是载货汽车已全部换型形成系列，并具备了一定的开发能力。“八五”以后，汽车工业的发展重点转向轿车工业和零部件工业。到1993年，主要引进车型的国产化率已有8种超过50%，其中桑塔纳与斯太尔达80%以上。

这19年中，汽车工业的生产集中度明显提高，经济规模初见端倪，形成了长春、十堰、济南、南京、上海、北京、天津、沈阳等8个主要的汽车工业生产基地，其中上汽、一汽和东风公司在1993年全国500家大、中型企业按销售额排序中进入了前10名，机械工业1993年百强企业前10名中有8家汽车企业，提高了汽车工业在国民经济中的地位。

随着大型汽车产业集团的组建和企业自主权的扩大，中国汽车工业总公司的管理职能逐步削弱。这是扩大开放、深化改革的必然结果，有利于调动各大集团的主观能动性，独立自主地进行经营、开发和发展。国家通过相应的规划、法规对汽车工业进行宏观调控，引导和支持汽车工业向集团化、大批量、高效益的方向发展。

六、1997～2004——中国汽车工业的加速发展阶段

随着中国汽车工业的壮大和汽车市场的逐渐活跃，以及中国加入世贸组织谈判的深入，中国汽车业受到国际跨国汽车巨头们更多的关注。已在中国合资的企业其合资规模不断扩大，过去持观望态度的公司则纷纷加快进入中国的步伐。合资项目遍地开花，合资的深度和广度前所未有。在国家政策导向和市场博弈下，经过复杂的重组和结盟，形成了国外所有知名跨国公司与国内各大型汽车集团“你中有我，我中有你”的诸侯割据局面。1997年3月，中美合资的上海通用汽车有限公司成立；1998年，广汽、东风与日本本田分别成立了广州本田汽车有限公司和东风本田发动机有限公司；1999年11月丰田与天津一汽夏利合资组建的天津丰田汽车有限公司批准成立；2001年长安福特汽车有限公司的成立开启了福特在华生产轿车的历史；2002年，北汽与韩国现代合资建立了北京现代汽车有限公司；同年8月，一汽与日本丰田的合作项目签字，9月，东风与日本日产的全面合作协议签字。

在这一时期，为适应国家汽车产业政策的要求和外资在华布点的需要，国内汽车业的重组加紧进行。1997 年 11 月一汽兼并了海南汽车制造厂；2001 年，上汽、柳微和通用签订了战略联盟协议；2002 年 12 月，上汽、通用和上海通用收购了山东烟台车身有限公司，上海通用则重组了金杯通用；2003 年 3 月，上汽收购了仪征汽车有限公司，9 月，江淮汽车集团控股安凯客车。

这一时期中，中国汽车企业在中外合资企业缺乏话语权和自主知识产权的问题引起重视，于是出现了若干高举民族工业和民族品牌旗帜的汽车企业。1997 年 3 月，奇瑞汽车公司在安徽成立；2000 年底，在有关政府部门的协调下，奇瑞通过与上汽集团签署合作协议，取得了轿车生产资质；2001 年，奇瑞第一款自主研发的风云轿车正式上市，其较高的性价比赢得了市场的较大反响，下一款奇瑞 QQ，以其独特的外形设计和高明的市场营销策略获得了市场的青睐，成为国内两厢车的亮点。2003 年，奇瑞成立了汽车工程研究院，进一步加大了技术投入的力度，建立了具有完整创新能力和国际水平的产品开发平台。几乎与奇瑞同时，1997 年，民营企业吉利集团也进入了汽车领域，1998 年底，4.79 万元一辆的“吉利豪情”经济型轿车下线，成为当时中国最便宜的电喷发动机轿车。2003 年 8 月，首批吉利轿车出口海外，实现了吉利轿车出口零的突破。

工业的发展与国民经济的发展息息相关。1999 年，我国人均 GDP 超过了 800 美元，沿海发达地区达 3000 美元，人民收入的快速增长拉动了家庭轿车消费的需求，使我国轿车消费进入了导入期。1998 年亚洲金融危机以来，我国实施了积极的财政政策，加大了基础设施的投资力度，随着高速公路的飞速发展以及重点建设项目的实施，商用车市场也得以启动，一汽、东风等商用车企业有了较快的发展。

我国加入 WTO 的谈判使汽车工业意识到所面临的挑战和机遇，为此，我们一方面运用世贸规则争取到 5 年的保护期，规避了进口车的冲击，为自身的做大做强赢得了宝贵的时间；另一方面，随着汽车项目和车型审批制度的改革，一批新兴企业入市，使汽车市场更具竞争力，并由此促进了汽车生产企业在对外合作，品质管理，新车型上市，提升服务质量等方面加大投入和兼并重组，提高生产集中度和产品结构调整的力度。事实证明，我国汽车工业经受住了加入 WTO 的考验。1997 年，我国汽车产量超过 150 万辆；2000 年，产量超过 200 万辆；其后的 2002 年、2003 年和 2004 年我国汽车年产量分别越过 300 万辆、400 万辆、500 万辆 3 个台阶。到 2004 年，我国乘用车产量已接近总产量的一半，我国轿车合资企业的整车装配已经达到世界一流水平，在商用车领域，东风、解放等国产品牌占据着国内市场的大头，解放中重型货车创下了单品牌销量世界第一。我国汽车市场需求的约 95%，是由国内汽车生产厂家满足的。在这一时期，我国的汽车零部件配套体系逐步完善，为最大限度降低成本，零部件实现本地采购已成为大势所趋，世界知名零部件配套厂家纷纷落户中国，这给我国汽车零部件工业带来了良好的发展契机，整车企业通过本土化的零部件配套体系来实施产品开发，已不再是难题。

七、2005 年至今——中国汽车工业的自主创新阶段

中国汽车生产能力的高速发展与中国汽车自主设计能力的整体低下极不协调，汽车产品的核心技术和品牌不是靠合资就能获得的，汽车工业面临的“空心化” 和 “边缘化”

问题越来越引起了政府管理部门和企业界的关注。2004 年，我国发布了新的汽车产业发展政策，明确规定要“激励汽车生产企业提高研发能力和技术创新能力，积极开发具有自主知识产权的产品，实施品牌经营战略”。在国家提倡自主创新的大背景下，一批以自主研发和自主品牌为特征的汽车企业获得了政府的进一步支持，而一些老牌的合资企业也开始建立本土技术开发中心或设计院，提升合作开发的比例和能力。

2005 年 10 月 31 日，只有 8 年历史的民族企业奇瑞汽车，与奥地利 AVL 公司合作，开发出了新一代发动机，被正式命名为 ACTECO，同时，首款搭载该发动机的“东方之子”正式上市，这被称为轿车的第一个“中国心”，它标志着奇瑞公司已掌握轿车整车、发动机、变速器三大核心技术。2006 年 1 月 8 日，对具有 50 多年历史的中国汽车业而言，是一个值得纪念的日子。当天，中国吉利控股集团有限公司生产的吉利自由舰 7151CK 轿车亮相于一年一度的北美国际汽车展，这是第一个亮相于国际顶级汽车展的中国自主品牌车型。2008 年，为实现绿色奥运，在科技部支持下自主研发的混合动力出租车奇瑞 A5 和长安杰勋出现在北京街头。

经多年发展，我国自主品牌从 1998 年的 2 个企业发展到 2007 年的 32 个企业，在 SUV、MPV、轿车等各个领域都取得相当的成就，至 2007 年底，以奇瑞、吉利、华晨、长城等为代表的“中系汽车”已占中国乘用车年销量的 29.4%，超过“日系车”的 27.9% 和“德系车”的 18% 市场份额，已经成为我国国内与德系、日系并重的汽车体系。

汽车关键零部件的自主开发也开始取得成效，例如，2007 年中国重汽集团采用电控直列泵 + EGR 废气再循环技术，生产出自主开发的电控 EGR 国Ⅲ柴油机，2008 年，我国自主研发的轿车用 CVT 无级变速器在湖南投产。这些都反映了我国汽车工业从投资向创新发展的转变，表明了我国汽车发展进入了创新导向阶段，正朝向汽车制造强国迈进。

第二节　我国汽车工业的前景

中国汽车工业从无到有，从一花独放到百花争艳经历了 50 多个年头。目前，面对我国 2020 年要建成全面小康社会的目标，面对建立资源节约型和环境友好型社会的要求，面对建设一个创新型国家的巨大挑战，我国的汽车工业必须再接再厉，完成从汽车生产大国向汽车生产强国的转变。展望我国汽车工业的发展前景，可以看到有以下三个重要发展趋势。

1. *为加大规模效益，汽车工业的组织结构将进一步调整*

我国虽在 2008 年已超过美国，以年产 935 万辆的成绩成为全球第二大汽车生产国，但纵观我国汽车工业的组织结构却存在明显的不合理性。首先，由于历史的原因，我国几大国有汽车集团都分别与多个国外汽车跨国公司组成合资生产企业，形成了你中有我、我中有你的资本融合格局，以及主要产品为外方品牌的“无话语权”企业。于是表面上看，上汽、一汽、东风分别于 2005 年、2006 年和 2007 年成了年产百万辆的整车生产企业，但是它们的产量按国际统计口径，都按其汽车品牌分别计入通用、大众、丰田、PSA、本田、日产等国外企业的海外产量中，而中国的所谓百万辆级汽车企业只能在国内说说，国际上是不承认的。上述状态的一个实质性影响是造成我国汽车企业以车型系列而言的生产规模仍然偏低，轿车总装厂的平均生产规模为20万～30万辆/a左右，而大大低于发达国家的80万～100万辆/a的水平，这样的生产规模在过去我们人工成本和原料成本低的情况下还不会感到成本压力，但当现在我们的各项成本都开始接近国际平均值时，提高生产规模已成为我们缓解成本压力的重要手段。

整车企业的情况是如此，零部件企业的情况更为严重。汽车零部件产业是汽车产业的重要组成部分。以一辆汽车的制造工作量而言，整车总装工作量只占20%～25%，75%～80%的制造工作量在零部件制造上。从现代汽车生产的发展来看，汽车零部件企业与整车企业的关系正在发生变化：由纵向一体化分工向水平分工转型，由主从依赖关系向并行开发、互动互利转化。在汽车生产进入微利时代、竞争空前激烈的今天，整车企业通过实施系列化产品平台方式和柔性生产来提高规模效益以满足市场对成本和产品多样性的双重要求，而零部件企业则通过全球供货和同类产品向不同行业的延伸变型来挤出利润空间。汽车零部件企业的规模已今非昔比，据统计，全球100家最大的汽车零部件供应商，年销售额合计达到5000亿美元。其中，有97家企业的年销售额超过10亿美元，是名符其实的“小型巨人”。在世界汽车零部件工业50强中，前17名企业的年销售额均超过100亿美元，前4名的企业的年销售额超过200亿美元。相比之下，国内汽车零部件企业由于各外资品牌汽车配套体系多元化的客观现实，不仅使外商独资零部件企业比重增加，而且中资零部件企业边缘化倾向明显。目前，大多数国内汽车零部件企业的生产规模和人均生产率比国外先进企业小一个数量级，从配套层次来说多数属于二、三级配套企业，离模块化系统供应商有较大差距。

鉴于我国汽车工业是要实现“以我为主”的产业主导型发展目标，因此，我国汽车工业组织结构调整所应选择的合理道路是，以资金为纽带，通过国内外的兼并重组，加速拥有和扩大自有整车品牌，并通过品牌整合和全球化平台策略，提高规模效益，增强国际竞争力。对于零部件产业而言，发展道路上的困难可能更大，要通过现有的少量优势零部件企业，形成专业化分工、区域化集中、中性化配套、国际化供货的零部件企业集团，加快打破外商垄断核心技术和标准的格局，使中国成为全球汽车零部件供应链中的主要供应国。

2. 为加大培育自主创新能力，汽车工业的技术创新能力建设和技术开发投入将进一步提高

我国到2020年，要从一个汽车制造大国成为一个汽车产业强国，必须掌握核心技术，必须把包括汽车工业在内的装备制造业的创新能力建设作为建设创新型国家的突破口，发挥汽车作为高新技术最大规模载体的带动作用，生产和销售集成了电子信息技术和新材料技术的低排放、低能耗的新能源汽车，以确保我国的能源安全、环境安全和社会经济的可持续发展。

我国从“十五”计划起就加大了政府对企业为主体的汽车工业创新能力建设的投入，组织了电动汽车重大专项、清洁汽车行动计划等科技开发和产业化的攻关计划。但相对于先进国家，我国政府对汽车工业所给以的资金和政策上支持尚显不足。为加速汽车工业的

技术创新，我国政府在汽车产业的自主创新上或可在以下几方面做出进一步努力：①完善法律法规，对汽车工业中的自主品牌实施政府采购制度，通过立法的强制力，用政府采购加强对自主品牌的保护和扶植；②为科技创新提供资金支持，我国汽车企业的R&D投入一般仅占产品销售额的1%左右，大大低于发达国家企业的5%比例，而高水平的R&D投入是企业建立和保持高创新能力的重要保障，我国应当加大在R&D上的财力投入，对产学研基地申报和高新技术项目要通过拨款资助、贷款贴息等方式给予资金支持，加大政府在产学研合作和发展自主创新技术中的引导作用；③从人才培养的角度加强我国汽车工业的创新人才建设，将我国目前普遍采用的市场需求主导型产学研结合模式提高为共建型模式，以新技术开发和产业化为主要合作内容，以产品的利润分成为主要框架形式，充分利用企业和高校原有的资源，结合各自优势，培养创新人才，从而解决我国自主创新的核心问题——人才问题。

作为产业创新主体的汽车企业，今后将加速建设具有国际水平的企业技术研究中心，通过引进人才、建立一流技术研发平台和自主创新的企业文化、增大创新开发投入等措施，形成企业的持续创新能力。这样，在政府、社会和企业的共同努力下，形成政策支撑、市场支撑、人力支撑、金融支撑、基地支撑和项目支撑的合力，大大提高我国汽车产业的国际竞争力。

3. 为应对国际挑战，汽车工业将加快国际化融入步伐

预计在2012年前，我国将成为世界最大的汽车生产国和汽车销售市场，但从资本、技术、配套、标准等方面看，我们与这一国际地位尚不相称。在资本方面，国际资本进入我国汽车产业的量远大于我国资本进入国际汽车产业的量；在技术方面，我们自主技术在汽车核心技术中所占的比例远低于外方所占的比例；在零部件配套方面，我们有相当比例的高附加值零部件靠国外零部件巨头提供；在标准方面，我国汽车的安全标准、燃料标准、排放法规和燃料经济性法规等与国际先进标准还未完全接轨。因此，我国汽车工业必须在这些方面加快国际化的融入步伐，要鼓励企业走出去，投资国外，建立国外技术中心、销售中心和生产厂；要在适当时间，收购合资企业的外方股份，提高中方在合资企业中的话语权；要进一步加强国际科技合作，特别是与第三方设计公司和技术咨询公司的合作，缩短我们的技术开发周期；在标准方面，预计我国到2015年前可实现与国际先进标准的全面接轨和同步实施；至于零部件配套，将加快全球化配套的步伐，以降低配套成本，提高配套件质量。

国际化是一把双刃剑，我国汽车工业在实施国际化战略的同时，也必须防止因此而带来的金融冲击、世界景气周期等影响，在“你中有我，我中有你”的格局中要学会保护自身利益的安全性。

总之，我国汽车工业现在正处于最好的发展阶段，预计在2020年前，我国汽车工业仍可保持每年约10%左右的增长速度，届时国内家庭的汽车普及率可达到20%，进入国际市场的汽车产品可占生产总量的30%。而且那个时候所生产的汽车将是环境友好、资源节约的新一代汽车。我国汽车工业的前景一片灿烂光明。

附录 A　车辆识别代号编码和机动车编号规则

一、车辆识别代号（VIN）管理规则

世界各国汽车公司生产的汽车大部分使用 VIN（Vehicle Identification Number）车辆识别代号编码。“VIN 车辆识别代号编码”由一组字母和阿拉伯数字组成，共 17 位，又称 17 位识别代号编码。它是识别一辆汽车不可缺少的工具。VIN 的每位代码代表着汽车的某一方面信息参数。按照识别代号编码顺序，从 VIN 中可以识别出该车的生产国别、制造公司或生产厂家、车的类型、品牌名称、车型系列、车身形式、发动机型号、车型年款、安全防护装置型号、检验数字、装配工厂名称和出厂顺序号码等。我国原机械工业部于 1996 年 12 月 25 日发布了《车辆识别代号（VIN）管理规则》，规定：“1999 年 1 月 1 日后，适用范围内的所有新生产车必须使用车辆识别代号”。

1. 基本要求

1）每一辆汽车、挂车、摩托车和轻便摩托车都必须具有车辆识别代号。

2）在 30 年内生产任何车辆的识别代号不得相同。

3）车辆识别代号应尽量位于车辆的前半部分，易于看到且能防止磨损或替换的部位。

4）9 人座或 9 人座以下的车辆和最大总质量小于或等于 3.5t 的载货汽车的车辆识别代号应位于仪表板上，在白天日光照射下，观察者不需移动任何部件从车外即可分辨出车辆识别代号。

5）车辆识别代号的字码在任何情况下都应是字迹清楚、坚固耐久和不易替换的。车辆识别代号的字码高度：若直接打印在汽车和挂车（车架、车身等部件）上，最少应为 7mm 高，其他情况至少应为 4mm 高。

6）车辆识别代号仅能采用下列阿拉伯数字和大写拉丁字母：

1 2 3 4 5 6 7 8 9 0 A B C D E F G H J K L M N P R S T U V W X Y Z。

7）车辆识别代号在文件上表示时应写成一行，且不要空格，打印在车辆或车辆标牌上时也应标示在一行。特殊情况下，由于技术上的原因必须标示在两行上时，两行之间不应有间隙，每行的开始与终止处应选用一个分隔符表示。分隔符必须是不同于车辆识别代号所有的任何字码，且不易与车辆识别代号中的字码混淆的其他符号。

2. 基本内容

车辆识别代号（见附图 1）由三个部分组成：第一部分，世界制造厂识别代号（WMI）；第二部分，车辆说明部分（VDS）；第三部分，车辆指示部分（VIS）。

（1）第一部分　世界制造厂识别代号，必须经过申请、批准和备案后方使用。①世界制造厂识别代号的第一位字码是标明一个地理区域的字母或数字；第二位是标明一个特定地区内的一个国家的字母或数字。第一、二位字码的组合将能保证国家识别标志的唯一

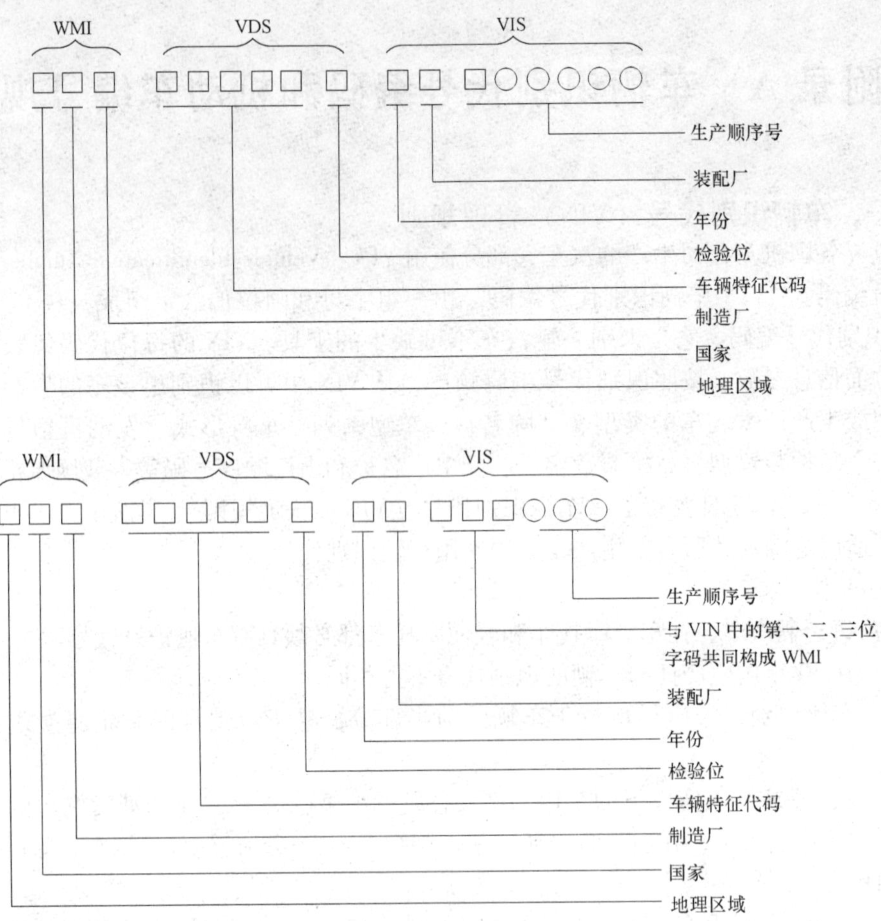

附图 1　车辆识别代号

性。第三位字码是标明某个特定的制造厂的字母或数字。第一、二、三位字码的组合能保证制造厂识别标志的唯一性。②对于年产量≥500 辆的制造厂，世界制造识别号由以上所述的三位字码组成。对于年产量＜500 辆的制造厂，世界制造厂识别代号的第三位字码为数字 9。此时车辆指示部分的第三、四、五位将与第一部分的三位字码作为世界制造厂识别代号。

（2）第二部分　车辆说明部分由六位字码组成，如果制造厂不用其中的一位或几位字码，应在该位置填入制造厂选定的字母或数字占位。此部分应能识别车辆的一般特性，其代号顺序由制造厂决定。

（3）第三部分　车辆指示部分由八位字码组成，其最后四位字码应是数字。①第一位字码指示年份，年份代码按规定使用，如附表 1 所示。②第二位字码可用来指示装配厂，若无装配厂，制造厂可规定其他的内容。③如果制造厂生产的某种类型的车辆年产量

≥500辆，第三至第八位字码表示生产顺序号；如果制造厂的年产量 < 500 辆，则此部分的第三、四、五位字码应与第一部分的三位字码一起来表示一个车辆制造厂。

附表1　标示年份的字码

年　份	代　码	年　份	代　码
1971	1	1991	M
1972	2	1992	N
1973	3	1993	P
1974	4	1994	R
1975	5	1995	S
1976	6	1996	T
1977	7	1997	V
1978	8	1998	W
1979	9	1999	X
1980	A	2000	Y
1981	B	2001	1
1982	C	2002	2
1983	D	2003	3
1984	E	2004	4
1985	F	2005	5
1986	G	2006	6
1987	H	2007	7
1988	J	2008	8
1989	K	2009	9
1990	L	2010	A

二、国产汽车型号的编制规则

1988 年我国颁布了 GB9417—1988《汽车产品型号编制规则》[㊀]，该标准规定了编制各类汽车产品型号的术语及构成，适用于新设计定型的各类汽车和半挂车，不包括军事特种车辆（如装甲车、水陆两用车等）。

1. 汽车产品型号的构成

汽车的产品型号由企业名称代号、车辆类别代号、主参数代号、产品序号组成，必要时附加企业自定代号。

2. 基本内容

（1）企业名称代号　企业名称代号位于产品型号的第一部分，用代表企业名称的两个或三个汉语拼音字母表示。

㊀ 该标准已废止，但企业仍在沿用，此处仅列出以供参考。

（2）车辆类别代号 各类汽车的类别代号位于产品型号的第二部分，用一位阿拉伯数字表示，按附表2定：

附表2 各类汽车类别代号

车辆类别代号	车 辆 种 类	车辆类别代号	车 辆 种 类
1	载货汽车	5	专用汽车
2	越野汽车	6	客车
3	自卸汽车	7	轿车
4	牵引汽车	8	半挂车及专用半挂车

（3）主参数代号 各类汽车的主参数代号位于产品型号的第三部分，用两位阿拉伯数字表示。

1）载货汽车、越野汽车、自卸汽车、牵引汽车、专用汽车与半挂车的主参数代号为车辆的总质量（t）。牵引汽车的总质量包括牵引座上的最大总质量。当总质量在100t以上时，允许用三位数字表示。

2）客车及客车半挂车的主参数代号为车辆长度（m）。当车辆长度小于10m时，应精确到小数点后一位，并以长度（m）值的十倍数值表示。

3）轿车的主参数代号为发动机排量（L）。应精确到小数点后一位，并以其值的十倍数值表示。

4）主参数的数字修约按《数字修约规则》的规定。主参数不足规定位数时，在参数前以“0”占位。

（4）产品序号 各类汽车的产品序号位于产品型号的第四部分，用阿拉伯数字表示，有数字0，1，2，3…依次使用。当车辆主参数有变化，大于10%时，应改变主参数代号，若因为数字修约而主参数代号不变时，则应改变其产品序号。

（5）专用汽车分类代号 专用汽车分类代号位于产品型号的第五部分，用反映车辆结构和用途特征的三个汉语拼音表示。结构特征代号按附表3的规定，用途特征代号另行规定。

附表3 结构特征代号

结 构 类 型	结构特征代号	结 构 类 型	结构特征代号
厢式汽车	X	特种结构汽车	T
罐式汽车	G	起重举升汽车	J
专用自卸汽车	Z	仓栅式汽车	C

（6）企业自定代号 企业自定代号位于产品型号的最后部分，同一种汽车结构有变化而需要区别时，例如：汽油、柴油发动机，长、短轴距，单、双排驾驶室，平、凸头驾驶室，左、右置转向盘等，可用汉语拼音字母和阿拉伯数字表示，位数也由企业自定。供用户选装的零部件（如暖风装置、收音机、地毯、绞盘等）不属于结构特征变化，应不给予企业自定代号。

附录 B　汽车产业发展政策

第 8 号

《汽车产业发展政策》业经国家发展和改革委员会主任办公会议讨论通过，并报国务院批准，现予以发布，并于发布之日起施行。1994 年颁布的《汽车工业产业政策》根据国务院国函［2004］30 号文件批复从即日起停止执行。

国家发展和改革委员会主任：马凯

二零零四年五月二十一日

汽车产业发展政策

为适应不断完善社会主义市场经济体制的要求以及加入世贸组织后国内外汽车产业发展的新形势，推进汽车产业结构调整和升级，全面提高汽车产业国际竞争力，满足消费者对汽车产品日益增长的需求，促进汽车产业健康发展，特制定汽车产业发展政策。通过本政策的实施，使我国汽车产业在 2010 年前发展成为国民经济的支柱产业，为实现全面建设小康社会的目标做出更大的贡献。

第一章　政 策 目 标

第一条　坚持发挥市场配置资源的基础性作用与政府宏观调控相结合的原则，创造公平竞争和统一的市场环境，健全汽车产业的法制化管理体系。政府职能部门依据行政法规和技术规范的强制性要求，对汽车、农用运输车（低速载货车及三轮汽车，下同）、摩托车和零部件生产企业及其产品实施管理，规范各类经济主体在汽车产业领域的市场行为。

第二条　促进汽车产业与关联产业、城市交通基础设施和环境保护协调发展。创造良好的汽车使用环境，培育健康的汽车消费市场，保护消费者权益，推动汽车私人消费。在 2010 年前使我国成为世界主要汽车制造国，汽车产品满足国内市场大部分需求并批量进入国际市场。

第三条　激励汽车生产企业提高研发能力和技术创新能力，积极开发具有自主知识产权的产品，实施品牌经营战略。2010 年汽车生产企业要形成若干驰名的汽车、摩托车和零部件产品品牌。

第四条　推动汽车产业结构调整和重组，扩大企业规模效益，提高产业集中度，避免散、乱、低水平重复建设。通过市场竞争形成几家具有国际竞争力的大型汽车企业集团，力争到2010年跨入世界500强企业之列。

鼓励汽车生产企业按照市场规律组成企业联盟，实现优势互补和资源共享，扩大经营规模。

培育一批有比较优势的零部件企业实现规模生产并进入国际汽车零部件采购体系，积极参与国际竞争。

第二章　发展规划

第五条　国家依据汽车产业发展政策指导行业发展规划的编制。发展规划包括行业中长期发展规划和大型汽车企业集团发展规划。行业中长期发展规划由国家发展改革委会同有关部门在广泛征求意见的基础上制定，报国务院批准施行。大型汽车企业集团应根据行业中长期发展规划编制本集团发展规划。

第六条　凡具有统一规划、自主开发产品、独立的产品商标和品牌、销售服务体系管理一体化等特征的汽车企业集团，且其核心企业及所属全资子企业、控股企业和中外合资企业所生产的汽车产品国内市场占有率在15%以上的，或汽车整车年销售收入达到全行业整车销售收入15%以上的，可作为大型汽车企业集团单独编报集团发展规划，经国家发展改革委组织论证核准后实施。

第三章　技术政策

第七条　坚持引进技术和自主开发相结合的原则。跟踪研究国际前沿技术，积极开展国际合作，发展具有自主知识产权的先进适用技术。引进技术的产品要具有国际竞争力，并适应国际汽车技术规范的强制性要求发展的需要；自主开发的产品力争与国际技术水平接轨，参与国际竞争。国家在税收政策上对符合技术政策的研发活动给予支持。

第八条　国家引导和鼓励发展节能环保型小排量汽车。汽车产业要结合国家能源结构调整战略和排放标准的要求，积极开展电动汽车、车用动力电池等新型动力的研究和产业化，重点发展混合动力汽车技术和轿车柴油发动机技术。国家在科技研究、技术改造、新技术产业化、政策环境等方面采取措施，促进混合动力汽车的生产和使用。

第九条　国家支持研究开发醇燃料、天然气、混合燃料、氢燃料等新型车用燃料，鼓励汽车生产企业开发生产新型燃料汽车。

第十条　汽车产业及相关产业要注重发展和应用新技术，提高汽车的燃油经济性。2010年前，乘用车新车平均油耗比2003年降低15%以上。要依据有关节能方面技术规范的强制性要求，建立汽车产品油耗公示制度。

第十一条　积极开展轻型材料、可回收材料、环保材料等车用新材料的研究。国家适时制定最低再生材料利用率要求。

第十二条　国家支持汽车电子产品的研发和生产，积极发展汽车电子产业，加速在汽车产品、销售物流和生产企业中运用电子信息技术，推动汽车产业发展。

第四章 结构调整

第十三条 国家鼓励汽车企业集团化发展，形成新的竞争格局。在市场竞争和宏观调控相结合的基础上，通过企业间的战略重组，实现汽车产业结构优化和升级。

战略重组的目标是支持汽车生产企业以资产重组方式发展大型汽车企业集团，鼓励以优势互补、资源共享合作方式结成企业联盟，形成大型汽车企业集团、企业联盟、专用汽车生产企业协调发展的产业格局。

第十四条 汽车整车生产企业要在结构调整中提高专业化生产水平，将内部配套的零部件生产单位逐步调整为面向社会的、独立的专业化零部件生产企业。

第十五条 企业联盟要在产品研究开发、生产配套协作和销售服务等领域广泛开展合作，体现调整产品结构，优化资源配置，降低经营成本，实现规模效益和集约化发展。参与某一企业联盟的企业不应再与其他企业结成联盟，以巩固企业联盟的稳定和市场地位。国家鼓励企业联盟尽快形成以资产为纽带的经济实体。企业联盟的合作发展方案中涉及新建汽车生产企业和跨类别生产汽车的项目，按本政策有关规定执行。

第十六条 国家鼓励汽车、摩托车生产企业开展国际合作，发挥比较优势，参与国际产业分工；支持大型汽车企业集团与国外汽车集团联合兼并重组国内外汽车生产企业，扩大市场经营范围，适应汽车生产全球化趋势。

第十七条 建立汽车整车和摩托车生产企业退出机制，对不能维持正常生产经营的汽车生产企业（含现有改装车生产企业）实行特别公示。该类企业不得向非汽车、摩托车生产企业及个人转让汽车、摩托车生产资格。国家鼓励该类企业转产专用汽车、汽车零部件或与其他汽车整车生产企业进行资产重组。汽车生产企业不得买卖生产资格，破产汽车生产企业同时取消公告名录。

第五章 准入管理

第十八条 制定《道路机动车辆管理条例》。政府职能部门依据《条例》对道路机动车辆的设计、制造、认证、注册、检验、缺陷管理、维修保养、报废回收等环节进行管理。管理要做到责权分明、程序公开、操作方便、易于社会监督。

第十九条 制定道路机动车辆安全、环保、节能、防盗方面的技术规范的强制性要求。所有道路机动车辆执行统一制定的技术规范的强制性要求。要符合我国国情并积极与国际车辆技术规范的强制性要求衔接，以促进汽车产业的技术进步。不符合相应技术规范的强制性要求的道路机动车辆产品，不得生产和销售。农用运输车仅限于在 3 级以下（含 3 级）公路行驶，执行相应制定的技术规范的强制性要求。

第二十条 依据本政策和国家认证认可条例建立统一的道路机动车辆生产企业和产品的准入管理制度。符合准入管理制度规定和相关法规、技术规范的强制性要求并通过强制性产品认证的道路机动车辆产品，登录《道路机动车辆生产企业及产品公告》，由国家发展改革委和国家质检总局联合发布。公告内产品必须标识中国强制性认证（3C）标志。不得用进口汽车和进口车身组装汽车替代自产产品进行认证，禁止非法拼装和侵犯知识产权的产品流入市场。

第二十一条　公安交通管理部门依据《道路机动车辆生产企业及产品公告》和中国强制性认证（3C）标志办理车辆注册登记。

第二十二条　政府有关职能部门要按照准入管理制度对汽车、农用运输车和摩托车等产品分类设定企业生产准入条件，对生产企业及产品实行动态管理，凡不符合规定的企业或产品，撤消其在《道路机动车辆生产企业及产品公告》中的名录。企业生产准入条件中应包括产品设计开发能力、产品生产设施能力、产品生产一致性和质量控制能力、产品销售和售后服务能力等要求。

第二十三条　道路机动车辆产品认证机构和检测机构由国家质检总局商国家发展改革委后指定，并按照市场准入管理制度的具体规定开展认证和检测工作。认证机构和检测机构要具备第三方公正地位，不得与汽车生产企业存在资产、管理方面的利益关系，不得对同一产品进行重复检测和收费。国家支持具备第三方公正地位的汽车、摩托车和重点零部件检测机构规范发展。

第六章　商 标 品 牌

第二十四条　汽车、摩托车、发动机和零部件生产企业均要增强企业和产品品牌意识，积极开发具有自主知识产权的产品，重视知识产权保护，在生产经营活动中努力提高企业品牌知名度，维护企业品牌形象。

第二十五条　汽车、摩托车、发动机和零部件生产企业均应依据《商标法》注册本企业自有的商品商标和服务商标。国家鼓励企业制定品牌发展和保护规划，努力实施品牌经营战略。

第二十六条　2005 年起，所有国产汽车和总成部件要标示生产企业的注册商品商标，在国内市场销售的整车产品要在车身外部显著位置标明生产企业商品商标和本企业名称或商品产地，如商品商标中已含有生产企业地理标志的，可不再标明商品产地。所有品牌经销商要在其销售服务场所醒目位置标示生产企业服务商标。

第七章　产 品 开 发

第二十七条　国家支持汽车、摩托车和零部件生产企业建立产品研发机构，形成产品创新能力和自主开发能力。自主开发可采取自行开发、联合开发、委托开发等多种形式。企业自主开发产品的科研设施建设投资凡符合国家促进企业技术进步有关税收规定的，可在所得税前列支。国家将尽快出台鼓励企业自主开发的政策。

第二十八条　汽车生产企业要努力掌握汽车车身开发技术，注重产品工艺技术的开发，并尽快形成底盘和发动机开发能力。国家在产业化改造上支持大型汽车企业集团、企业联盟或汽车零部件生产企业开发具有当代先进水平和自主知识产权的整车或部件总成。

第二十九条　汽车、摩托车和零部件生产企业要积极参加国家组织的重大科技攻关项目，加强与科研机构、高等院校之间的合作研究，注重科研成果的应用和转化。

第八章 零部件及相关产业

第三十条 汽车零部件企业要适应国际产业发展趋势，积极参与主机厂的产品开发工作。在关键汽车零部件领域要逐步形成系统开发能力，在一般汽车零部件领域要形成先进的产品开发和制造能力，满足国内外市场的需要，努力进入国际汽车零部件采购体系。

第三十一条 制定零部件专项发展规划，对汽车零部件产品进行分类指导和支持，引导社会资金投向汽车零部件生产领域，促使有比较优势的零部件企业形成专业化、大批量生产和模块化供货能力。对能为多个独立的汽车整车生产企业配套和进入国际汽车零部件采购体系的零部件生产企业，国家在技术引进、技术改造、融资以及兼并重组等方面予以优先扶持。汽车整车生产企业应逐步采用电子商务、网上采购方式面向社会采购零部件。

第三十二条 根据汽车行业发展规划要求，冶金、石化化工、机械、电子、轻工、纺织、建材等汽车工业相关领域的生产企业应注重在金属材料、机械设备、工装模具、汽车电子、橡胶、工程塑料、纺织品、玻璃、车用油品等方面，提高产品水平和市场竞争能力，与汽车工业同步发展。

重点支持钢铁生产企业实现轿车用板材的供应能力；支持设立专业化的模具设计制造中心，提高汽车模具设计制造能力；支持石化企业技术进步和产品升级，使成品油、润滑油等油品质量达到国际先进水平，满足汽车产业发展的需要。

第九章 营 销 网 络

第三十三条 国家鼓励汽车、摩托车、零部件生产企业和金融、服务贸易企业借鉴国际上成熟的汽车营销方式、管理经验和服务贸易理念，积极发展汽车服务贸易。

第三十四条 为保护汽车消费者的合法权益，使其在汽车购买和使用过程中得到良好的服务，国内外汽车生产企业凡在境内市场销售自产汽车产品的，必须尽快建立起自产汽车品牌销售和服务体系。该体系可由国内外汽车生产企业以自行投资或授权汽车经销商投资方式建立。境内外投资者在得到汽车生产企业授权并按照有关规定办理必要的手续后，均可在境内从事国产汽车或进口汽车的品牌销售和售后服务活动。

第三十五条 2005 年起，汽车生产企业自产乘用车均要实现品牌销售和服务；2006 年起，所有自产汽车产品均要实现品牌销售和服务。

第三十六条 取消现行有关小轿车销售权核准管理办法，由商务部会同国家工商总局、国家发展改革委等有关部门制定汽车品牌销售管理实施办法。汽车销售商应在工商行政管理部门核准的经营范围内开展汽车经营活动。其中不超过九座的乘用车（含二手车）品牌经销商的经营范围，经国家工商行政管理部门依照有关规定核准、公布。品牌经销商营业执照统一核准为品牌汽车销售。

第三十七条 汽车、摩托车生产企业要加强营销网络的销售管理，规范维修服务；有责任向社会公告停产车型，并采取积极措施保证在合理期限内提供可靠的配件供应用于售后服务和维修；要定期向社会公布其授权和取消授权的品牌销售或维修企业名单；对未经品牌授权和不具备经营条件的经销商，不得提供产品。

第三十八条　汽车、摩托车和零部件销售商在经营活动中应遵守国家有关法律法规。对销售国家禁止或公告停止销售的车辆的，伪造或冒用他人厂名、厂址、合格证销售车辆的，未经汽车生产企业授权或已取消授权仍使用原品牌进行汽车、配件销售和维修服务的，以及经销假冒伪劣汽车配件并为客户提供修理服务的，有关部门要依法予以处罚。

第三十九条　汽车生产企业要兼顾制造和销售服务环节的整体利益，提高综合经济效益。转让销售环节的权益给其他法人机构的，应视为原投资项目可行性研究报告重大变更，除按规定报商务部批准外，需报请原项目审批单位核准。

第十章　投 资 管 理

第四十条　按照有利于企业自主发展和政府实施宏观调控的原则，改革政府对汽车生产企业投资项目的审批管理制度，实行备案和核准两种方式。

第四十一条　实行备案的投资项目：

1. 现有汽车、农用运输车和车用发动机生产企业自筹资金扩大同类别产品生产能力和增加品种，包括异地新建同类别产品的非独立法人生产单位。

2. 投资生产摩托车及其发动机。

3. 投资生产汽车、农用运输车和摩托车的零部件。

第四十二条　实行备案的投资项目中第 1 款由省级政府投资管理部门或计划单列企业集团报送国家发展改革委备案；第 2、3 款由企业直接报送省级政府投资管理部门备案。备案内容见附件二。

第四十三条　实行核准的投资项目：

1. 新建汽车、农用运输车、车用发动机生产企业，包括现有汽车生产企业异地建设新的独立法人生产企业。

2. 现有汽车生产企业跨产品类别生产其他类别汽车整车产品。

第四十四条　实行核准的投资项目由省级政府投资管理部门或计划单列企业集团报国家发展改革委审查，其中投资生产专用汽车的项目由省级政府投资管理部门核准后报国家发展改革委备案，新建中外合资轿车项目由国家发展改革委报国务院核准。

第四十五条　经核准的大型汽车企业集团发展规划，其所包含的项目由企业自行实施。

第四十六条　2006 年 1 月 1 日前，暂停核准新建农用运输车生产企业。

第四十七条　新的投资项目应具备以下条件：

1. 新建摩托车及其发动机生产企业要具备技术开发的能力和条件，项目总投资不得低于 2 亿元人民币。

2. 专用汽车生产企业注册资本不得低于 2000 万元人民币，要具备产品开发的能力和条件。

3. 跨产品类别生产其他类汽车整车产品的投资项目，项目投资总额（含利用原有固定资产和无形资产等）不得低于 15 亿元人民币，企业资产负债率在 50% 之内，银行信用等级 AAA。

4. 跨产品类别生产轿车类、其他乘用车类产品的汽车生产企业应具备批量生产汽车产品的业绩，近三年税后利润累计在10亿元以上（具有税务证明）；企业资产负债率在50%之内，银行信用等级AAA。

5. 新建汽车生产企业的投资项目，项目投资总额不得低于20亿元人民币，其中自有资金不得低于8亿元人民币，要建立产品研究开发机构，且投资不得低于5亿元人民币。新建乘用车、重型载货车生产企业投资项目应包括为整车配套的发动机生产。

新建车用发动机生产企业的投资项目，项目投资总额不得低于15亿元人民币，其中自有资金不得低于5亿元人民币，要建立研究开发机构，产品水平要满足不断提高的国家技术规范的强制性要求的要求。

6. 新建下列投资项目的生产规模不得低于：

重型载货车10000辆；

乘用车：装载4缸发动机50000辆；装载6缸发动机30000辆。

第四十八条　汽车整车、专用汽车、农用运输车和摩托车中外合资生产企业的中方股份比例不得低于50%。股票上市的汽车整车、专用汽车、农用运输车和摩托车股份公司对外出售法人股份时，中方法人之一必须相对控股且大于外资法人股之和。同一家外商可在国内建立两家（含两家）以下生产同类（乘用车类、商用车类、摩托车类）整车产品的合资企业，如与中方合资伙伴联合兼并国内其他汽车生产企业可不受两家的限制。境外具有法人资格的企业相对控股另一家企业，则视为同一家外商。

第四十九条　国内外汽车生产企业在出口加工区内投资生产出口汽车和车用发动机的项目，可不受本政策有关条款的约束，需报国务院专项审批。

第五十条　中外合资汽车生产企业合营各方延长合营期限、改变合资股比或外方股东的，需按有关规定报原审批部门办理。

第五十一条　实行核准的项目未获得核准通知的，土地管理部门不得办理土地征用，国有银行不得发放贷款，海关不办理免税，证监会不核准发行股票与上市，工商行政管理部门不办理新建企业登记注册手续。国家有关部门不受理生产企业和产品准入申请。

第十一章　进口管理

第五十二条　国家支持汽车生产企业努力提高汽车产品本地化生产能力，带动汽车零部件企业技术进步，发展汽车制造业。

第五十三条　汽车生产企业凡用进口零部件生产汽车构成整车特征的，应如实向商务部、海关总署、国家发展改革委报告，其所涉及车型的进口件必须全部在属地海关报关纳税，以便有关部门实施有效管理。

第五十四条　严格按照进口整车和零部件税率征收关税，防止关税流失。国家有关职能部门要在申领配额、进口报关、产品准入等环节进行核查。

第五十五条　汽车整车特征的认定范围为车身（含驾驶室）总成、发动机总成、变速器总成、驱动桥总成、非驱动桥总成、车架总成、转向系统、制动系统等。

第五十六条　汽车总成（系统）特征的认定范围包括整套总成散件进口，或将总成

或系统逐一分解成若干关键件进口。凡进口关键件达到或超过规定数量的，即视为构成总成特征。

第五十七条　按照汽车整车特征的认定范围达到下述状态的，视为构成整车特征：

1. 进口车身（含驾驶室）、发动机两大总成装车的；

2. 进口车身（含驾驶室）和发动机两大总成之一及其余三个总成（含）以上装车的；

3. 进口除车身（含驾驶室）和发动机两大总成以外其余五个总成（含）以上装车的。

第五十八条　国家指定大连新港、天津新港、上海港、黄埔港四个沿海港口和满洲里、深圳（皇岗）两个陆地口岸，以及新疆阿拉山口口岸（进口新疆自治区自用、原产地为独联体国家的汽车整车）为整车进口口岸。进口汽车整车必须通过以上口岸进口。2005 年起，所有进口口岸保税区不得存放以进入国内市场为目的的汽车。

第五十九条　国家禁止以贸易方式和接受捐赠方式进口旧汽车和旧摩托车及其零部件，以及以废钢铁、废金属的名义进口旧汽车总成和零件进行拆解和翻新。对维修境外并复出境的上述产品可在出口加工区内进行，但不得进行旧汽车、旧摩托车的拆解和翻新业务。

第六十条　对进口整车、零部件的具体管理办法由海关总署会同有关部门制订，报国务院批准后实施。对国外送检样车、进境参展等临时进口的汽车，按照海关对暂时进出口货物的管理规定实施管理。

第十二章　汽车消费

第六十一条　培育以私人消费为主体的汽车市场，改善汽车使用环境，维护汽车消费者权益。引导汽车消费者购买和使用低能耗、低污染、小排量、新能源、新动力的汽车，加强环境保护。实现汽车工业与城市交通设施、环境保护、能源节约和相关产业协调发展。

第六十二条　建立全国统一、开放的汽车市场和管理制度，各地政府要鼓励不同地区生产的汽车在本地区市场实现公平竞争，不得对非本地生产的汽车产品实施歧视性政策或可能导致歧视性结果的措施。凡在汽车购置、使用和产权处置方面不符合国家法规和本政策要求的各种限制和附加条件，应一律予以修订或取消。

第六十三条　国家统一制定和公布针对汽车的所有行政事业性收费和政府性基金的收费项目和标准，规范汽车注册登记环节和使用过程中的政府各项收费。各地在汽车购买、登记和使用环节，不得新增行政事业性收费和政府性基金项目和金额，如确需新增，应依据法律、法规或国务院批准的文件按程序报批。除国家规定的收费项目外，任何单位不得对汽车消费者强制收取任何非经营服务性费用。对违反规定强制收取的，汽车消费者有权举报并拒绝交纳。

第六十四条　加强经营服务性收费管理。汽车使用过程中所涉及的维修保养、非法定保险、机动车停放费等经营服务性收费，应以汽车消费者自愿接受服务为原则，由经营服务单位收取。维修保养等竞争性行业的收费及标准，由经营服务者按市场原则自行确定。机动车停放等使用垄断资源进行经营服务的，其收费标准和管理办法由国务院价格主管部门或授权省级价格主管部门制定、公布并监督实施。经营服务者要在收费场所设立收费情况动态告示牌，接受公众监督。

公路收费站点的设立必须符合国家有关规定。所有收费站点均应在收费站醒目位置公布收费依据和收费标准。

第六十五条　积极发展汽车服务贸易，推动汽车消费。国家支持发展汽车信用消费。从事汽车消费信贷业务的金融机构要改进服务，完善汽车信贷抵押办法。在确保信贷安全的前提下，允许消费者以所购汽车作为抵押获取汽车消费贷款。经核准，符合条件的企业可设立专业服务于汽车销售的非银行金融机构，外资可开展汽车消费信贷、租赁等业务。努力拓展汽车租赁、驾驶员培训、储运、救援等各项业务，健全汽车行业信息统计体系，发展汽车网络信息服务和电子商务。支持有条件的单位建立消费者信用信息体系，并实现信息共享。

第六十六条　国家鼓励二手车流通。有关部门要积极创造条件，统一规范二手车交易税费征管办法，方便汽车经销企业进行二手车交易，培育和发展二手车市场。

建立二手车自愿申请评估制度。除涉及国有资产的车辆外，二手车的交易价格由买卖双方商定；当事人可以自愿委托具有资质证书的中介机构进行评估，供交易时参考；任何单位和部门不得强制或变相强制对交易车辆进行评估。

第六十七条　开展二手车经营的企业，应具备相应的资金、场地和专业技术人员，经工商行政管理部门核准登记后开展经营活动。汽车销售商在销售二手车时，应向购车者提供车辆真实情况，不得隐瞒和欺诈。所销售的车辆必须具有《机动车登记证书》和《机动车行驶证》，同时具备公安交通管理部门和环境保护管理部门的有效年检证明。购车者购买的二手车如不能办理机动车转出登记和转入登记时，销售商应无条件接受退车，并承担相应的责任。

第六十八条　完善汽车保险制度。保险制度要根据消费者和投保汽车风险程度的高低来收取保费。鼓励保险业推进汽车保险产品多元化和保险费率市场化。

第六十九条　各城市人民政府要综合研究本市的交通需求和交通方式与城市道路和停车设施等交通资源平衡发展的政策和方法。制定非临时性限制行驶区域交通管制方案要实行听证制度。

第七十条　各城市人民政府应根据本市经济发展状况，以保障交通通畅、方便停车和促进汽车消费为原则，积极搞好停车场所及设施的规划和建设。制定停车场所用地政策和投资鼓励政策，鼓励个人、集体、外资投资建设停车设施。为规范城市停车设施的建设，建设部应制定相应标准，对居住区、商业区、公共场所及娱乐场所等建立停车设施提出明确要求。

第七十一条　国家有关部门统一制定和颁布汽车排放标准，并根据国情分为现行标准和预期标准。各省、自治区、直辖市人民政府根据本地实际情况，选择实行现行标准或预期标准。如选择预期标准为现行标准的，至少提前一年公布实施日期。

第七十二条　实行全国统一的机动车登记、检验管理制度，各地不得自行制定管理办法。在申请办理机动车注册登记和年度检验时，除按国家有关法律法规和国务院规定或授权规定应当提供的凭证（机动车所有人的身份证明、机动车来历证明、国产机动车整车出厂合格证或进口机动车进口证明、有关税收凭证、法定保险的保险费缴费凭证、年度检验合格凭证等）外，公安交通管理部门不得额外要求提交其他凭证。各级人民政府和有关部门也不得要求公安交通管理部门在注册登记和年度检验时增加查验其他凭证。汽车消费者提供的手续符合国家规定的，公安交通管理部门不得拒绝办理注册登记和年度检验。

第七十三条　公安交通和环境保护管理部门要根据汽车产品类别、用途和新旧状况商有关部门制定差别化管理办法。对新车、非营运用车适当延长检验间隔时间，对老旧汽车可适当增加检验频次和检验项目。

第七十四条　公安交通管理部门核发的《机动车登记证书》在汽车租赁、汽车消费信贷、二手车交易时可作为机动车所有人的产权凭证使用，在汽车交易时必须同时将《机动车登记证书》转户。

第十三章　其　　它

第七十五条　汽车行业组织、中介机构等社会团体要加强自身建设，增强服务意识，努力发挥中介组织的作用；要积极参与国际间相关业界的交流活动，在政府与企业间充分发挥桥梁和纽带作用，促进汽车产业发展。

第七十六条　香港特别行政区、澳门特别行政区和台湾地区的投资者在中国内地投资汽车工业的，从本政策的有关规定执行。

第七十七条　在道路机动车辆产品技术规范的强制性要求出台之前，暂行执行国家强制性标准。

第七十八条　本政策自发布之日起实施，由国家发展改革委负责解释。

附件一：名词解释

一、道路机动车辆——在道路上行驶的，至少有两个车轮，且最大设计车速超过每小时6公里的各类机动车及其挂车。主要包括汽车、农用运输车、摩托车和其他道路运输机械及挂车。不包括利用轨道行驶的车辆，以及农业、林业、工程等非道路用各种机动机械和拖拉机。

二、汽车、专用汽车、农用运输车、摩托车——《汽车产业发展政策》所称汽车是指国家标准（GB/T 3730.1—2001）2.1款定义的车辆，包括汽车整车和专用汽车；所称专用汽车是指国家标准（GB/T 3730.1—2001）2.1.1.11，2.1.2.3.5，2.1.2.3.6款定义的车辆；所称农用运输车是指国家标准（GB 18320—2001）中定义的车辆；所称摩托车是指国家标准（GB/T 5359.1—1996）中定义的车辆。

三、产品类别——按照国家标准定义的乘用车、商用车和摩托车及其细分类，其中：

（一）乘用车细分类为：

轿车类：国家标准GB/T 3730.1—2001中2.1.1.1～2.1.1.6。

其他乘用车类（包括多用途车和运动用车）：国家标准GB/T 3730.1—2001中

2.1.1.7~2.1.1.11。

（二）商用车细分类为：

客车类：国家标准 GB/T 3730.1—2001 中 2.1.2.1。

半挂牵引车及货车类：国家标准 GB/T 3730.1—2001 中 2.1.2.2，2.1.2.3。

四、新建汽车、农用运输车、车用发动机投资项目——新建汽车整车、专用汽车、农用运输车、车用发动机生产企业（含中外合资企业），现有汽车整车、专用汽车、农用运输车、车用发动机生产企业（含中外合资企业）变更法人股东以及异地建设新的独立法人生产企业。异地是指企业所在市、县之外。

五、项目投资总额——投资项目所需的全部固定资产（含原有固定资产和新增固定资产）投资、无形资产和流动资金的总和。

六、自主产权（自主知识产权）——通过自主开发、联合开发或委托开发获得的产品，企业拥有产品工业产权、产品改进及认可权以及产品技术转让权。

七、汽车生产企业——按照国家规定的审批程序在中国关境内合法注册的汽车整车、专用汽车生产企业（包括中外合资、合作企业）。

八、国内市场占有率——某一集团（企业）全年在国内市场整车销售量占全部国产汽车销售量的比例。

附件二：汽车投资项目备案内容

备案内容应包括：

一、汽车生产企业或项目投资者的基本情况、法定地址，法定代表姓名。近三年企业经营业绩和银行资信。

二、投资项目建设的必要性和国内外市场分析；产品技术水平分析和技术来源（产品知识产权说明）；项目投资总额、注册资本和资金来源；生产（营业）规模、项目建设内容；建设方式、建设进度安排。

三、中外合资、合作企业外方合资、合作者基本情况，包括外商名称，注册国家、法定地址和法定代表、国籍。外方在华投资情况及经营业绩。本投资项目中外各方股份比例，投资方式和资金来源，合资期限。

四、外方技术转让、技术合作合同。

五、投资项目的经济效益分析。

六、环保、土地、银行承诺文件及所在地政府核准建设文件。

七、地方政府配套条件及优惠政策。

参 考 文 献

[1]《汽车百科全书》编纂委员会．汽车百科全书：上、下册[M]．北京：机械工业出版社，1992.

[2] 邬惠乐，等．汽车技术词典[M]．北京：人民交通出版社，1989.

[3] 陈家瑞．汽车构造：上、下册[M]．北京：机械工业出版社，2000.

[4] 余志生．汽车理论[M].3 版．北京：机械工业出版社，2000.

[5] 王望予．汽车设计[M].3 版．北京：机械工业出版社，2000.

[6] 黄天泽，等．汽车车身结构与设计[M]．北京：机械工业出版社，2005.

[7] 李杰敏．汽车拖拉机试验学[M].2 版．北京：机械工业出版社，2004.

[8] 王宝玺，等．汽车制造工艺学[M].3 版．北京：机械工业出版社，2007.

[9] 李维谔，等．汽车市场营销理论与实践[M]．北京：人民交通出版社，1997.

[10] 张开旺，等．汽车技术法规与法律服务[M]．北京：机械工业出版社，2006.

[11] 胡树华，等．国家汽车创新工程研究[M]．北京：科学出版社，2007.

[12] 庄继德．汽车电子控制系统工程[M]．北京：北京理工大学出版社，1998.